Ferdinand Piper

Die Kalendarien und Martyrologien der Angelsachsen

Ferdinand Piper

Die Kalendarien und Martyrologien der Angelsachsen

ISBN/EAN: 9783744605373

Hergestellt in Europa, USA, Kanada, Australien, Japan

Cover: Foto ©Thomas Meinert / pixelio.de

Weitere Bücher finden Sie auf **www.hansebooks.com**

DIE

KALENDARIEN UND MARTYROLOGIEN DER ANGELSACHSEN

SO WIE

DAS MARTYROLOGIUM UND DER COMPUTUS DER HERRAD VON LANDSPERG.

NEBST

ANNALEN DER JAHRE 1859 UND 1860.

VON

FERDINAND PIPER,
DOCTOR UND PROFESSOR DER THEOLOGIE AN DER UNIVERSITÄT ZU BERLIN.

BERLIN 1862.

VERLAG DER KÖNIGLICHEN GEHEIMEN OBER-HOFBUCHDRUCKEREI
(R. DECKER).

Vorrede.

Die vorliegende Schrift reiht sich einestheils, durch die beiden ersten Abschnitte, an frühere chronologische und liturgische Arbeiten, die ich auf dem Wege durch die gottesdienstlichen Urkunden der einzelnen Landeskirchen ausgeführt habe: insbesondere an meine Ausgabe des Kalendariums Karl's des Grofsen, wobei die Kalendarien und die Fest-Ordnung der fränkischen Kirche überhaupt behandelt worden.

Die Abhandlung über die Kalendarien und die Fest-Ordnung der Angelsachsen hat es mit einem Gegenstande zu thun, der nicht ohne ein nationales Interesse für uns ist; denn der angelsächsische Kalender, da von dem Kalender der Gothen aus dem 4. Jahrhundert nur Bruchstücke geblieben sind, ist der älteste Kalender eines germanischen Volks, der eine Geschichte hat. Diese wird hier von Anfang, das heifst von der Bekehrung des Volkes an bis zum Untergang des angelsächsischen Reichs verfolgt. Wie aber die Entwickelung der Fest-Ordnung verflochten ist mit der Geschichte des Volks und seiner Herrschergeschlechter, so ist es ein Stück angelsächsischer Kirchengeschichte, das in dieser Erörterung sich darbietet. Eigenthümlich ist hier die scharfe Begrenzung des Gegenstandes nach Raum und Zeit, wie bei keinem andern Volk.

Vorrede.

Doch fehlt es nicht an Elementen, die einestheils bis auf die Römerzeit zurückgehn, anderntheils den Untergang des Reichs überdauern und sowohl im spätern Mittelalter, in der englisch-normannischen Periode, als auch in der reformirten Kirche England's bis auf die Gegenwart sich geltend machen, — auch nicht an solchen, die in Deutschland vor wie nach der Reformation Eingang gefunden haben. In diesem Zusammenhang nach innen und aufsen die Entwickelung der angelsächsischen Fest-Ordnung zu verfolgen, war die Aufgabe, die ich mir gestellt habe.

Ein reiches Material lag dafür vor. Zuerst haben Hickes und Wanley über die angelsächsischen Martyrologien Mittheilungen gemacht. Neuerdings ist eine Anzahl Kalendarien der Angelsachsen durch Hampson und das poetische Menologium kritisch berichtigt durch Bonterwek herausgegeben. Auch sind erst jetzt die Homilien Beda's in ihrer unverfälschten Gestalt durch Giles, so wie die Homilien Aelfrik's überhaupt erst durch Thorpe bekannt geworden, und damit eine Hauptquelle, um die Gestalt des Kirchenjahrs jener Zeit festzustellen. Andere ungedruckte Stücke habe ich in den Bibliotheken zu London und Oxford im Frühjahr 1857 benutzt. Von allen diesen Quellen wird in einem besonderen Abschnitt über die Urkunden der angelsächsischen Fest-Ordnung (S. 55 — 70) Rechenschaft gegeben.

Sodann erscheint hier aus der strafsburger Urschrift herausgegeben mit Erläuterungen das Martyrologium und der Computus aus dem Hortus deliciarum der Herrad von Landsperg, welche in der zweiten Hälfte des 12. Jahrhunderts als Aebtissin des Klosters Hohenburg im Elsafs durch Gelehrsamkeit und Kunstfertigkeit eine hervorragende Stellung einnimmt. Von ihr und ihrem Werke haben Engelhardt[1]) und Le Noble[2]) Kenntnifs gegeben;

---

[1]) Engelhardt, Herrad von Landsperg und ihr Werk Hortus deliciarum. Mit 12 Kupfertafeln. Stuttg. und Tüb. 1818.
[2]) Le Noble, Notice sur le hortus deliciarum, in der Bibliothèque de l'école des chartes. Par. 1839—1840. T. I. p. 239—261.

auch hat der erstere von dem Martyrologium und dem Computus desselben eine Probe veröffentlicht. Beide enthalten Eigenthümlichkeiten, die theils allein, theils mit am frühesten hier vorkommen, weshalb sie verdienten, vollständig bekannt zu werden. Das Werk selbst, dem sie entnommen sind, eine Encyclopädie, welche der Zeit nach die Mitte zwischen Hugo von St. Victor und Vincentius von Beauvais einnimmt, gehört zu den wichtigern Erscheinungen jenes Zeitalters, da es das Wissen desselben mit Geschick repräsentirt; überdies ist die Handschrift durch ihre künstlerische Ausstattung eines der werthvollsten Ueberbleibsel des Mittelalters. Nachdem ich in der Bibliothek zu Strafsburg zweimal, 1847 und 1855, vergeblich den Versuch gemacht, zu ihrer Einsicht zu gelangen (das eine Mal war sie nach Paris verliehen, das andere Mal war die Bibliothek geschlossen), habe ich dieselbe im Jahre 1857 (vom 29. August bis 2. September) benutzt, und ich bin dem Herrn Bibliothekar Professor Jung besonders verpflichtet für die gefällige Anordnung, dafs ich bis in die Ferien hinein die ganzen Tage mit derselben mich beschäftigen konnte. Auf den übrigen Inhalt und die Malereien, von denen ich eine Anzahl habe copiren lassen, werde ich an einem andern Ort zurückkommen. Bei der Vielseitigkeit des Inhalts aber wäre es ein Gewinn, wenn das ganze Werk gedruckt vorläge: es scheint auch Aussicht vorhanden, dafs einer der strafsburger Gelehrten der Wissenschaft diesen Dienst leisten wird.

Das Martyrologium der Herrad ist in Zeichen geschrieben, für deren Druck die Typen eigens in der Schriftgiefserei der geehrten Verlagshandlung geschnitten sind. Ich lasse demselben eine Zusammenstellung der chronologischen Data aus ihrem Werk vorangehen, welche die heilige Geschichte, hauptsächlich die Urgeschichte der Welt und das Leben Jesu, betreffen. Ueber beides in nähere Erläuterungen einzugebn, schien um so mehr veranlafst, da mehrere dieser Bestimmungen mit dem Mittelalter wieder verschwinden, und so nach ihrer eigentlichen Bedeutung leicht verkannt werden, ja die wichtigste und am meisten verbreitete, über das Datum der Kreuzigung und Auferstehung, noch immer zu Mifsverständnissen Anlafs giebt. Unter den handschriftlichen Quellen, welche ich dafür benutzt habe[1]), ist die „Blüthenlese" des Lambertus, genannt Floridus, vom Jahre 1120, von welchem die Bibliothek zu Wolfenbüttel eine Handschrift besitzt, die mit Genehmigung des Herzogl. braunschweigischen Staats-Ministeriums durch die Güte des Herrn Bibliothekars Dr. Bethmann längere Zeit mir vorgelegen hat.

Obwohl der Hortus deliciarum einer spätern Zeit angehört als die Kalendarien der Angelsachsen, habe ich doch die Stücke aus dem erstern hier vorangestellt, da sie allgemeinern, biblischen und kirchlichen Inhalts sind; während die Kalendarien der Angelsachsen ein einzelnes Gebiet der Kirchengeschichte einnehmen, ihr Inhalt jedoch bis in die neuere Zeit nachwirkt: die Erläuterung der erstern führt auf die Chronologie der Weltschöpfung zurück, die der andern herab bis auf kirchlichen Gebrauch der Gegenwart.

Der letztern Darstellung liegt zum Grunde mein Aufsatz in dem Königlich preufsischen Staats-Kalender für 1857, der mit Benutzung der neueröffneten Quellen umgearbeitet erscheint. Die auf das Werk der Herrad von Landsperg bezügliche Abhandlung ist aus dem Jahrgang 1861 desselben mit einigen Erweiterungen und Berichtigungen abgedruckt.[2])

Aus den Arbeiten für diesen Staats-Kalender ist auch der andere Theil der vorliegenden Schrift, die Annalen der Jahre 1859 und 1860 hervorgegangen. Und dieser Zusammenhang, der auf die ursprüngliche Verbindung von Annalen mit den Kalendarien sich stützt, möge es rechtfertigen, dafs sonst verschiedenartige Stoffe sich hier zusammenfinden.

In dem preufsischen Staats-Kalender sind seit Anfang desselben (1851) jedesmal die Annalen des abgelaufenen Jahres aufgenommen,

---

[1]) Das Verzeichnifs der Handschriften, von denen in diesen beiden Abhandlungen Gebrauch gemacht ist (es sind 18 aus Deutschland, der Schweiz, Italien, Frankreich und England), folgt zum Schlufs S. 177.

[2]) Das Wesentliche aus der dortigen Vorrede vom 2. Dec. 1860 ist hier ebenfalls herübergenommen.

wobei hauptsächlich die preufsischen und deutschen Ereignisse, demnächst was aus andern Ländern der allgemeinen Politik angehört, berücksichtigt sind. Aufserdem habe ich im Jahrgang 1853 den Anfang gemacht mit einer kritischen Bearbeitung der Annalen des Alterthums, nehmlich bis zur Mitte des 9. Jahrhunderts, deren Fortsetzung vorbehalten ist: voran geht ein Aufsatz über Ursprung und Literatur der Geschichts-Kalender und die Construction eines solchen. Da im Jahr 1860 der Staats-Kalender ausgefallen war, so hat der Jahrgang 1861 die Annalen der beiden vorhergehenden Jahre gebracht, wegen der weltgeschichtlichen Ereignisse derselben ausführlicher als zuvor bearbeitet. Diese Annalen sind es, welche ergänzt aus Documenten und Nachrichten, die seitdem bekannt geworden, hier vorliegen.

Dieselben werden erkennen lassen, dafs sie nicht ohne historische Absicht angelegt sind, welche in der annalistischen Form sich weder vordrängen noch verbergen will: die Thatsachen sollen reden. Was insbesondere Preufsen betrifft, so ist es der Wunsch gewesen, den in öffentlichen Acten sich aussprechenden Sinn und Gang der Geschäfte ersichtlich zu machen: es sind deshalb auch die drei wichtigsten Actenstücke, welche die Grundsätze der Regierung überhaupt, so wie die Grundsätze des Kirchenregiments und der deutschen Politik Preufsens aussprechen, hier abgedruckt. Für Deutschland ist neben den wichtigern Ereignissen der Einzelstaaten der Gang der nationalen Bewegung angezeigt. Demnächst sind die Annalen Italiens am eingehendsten behandelt, wo in dem engen Zeitraum die aufserordentlichsten Begebenheiten sich drängen. Aufserdem nehmen die Geschicke dieses Landes die allgemeinste Theilnahme in Anspruch, dessen grofse Vergangenheit unsere Pietät und Dankbarkeit, dessen Zukunft unsere Hoffnungen erweckt: denn auf dem Boden der neugewonnenen Gewissensfreiheit ist dem lautern Evangelium Raum gegeben; und die reichen Gaben des Geistes lassen in dem nationalen Aufschwung eine neue Cultur-Epoche erwarten, an der, wie ehemals, die andern Völker ihren Theil haben werden.

In die Annalen dieser Jahre sind einige Ergänzungen aus dem

Jahre 1861 aufgenommen, so weit dadurch ein Abschlufs gegeben war, wie grade bei Constituirung des Königreichs Italien. Im übrigen darf ich auf die Bearbeitung der Annalen von 1861 Bezug nehmen, welche eben im Druck sich befinden und in dem preußischen Staats-Kalender für 1862 erscheinen.

Berlin, 2. December 1861.

Dr. Ferd. Piper.

Uebersicht des Inhalts.

	Seite
Erster Theil. Das Martyrologium und der Computus der Herrad von Landsperg	1—39
Die Abfassung der Handschrift	1— 3
I. Chronologische Data	3—19
1. Erschaffung der Welt am 18. März	3— 7
2. Chronologie des Paradieses	7—10
3. Anfang und Ende der Sündfluth	10—12
4. Tod des Moses am 4. Sept.	12
5. Epochen des Lebens Jesu:	12—18
a) Jesu Rückkehr aus Aegypten am 7. Jan.	14—15
b) Das Ende der Versuchung Jesu am 15. Febr.	15
(Jesus auf der Hochzeit zu Kana am 17. Febr.)	15—16
c) Jesu erste Predigt am 1. Mai	16
d) Jesu Verklärung am 6. Aug.	16
e) Jesu Kreuzigung am 25. März und Auferstehung am 27. März	17—19
Irrthümliche Verwendung dieser beiden Angaben als eines chronologischen Kennzeichens der Handschriften	19—21
II. Das Martyrologium	21—28
1. Text und Zeichenschrift	21—23
2. Erläuterungen	24—27
3. Vergleich mit dem Martyrologium eccles. Germ. ed. Beck	27—28
III. Der Computus	28—39
a) Die Festrechnung	28—33
1. Text und zwei Tafeln	28—31
2. Erläuterungen	32—33
b) Die Ostertafel	31—39
1. Text und Anfang der Tafel	34—35
2. Erläuterungen	35—39

Uebersicht des Inhalts.

	Seite
Zweiter Theil. Die Kalendarien und die Fest-Ordnung der Angelsachsen	40—116
Die Entstehung des angelsächsischen Fest-Kalenders	40
I. Die römische Grundlage	41— 42
II. Die einheimische Entwickelung	42— 55
1. Durch die Synode zu Cloveshove: Gedächtnifs der römischen Stifter der angelsächsischen Kirche	42— 44
2. Durch König Offa: Gedächtnifs des britischen Märtyrers Albanus	44 - 46
3. Durch die Klöster: Gedächtnifs des angelsächsischen Königs Oswald und andrer Angelsachsen	46— 49
4. Durch die Synodal- und Königliche Gesetzgebung	49— 52
Nach dem Fall des angelsächsischen Reichs.	
5. Durch Lanfranc, Erzbischof von Canterbury	52 - 54
6. Durch den Papst	54— 55
III. Die Urkunden des angelsächsischen Fest-Kalenders	55— 70
a) Für den öffentlichen Gottesdienst	55— 63
1. Das poetische Menologium	55— 57
2. Beda's Homilien	57— 60
3. Aelfrik's Homilien	60— 62
b) Für den Gottesdienst in den Klöstern	63— 70
1. Sechs im Druck erschienene Kalendarien	63— 68
2. Acht noch ungedruckte Kalendarien	68— 70
IV. Darstellung des angelsächsischen Fest-Kalenders	70— 82
1. Allgemeiner angelsächsischer Fest-Kalender	71— 74
2. Besonderer angelsächsischer Fest-Kalender für die Klöster	74— 82
V. Erläuterungen zum angelsächsischen Fest-Kalender	82—108
A. Die Eintheilung des Naturjahrs	82— 86
1. Nachtgleichen und Sonnenwenden	82— 84
2. Jahreszeiten	84— 86
3. Sternerscheinung	86
B. Biblische Chronologie	86— 89
1. Erschaffung der Welt	86— 87
2. Chronologie der Sündfluth	87
3. Epochen des Lebens Jesu	87— 89
C. Das allgemeine Kirchenjahr	89— 98
1. Naturfeste	89— 91
2. Feste des Herrn	91— 93
3. Die übrigen Feste aus dem Neuen Testament	94— 95
4. Heiligentage aus der Kirche	95— 98

Uebersicht des Inhalts.

	Seite
D. Der Fest-Kalender für die Klöster	98—118
1. Feste des Herrn	99
2. Die übrigen Feste aus der heiligen Schrift	99—100
3. Heiligentage aus der Kirche	100—107
a) In den Homilien Aelfrik's	100—102
b) In dem poetischen Martyrologium Beda's	102—103
c) In dem Kalendarium des Aelsinus	103—107
4. Kirchweih	107—108
VI. Die spätere Entwickelung der Fest-Ordnung, seit dem Untergang des angelsächsischen Reichs	108—116
A. Im Mittelalter	109—112
1. Die klösterliche Feier nach der Anordnung Lanfranc's	109—110
2. Die kirchliche Feier nach den späteren Synodal-Gesetzen	110—112
B. Seit der Reformation	112—116
1. Nach dem Common-Prayer-Book	112—114
2. Die angelsächsischen Namen in den deutschen Kalendern	114—116

Dritter Theil. Annalen der Jahre 1859 und 1860 . . . . 117—176

I. Territoriale Uebersicht	117—155
Preußen	**117—133**
König Friedrich Wilhelm IV.	117
Königliches Haus	118
Der Prinz-Regent	118—124
Staatsministerium	124
Kirchenregierung	124—125
Inneres, Justiz, Finanzen, Heer und Flotte, Handel und Eisenbahnen	125—129
Auswärtiges	129—133
Verträge	129
Deutsche Politik	130—132
Europäische Politik	132—133
Deutschland	**133—137**
Bundesstaaten	133—135
Die nationale Bewegung	135—137
Die übrigen Großmächte	137—140
Die Schweiz	140—141
Italien	142—153
1. Der Krieg zwischen Oesterreich und Sardinien	142—145
a) Vorzeichen des Krieges und Vorverhandlungen	143—144
b) Der Krieg und seine Folgen	144—145

	Seite
2. Der Aufstand in den Herzogthümern und ihre Annexion an Sardinien	145—146
3. Der Kampf des Kirchenstaats mit Piemont	146—147
4. Der Aufstand in Sicilien	147
5. Der neapolitanische Aufstand und die Intervention Sardiniens	148—150
6. Die Nichtintervention der Grofsmächte	150—151
7. Die Eroberung der drei letzten italienischen Festungen durch die Sardinier	151
8. Constituirung des Königreichs Italien	152
9. Die Waldenser und Protestanten in Italien	152—153
Aufsereuropäische Ereignisse	153
Eröffnung von Land- und Wasserstrafsen	154—155
Errichtung von öffentlichen Denkmälern	155
II. Chronologische Uebersicht	155—176
1. Ereignisse	156—170
2. Preufsische Gesetzgebung	170—171
3. Todesfälle	172—176
Register der Namen und Sachen	177—179
Verzeichnifs der benutzten Handschriften	180

Erster Theil.

Das Martyrologium und der Computus
der
Herrad von Landsperg.

Die Herrad von Landsperg, die gelehrte Aebtissin des Klosters Hohenburg im Elsafs († 25. Juli 1195), hat zunächst für die Nonnen ihres Klosters eine Encyclopädie in Auszügen aus Kirchenschriftstellern verfafst, welche nicht allein ein werthvolles Denkmal der wissenschaftlichen Bildung ihrer Zeit, sondern auch für die Geschichte der Kunst von hoher Bedeutung ist, da zahlreiche Miniaturmalereien die Urschrift schmücken. Diese ist gegenwärtig eine Zierde der strafsburger Stadtbibliothek, die auch noch eine Abschrift derselben vom Jahre 1695 besitzt, worin aber sowohl die Malereien als auch manche Stücke des Textes, namentlich die liturgischen Bestandtheile, fehlen.

Die letztern, am Schlufs der Handschrift, bestehen aus dem in Zeichen verfafsten Martyrologium, wie die Verfasserin selbst es nennt, oder vielmehr *Kalendarium*, woran sich ein *Computus* oder Anleitung zur Festrechnung anschliefst, während die Grundsätze für die Osterregel schon früher zur Sprache gekommen sind. Jener Stücke haben Engelhardt (S. 57 f.) und Le Noble (S. 256 f.) gedacht, der erstere hat auch eine Probe sowohl des Kalendariums als der Ostertafel mitgetheilt. Doch ist dieselbe nicht genau ausgefallen.[1]

---

[1] Engelhardt, Herrad von Landsperg, giebt von dem Kalendarium die beiden ersten Monate auf Taf. X. Aber beim 5. Januar ist daselbst | statt L gesetzt; und die Zahlen sind mehrfach unrichtig, da er z. B. beim 16. Januar und 14. Februar XVII statt XVII (das ist XVIII) nimmt. Von dem Computus s. unt. S. 35. A. 2. Bei dieser Gelegenheit möge auch aus der Widmung der Herrad an die Jungfrauen ihres Klosters (Bl. 1.b.) bei Engelhardt S. 126 ein Druckfehler berichtigt werden; es ist zu lesen: ut eterna (statt externa) felici jocunditate possideatis.

Dieser Computus bietet zwei directe Zeitangaben für die Abfassung des Werks, die beide im Zusammenhang weiterhin (S. 34 f.) mitgetheilt werden.[1]) Die eine steht im Eingange zu der 532jährigen Ostertafel und besagt: *facta est haec pagina anno 1175;* womit es stimmt, dafs die Ostertafel selbst mit eben diesem Jahre anfängt. Und es wird hierdurch bestätigt, dafs solche Tafeln, da sie der Zukunft dienen sollen, in der Regel mit dem Jahr der Abfassung beginnen, nicht aber damit schliefsen, — was zwar selbstverständlich erscheint, jedoch eines Nachweises bedurfte,[2]) da die Sache auch entgegengesetzt aufgefafst ist und darnach zu falschen Zeitbestimmungen geführt hat.

Die andere Angabe findet sich in der Einleitung zu den Versen, deren einzelne Wörter, ebenfalls für den grofsen Ostercyclus, den Zeitraum von Weihnacht bis zur Quadragesima anzeigen. Da aber heifst es: *factum est anno 1159.* Zwar fangen sie schon mit dem Jahre 1156 an; jedoch eine nebenstehende Anmerkung, die freilich mit Roth durchstrichen ist (s. unt. S. 35), fordert auf, den ersten Vers auszulassen. Hiernach, da der zweite Vers mit dem Jahre 1160 beginnt, ist dies Gedicht ganz entsprechend so eingerichtet, dafs es mit dem auf seine Abfassung folgenden Jahre den Anfang macht. Ist die Herrad die Verfasserin, so hätte sie also schon vor längerer Zeit mit dem Computus sich beschäftigt; und gerade die Anfertigung dieser Verse war keine leichte Arbeit: es sollen Hexameter sein und jeder Vers giebt einen abgeschlossenen Sinn; jedes Wort aber hat eine gegebene Zahl von Buchstaben, die eben zum chronologischen Kennzeichen dient. Solcher Verse sind 116, zu vier bis fünf Wörtern, im Ganzen 532 Wörter. Längere Zeit aber mufs die Sammlung des Stoffs für das ganze encyclopädische Werk erfordert haben: es mag dazu der Antritt ihres Amtes als Aebtissin, der im Jahre 1167 nach dem Tode der Relindis erfolgte, besondere Anregung gegeben haben, wie sie denn zu Anfang, in Versen und Prosa, ihrer Nonnenschaar es widmet. Und so ist es nicht auffallend, wenn es erst im Jahre 1175 beendigt worden, wie aus der erstgenannten Zeitangabe zu entnehmen ist.

Mit diesen Daten stimmt im Allgemeinen das Papstverzeichnifs (Bl. 316.a. bis 317.a.),[3]) welches mit Christus und Petrus beginnend von der ursprünglichen Hand fortgeführt wird bis auf Alexander III. und

---

[1]) Vergl. Engelhardt S. 21.
[2]) Piper-Karl's des Gr. Kalendarium und Ostertafel S. 97 ff.
[3]) Abgedruckt bei Engelhardt a. a. O. S. 170—176.

Lucius II. (vielmehr III.): der letztere regierte 1181—1185. Darauf folgen von anderer Hand noch Urbanus IV., Gregor VIII. und Clemens (nehmlich der III.), welcher von 1187—1191 auf dem päpstlichen Stuhle safs. Unter seinem Nachfolger Cölestin III. starb die Herrad.

Den liturgischen Stücken des Hortus deliciarum, namentlich dem Kalendarium verwandt sind einige chronologische Angaben, nehmlich Jahrestage, welche sonst in den Kalendarien angemerkt zu werden pflegen, in dem Werk der Herrad aber zerstreut sich vorfinden. Diese sollen vorgängig hier zur Sprache kommen.

I. Chronologische Data.

Diese Data beziehen sich vornehmlich theils auf die Urgeschichte der Welt und der Menschheit, theils auf das Leben Jesu, in welchem sie gleichfalls über die Angaben der biblischen Geschichte hinaus Bestimmungen treffen wollen. Sie mögen nach der Ordnung der Zeiten hier aufgeführt werden.

1. **Die Erschaffung der Welt am 18. März.**
(Bl. 10. b.) *Excerpta cujusdam astrologi. De creatione mundi.*

In mundi inicio facta est primum informis materia s. et angeli et empireum celum, in quo sunt angeli, non istud, in quo sidera contemplantur. In ipso quidem principio XV. K. Aprilium*) in sex primis partibus arietis totus mundus factus est. Aries enim triginta partes habet. Lux autem quae erat, antequam sol factus esset, sine calore erat etc.

*) Dabei steht am Rande:
XV. Kal. April. Prima dies seculi.

Diese Annahme des 18. März für den ersten Tag der Welt, worüber Engelhardt etwas witzig, aber unkundig sich äufsert,[1]) ist die von Beda gegebene Bestimmung,[2]) der zunächst Rhabanus Maurus und Walafrid Strabo[3]) folgen, worauf sie im Mittelalter herrschend geworden ist. Sie ist abgeleitet aus dem Datum der Frühlingsnacht-

---

[1]) Engelhardt S. 64: Die Astronomen und Geologen, deren Compendien Herrad benutzte, theilen mit unbefangener Zuversicht manche Umstände mit, für die unser skeptisches Zeitalter wenigstens einige urkundliche Aktenstücke zum Belege verlangen würde, wie z. B. wenn Herradens quidam astrologus versichert, die Welt sei den 15. cal. aprilis erschaffen worden.

[2]) Beda De temp. rat. c. 4. cf. c. 40. 65.

[3]) Rhaban. Maur. Lib. de computo c. 23. Walafrid Strab. Gloss. ordin. in Exod. XII, 2.

gleiche, indem man nach dem Vorgang des Philo und der Kirchenväter, zuerst des Origenes, annahm, dafs die Welt im Frühling erschaffen sei; worüber auch die Herrad ein Excerpt hat: *De eo quod mundus verno tempore perfectus est* (Bl. 9. a.). Indem nun als Tag der Frühlingsnachtgleiche seit dem 3. Jahrhundert der 21. März galt, dieses Datum aber für den Schöpfungstag von Sonne und Mond, also für den vierten Tag der Welt genommen wurde; so folgte für den ersten Tag der Welt das Datum des 18. März. Zu den nächsten Vorgängern der Herrad, welche diese Bestimmung aufnehmen, gehört dem Orte nach das strafsburger Kalendarium des 10. Jahrhunderts, welches unter dem Namen eines Martyrologium Germanicum von Beck herausgegeben worden (Augsburg, 1687;[1]) und der Zeit nach Marianus Scotus, der ausführlich auf die Frage eingeht, im 11. Jahrhundert, so wie aus dem Anfang des 12. Jahrhunderts Honorius von Autun.[2]) Indem ich hinsichtlich der Geschichte dieser für die Construction des Kirchenjahres wichtigen Frage über den ersten Tag der Welt auf zwei Abhandlungen Bezug nehmen darf, welche ich dem Gegenstande gewidmet habe,[3]) füge ich der dortigen Entwickelung einige weitere Bestimmungen und Nachweisungen aus der mittelalterlichen Literatur hier bei.

Die Bestimmung des 18. März als des ersten Schöpfungstages, genannt dies primus (oder prima) seculi,[4]) findet sich ganz allgemein in den lateinischen Kalendarien. Solche sind aus dem 9. Jahrhundert, aufser dem von Corbie vom Jahre 826,[5]) der Kalender vor einem gregorianischen Sacramentarium aus Reichenau in Wien,[6]) so wie Kalender aus Petershausen,[7]) aus Essen[8]) und in einer heidelberger Handschrift (Univ. Bibl. Schrank 9. Nr. b.). Ferner aus dem 10. Jahrhundert aufser dem schon genannten strafsburger Kalendarium ein Kalender zu Einsiedeln (Nr. 356.) vom Jahre 931 und der Kalender des Aelsinus im britischen Museum (Titus D. XXVII.)

---

[1]) *Martyrolog. eccles. German.* ed. Beck Bl. a. 3. s. dazu p. 44.
[2]) S. meine Abhandlung über den ersten Tag der Welt S. 26 f.
[3]) *Der erste Tag der Welt*, in dem Vergl. Kalender vor dem K. preufs. Staats-Kalender für 1856 S. 6—35 und: *der Geburtstag der Welt*, in dem Evangelischen Kalender für 1857 S. 17—31.
[4]) Einmal heifst es: Primus dies mundi, in dem Kalender von Bologna s. die folg. S. (Anm. 4.).
[5]) d'Achery Spicileg. ed. nov. T. II. p. 65.
[6]) Piper Karl's des Gr. Kalendarium S. 79.
[7]) Gerbert Monum. vet. liturg. Alem. P. I. p. 469.
[8]) *Kalend. eccles. German. Coloniensis* ed Binterim p. 14.

vom Jahre 978,¹) die beide von mir eingesehen sind. Auch zwei Kalendarien der ambrosianischen Bibliothek zu Mailand, der zweite aus dem 12. Jahrhundert, enthalten diese Angabe.²) Aus dem 13. Jahrhundert der Kalender vor einem Psalter zu Amiens.³) Und noch im 14. Jahrhundert, in dem Kalender eines Breviarium im Kloster S. Michele in Bosco zu Bologna ist sie aufgenommen.⁴)

Nur ausnahmsweise ist der erste Tag der Welt auf den 21. März gesetzt, in einem Kalender von Rheinau aus dem 10. Jahrhundert, worin es heifst⁵):

XII. Kal. Apr. [21. März] Aequinoctium secundum Graecos et primus dies seculi.

Es ist das eine Annahme, die allerdings Beda nicht unpassend gefunden hat, wenn nicht die andere vorzuziehen wäre: wobei das Motiv ist, auf das Datum der Frühlingsnachtgleiche statt der Erschaffung von Sonne und Mond, die Erschaffung des Lichts, das Werk des ersten Tages zu setzen.

Zu der erstgenannten Bestimmung kommt nicht selten eine zweite, correspondirende hinzu, nehmlich:

X. Kal. Apr. [23. März] Adam creatus (oder plasmatus) est in dem Kalendarium des Aelsinus im britischen Museum vom Jahre 978 und in dem ersten ambrosianischen Kalendarium. Sie steht auch zuweilen allein, ohne die erste: wie in einem Kalender der mediceischen Bibliothek (Plut. VI. cod. 8.) aus dem Anfang des 12. Jahrhunderts⁶) und in einem Kalender vermutblich desselben Jahrhunderts aus Exeter im britischen Museum (Cod. Harl. 863.).⁷) Wenn nehmlich der 18. März der erste Tag der Welt ist, so folgt

---

¹) Hampson Medii aevi Kalend. Lond. 1841. T. I. p. 437.
²) Beide bei Muratori Rer. Italic. Script. T. II. P. 2. p. 1028. 1036. Das zweite, damals im Privatbesitz, daher Kal. Sitonianum von ihm genannt, ist jetzt auch in der ambrosianischen Bibliothek, wo ich im August 1860 die Handschrift benutzt habe. Ein dritter Kalender dieser Bibliothek, den Muratori in s. Anecd. ex Ambros. bibl. codic. T. III. hat abdrucken lassen, vergl. p. 176., enthält aber jene Angabe nicht. — Mit Vergnügen bemerke ich, dafs von dem Herrn P. Dozio, Mitglied des ambrosianischen Collegiums in Mailand, eine Sammlung von mailänder Kalendarien zu erwarten ist.
³) In der Stadtbibl. Cod.124. aus der Abtei S.Martin aux Jumeaux, Bl.2.a.
⁴) Althan. De calendar. p. 217.
⁵) Gerbert l. c. p. 459.
⁶) Bandini Catal. cod. ms. lat. bibl. Medic. Laurent. T. I. p. 174.
⁷) Hampson Medii aevi Kalend. T. I. p. 451.

für den sechsten Tag der Welt der 23. März. Ausdrücklich wird auch dieser Tag als Datum der Erschaffung Adams von Beda in seiner Schrift von den sechs Weltaltern genannt,[1]) welche Stelle von Ado in seiner Chronik aufgenommen ist.[2]) Auch der Commentar zum Matthäus unter dem Namen des Anselmus verzeichnet diesen Tag.[3])

Von beiden Annahmen weicht ein anderes Datum der Erschaffung Adam's ab — der 25. März, an dem einige Kalendarien sie anzeigen. Namentlich der des Lambertus vom Jahre 1120, nach der wolfenbüttler Handschrift seines Floridus, in folgender Weise:

VIII. Kal. Apr. Mundus factus. Adam plasmatus. Christus annunciatus et passus.

Und das genannte sitonianische Kalendarium der ambrosianischen Bibliothek aus demselben Jahrhundert:

VIII. Kal. Apr. Annuntiatio S. Mariae. Eodem die Dominus noster crucifixus est et passus...... Et Adae plasmatio.[4])

Aber auffallend ist es, dafs beide Kalendarien zugleich den 18. März als dies primus seculi anführen, ja der erstere überdies am 25. März die Angabe hat: mundus factus. Das sind offenbare Widersprüche. Denn wenn am 25. März Adam geschaffen ist, so folgt für den ersten Tag der Welt der 20. März. Der Schlüssel aber für jene Datirung Adam's liegt in der Parallele mit der Epoche der Kreuzigung, welche beidemal mit angesetzt ist. Und zwar ist dies chronologische Gleichnifs ein zwiefaches: einmal für den Wochentag. Es ist frühzeitig bemerkt und oft hervorgehoben worden, dafs an demselben (Wochen-) Tage, einem Freitage, an welchem Adam geschaffen worden und, wie man glaubt, auch gesündigt habe, Christus für das Heil des menschlichen Geschlechts gestorben sei; wie dies unter anderm in der griechischen Charfreitagsliturgie ausgesprochen ist.[5])

---

[1]) Beda De sex aet. sec. Aetas I. p. 2 ed. Smith.
[2]) Ado Chron. in Max. Bibl. Patr. T. XVI. p. 769 H.
[3]) Anselm. Enarrat. in Matth. c. 27.
[4]) S. bei Muratori an dem oben S. 5. Anm. 2. angeführten Orte. Es werden so viele Ereignisse unter demselben Datum aufgeführt, dafs sie in die folgenden Tage hineinreichen. Die letzten sind dps. Mone archiep. et Ade plasmatio et Ysaac imolatio. Dafs auch diese, sie also sämmtlich, zum 25. März gehören, geht daraus hervor, dafs für den Tag der depositio des Erzbischofs Monas eben dieser Monatstag gilt; s. Ughelli Ital. sacr. ed. 2. T. IV. p. 39.
[5]) *Triodion* p. 314. col. 1: Ἰστέον μέντοι, ὡς τῇ ἕκτῃ ἡμέρᾳ τῆς ἑβδομάδος, δηλαδὴ τῆς παρασκευῆς ἐσταυρώθη ὁ κύριος διὰ τὸ καὶ τῇ ἕκτῃ ἡμέρᾳ τὸ καταρχὰς πλασθῆναι τὸν ἄνθρωπον. Vergl. p. 337. col. 2.

Weiter nun gilt der 25. März für den Todestag Christi, worauf wir noch zurückkommen. Also hat man von dem Wochentage den Uebergang zum Monatstage gemacht und so auf jenen Monatstag auch die Erschaffung Adam's gesetzt. Das findet sich schon (mit einer Modification in der Annahme des Aequinoctium) in einer Homilie des Pseudo-Chrysostomus vom Jahre 672,[1]) in welcher überhaupt die Leidenswoche der Schöpfungswoche verglichen wird: der erste Tag der Leidenswoche, gleichwie der erste Tag der Welt, soll auf die Frühlingsnachtgleiche, den 20. März, treffen; und an dem darauf folgenden Freitag, den 25. März, sei Christus gestorben, weil der erste Mensch an dem Tage, Freitag den 25. März, geschaffen worden. Auch im lateinischen Mittelalter findet sich sonst noch zuweilen, nach den genannten Kalendarien, diese Parallele zwischen der Erschaffung Adam's und dem Tode Christi, namentlich bei Vincentius von Beauvais im 13. Jahrhundert.[2])

2. Chronologie des Paradieses.

(Bl. 21. a.) *Aus dem Elucidarium.* [Lib. I. c. 13. in Anselmi Cantuar. Opp. ed. Gerberon p. 461.]

Disc. Quamdiu fuerunt in paradiso?
Mag. Septem horas.
Disc. Cur non diutius?
Mag. Quia mox ut mulier fuit creata, confestim est et praevaricata. Tercia hora vir creatus imposuit nomina animalibus; hora sexta mulier formata continuo de vetito pomo praesumpsit viroque mortem porrexit. Qui ob ejus amorem comedit et mox hora nona dominus de paradiso eos ejecit.

Es hat von früh her in der Kirche nicht an mancherlei Erörterungen und Behauptungen gefehlt über Anfang und Ende des Aufenthalts im Paradiese und die dazwischen liegende Epoche des Sündenfalls. Der erste ist Origenes, der obwohl er die mosaische Erzählung allegorisch erklärte, doch eine genaue, historisch lautende Bestimmung über die Stunde der Erschaffung Adam's gab (zu Matth. 27, 45.).[3]) Da am sechsten Tage der Welt zweierlei Geschöpfe geschaffen sind,

---

[1]) Ps. Chrysostom. Serm. VII. in Pasch. c. 2. p. 277. D. c. 3. p. 279. E. p. 280. A. Montf. Von der Zeit der Abfassung dieser für die Geschichte der Osterstreitigkeiten wichtigen Homilie habe ich gehandelt in meiner Kirchenrechnung S. 28—32.

[2]) Vincent. Bellov. Specul. histor. Lib. VII. c. 45. Vergl. den angef. Aufsatz über den ersten Tag der Welt S. 23 f. S. auch unten S. 10.

[3]) Origen. in Matth. Comment. lat. cap. 134. Opp. T. III. p. 924. D. E.

so folgert er, jener Tag sei dergestalt getheilt, dafs *vor* der sechsten Stunde die Schöpfung der Thiere erfolgt sei, *in* der sechsten Stunde Gott den Menschen gebildet habe, — gleichwie Christus für das Heil desselben Menschen sterbend in der sechsten Stunde gekreuzigt sei. Von dem Sündenfall aber nimmt schon Ephraem der Syrer an, dafs er sofort nach der Erschaffung erfolgt sei: einestheils dafs in der Stunde der Erschaffung die Versuchung angefangen, zur Zeit, da Eva noch nicht wufste was Hunger sei und defshalb noch nicht von dem Kampf mit der Schönheit des Baumes beunruhigt worden, anderntheils dafs die Versuchung selbst nur eine Stunde dauern sollte.[1]) Demgemäfs erklärt er auch, dafs an demselben Tage die ersten Eltern aus dem Paradiese verstofsen seien.[2]) Mit einer genauen Stundenzählung schliefst sich hier das christliche Adamsbuch an, welches im Aethiopischen erhalten, aus Syrien zu stammen und zwar dem Ephraem anzugehören scheint. Darnach sind am Freitag dem sechsten Tage der Welt in der ersten Stunde die Thiere geschaffen, in der dritten Stunde ist Adam geschaffen und in das Paradies eingeführt: in derselben Stunde sind die Thiere zu ihm geführt, dafs er sie mit Namen benenne, und hat er das Gebot über den Baum empfangen; am Ende aber der dritten Stunde ist er in Schlaf versenkt und während dessen das Weib aus ihm hervorgebracht. In der sechsten Stunde erfolgte die Uebertretung und in der neunten Stunde die Vertreibung aus dem Paradiese, wie alles dies ihm in den Mund gelegt wird.[3]) An demselben Tage und zur selbigen Stunde wäre er, 930 Jahre alt, auch gestorben,[4]) wozu das äthiopische Clementinum, welches von diesem Adamsbuch abhängig ist, noch hervorhebt, dafs dies auch die Todesstunde Christi war.[5])

Auch Theodorus von Mopsuestia, der in Syrien seine Bildung empfangen, behauptet, dafs Adam an demselben Tage, an dem er erschaffen worden, aus dem Paradiese vertrieben sei, doch so, dafs

---

[1]) Ephraem. Explanat. in Genes. 3, 1. Opp. syr. lat. T. I. p. 29. Vergl. Uhlemann Ephräm's des Syrers Ansichten vom Paradiese und vom Fall des Menschen, in Illgen's Zeitschr. für die histor. Theol. 1, 1. S. 244 f.

[2]) Ephraem. Serm. de Christi pass. et resurr. Opp. syr. lat. T. III. p. 604. Vergl. Borgia De cruce Vatic. App. p. LVIII.

[3]) *Das christl. Adamsbuch des Morgenlandes*, aus dem Aethiop. übersetzt von Dillmann, in Ewald's Jahrb. der bibl. Wiss. Fünfter Jahrg. 1853. S. 33 f. 36. 82.

[4]) Ebendas. S. 82.

[5]) Dillmann an dem eben angef. O. S. 140. Anm. 69.

er von der Erschaffung bis zum Sündenfall sechs Stunden rechnet.[1]) Dafs übrigens in der griechischen Kirche über die Dauer des Aufenthalts im Paradiese mehrfach verhandelt und gestritten worden, sehen wir aus den Fragen an den Antiochus unter dem Namen des Athanasius;[2]) da handelt es sich in dieser Hinsicht um Monate[3]) oder Stunden: der Verfasser aber stimmt der Annahme bei von so viel Stunden, als der Herr am Kreuz zugebracht. Ueberhaupt hat die Parallele mit der Kreuzigung zur näheren Bestimmung der Chronologie Adam's gedient. Sehr deutlich drückt dies Cosmas Indicopleustes aus:[4]) dafs Adam am Tage seiner Erschaffung in der sechsten Stunde gefallen sei, derselben, in welcher Christus gekreuzigt ist, und dafs er aus dem Paradiese vertrieben sei in der neunten Stunde, in welcher auch Christus und der Schächer in's Paradies einzogen.

Dieselbe Chronologie findet sich im Abendlande, wie die vorstehende von der Herrad aufgenommene Stelle des Elucidarium beweiset. Zuvor hatte Beda ebenso sich ausgesprochen über Tag und Stunde des Sündenfalls und der Vertreibung, welche Stelle Marianus Scotus in seiner Chronik aufgenommen hat.[5]) Später wird das gleiche

[1]) Theodor. Mopsuest. bei Marius Mercat. Opp. ed. Baluz p. 346. auch in Galland. Bibl. Patr. T. VIII. p. 704. D.

[2]) Athanas. Quaest. ad Antioch. 49: πόσον χρόνον ἐν παραδείσῳ ἐποίησεν ὁ Ἀδάμ, ed. Montfauc. T. II. p. 280.

[3]) Eine solche Rechnung findet sich in der griechischen *Vita Adami*, von welcher Syncellus Auszüge aufbehalten hat (Fabric. Cod. pseudepigr. Vol. I. p. 12 sqq.). Darnach ist der 24. März der erste Tag der Welt und es trifft auf den

29. März Adam's Erschaffung,
1—5. April giebt Adam den Thieren ihre Namen,
6. April die Erschaffung der Eva,
9. Mai Adam wird am 40sten Tage seiner Erschaffung von Gott in's Paradies geführt,
13. Mai Adam erhält das Gebot,
25. Juni Eva wird am 80sten Tage ihrer Erschaffung von Gott in's Paradies geführt.

So weit reicht das Excerpt. Und man erfährt weiter nur noch aus der *Poenitentia Adami* (p. 17), dafs er an demselben Tage, an welchem er gefallen, nach Ablauf der Jahre gestorben sei.

[4]) Cosmas Indicopl. Topogr. christ. Lib. II. p. 153. B. C. ed. Montfauc. auch in Galland. Bibl. Patr. T. XI. p. 430. D. E.

[5]) Marian. Scot. Chron. Lib. I. c. 10. in Pistor. Rer. German. Script. T. I. p. 449.

von Vincentius von Beauvais berichtet:[1] „Adam und Eva haben, wie man glaubt, am Tage ihrer Erschaffung, das ist am sechsten Tage der Welt, im Paradiese um Mittag gesündigt und sind bald darauf um die neunte Stunde daraus vertrieben. Wefshalb auch der neue Mensch Christus an demselben Tage nach dem Umlauf vieler Jahre, das ist am Freitag den 25. März, gleichfalls in der sechsten Stunde gekreuzigt die Schuld jener Sünde gesühnt und um die neunte Stunde sterbend dem Schächer den Zugang zum Paradiese geöffnet hat."

Eine vereinzelte Annahme ist in dem schon erwähnten Kalendarium von Einsicdeln vom Jahre 931 die Versetzung der Uebertretung Adam's auf den 18. Februar, was mit einem andern Sündenfall zusammenhängen mag, der daselbst angemerkt ist, wie folgt:

XV. Kal. Mart. Diabolus ad nos ejectus
XII. Kal. Mart. Adam hic peccavit.

Mit der ersten Angabe ist zu vergleichen eine verwandte Notiz, die sich in dem ersten mailänder Kalendarium bei Muratori (p. 1028) findet:

II. Id. Febr. Infernus factus est.

Sonst pflegt auf den XV. Kal. Mart. (15. Februar) ein anderes Ereignifs aus der Geschichte des Satan angesetzt zu werden, welches weiterhin bei dem Leben Jesu (S. 15) zur Sprache kommen wird.

Endlich möge noch bemerkt werden, dafs Luther aunahm, wenn auch nicht für gewifs, der Sündenfall sei am siebenten Tage, dem Tage nach der Erschaffung des Menschen, erfolgt.[2]

3. Anfang und Ende der Sündfluth.

(Bl. 27. b.) Am Rande neben dem Bilde der auf der Fluth schwebenden Arche:

XV. K. Mai. [17. Apr.] *rupti sunt fontes abyssi*
V. K. Mai. [27. Apr.] *Noe egressus est de Archa.*

Nach der Genesis brachen die Brunnen der Tiefe auf und ging Noah in den Kasten am 17. Tag (nach der Lesart der LXX aber am 27. Tage, womit die Itala übereinkommt, wogegen die Vulgata den 17ten hat) des zweiten Monats, und erhielt Noah Befehl aus der Arche zu gehen nach einem Jahre am 27. Tage des zweiten Monats. Hieraus sind die vorstehenden Data abgeleitet, indem nach jüdischer Festordnung der Nisan für den ersten Monat, demnächst die jüdischen Mondmonate mit den römischen Sonnenmonaten gleichlaufend und zwar der Nisan gleich dem März gesetzt

---

[1] Vincent. Bellov. Specul. hist. Lib. I. c. 56. p. 22. ed. Duac.
[2] Luther Ausleg. der Genes. 2, 3. §. 22. W. v. Walch Th. I. S. 145.

ist, wie es theilweise wirklich zutrifft. Ueberdies gilt der März an sich für den ersten Monat, wie das Kalendarium in dem handschriftlichen Floridus des Lambertus zum März die Notiz enthält: Hic est primus anni mensis institutus a Romulo Martis nomine. Sonach ist der April der zweite Monat.

Mit einigen Abweichungen findet sich diese Bestimmung öfters in den lateinischen Kalendarien des Mittelalters. Eines der ältern ist das Kalendarium Solodorense aus dem 9. Jahrhundert, bei Gerbert, in welchem angesetzt ist:[1])
    IX. Kal. Mai. [23. Apr.] Diluvium incipit
und dazu die Egressio Noe de arca, wie folgt. Nehmlich die gewöhnliche Bestimmung ist:
    II. Id. Apr. [12. Apr.] Diluvium factum est,
    IIII. Kal. Mai. [28. Apr.] Egressio Noe de arca.
Die letztere Angabe hat das Kalendarium von Essen aus dem 9. Jahrhundert ed. Binterim; die erstere ein vaticanisches Kalendarium aus dem Anfange des 11. Jahrhunderts bei Georgi[2]) und das eine mailänder Kalendarium bei Muratori;[3]) beide Angaben finden sich in dem eben erwähnten Kalendarium des Lambertus: desgleichen hat Molanus in den Zusätzen zum Martyrologium des Usuardus sie aufgenommen.[4]) Mit dem ersten Datum stimmt auch das poetische Kalendarium König Athelstan's aus dem 10. Jahrhundert im britischen Museum (Galba. A. XVIII.), das aber aufserdem noch an zwei Tagen der Arche gedenkt:[5])
    [12. Apr.] Pridie diluvium terras obtexerat altas.
    [30. Apr.] Pridie transfertur arca densissima ab undis.
    [27. Mai] Terrigena ingreditur arca de vertice fontis.
(An der letzten Stelle ist wohl montis statt fontis zu lesen.) Von dem Ausgange aus der Arche ist aber nicht die Rede.

Hingegen, indem der Mai für den zweiten Monat genommen wird, ist
    der 27. Mai als Tag des Ausgangs aus der Arche
erklärt von Marianus Scotus,[6]) der ihn deshalb den ersten Tag des zweiten Weltalters nennt.

---

    [1]) Gerbert Monum. vet. liturg. Alem. P. I. p. 473.
    [2]) Georgi zum Martyrol. Adonis p. 697.
    [3]) Muratori Rer. Ital. Script. T. II. P. 2. p. 1029.
    [4]) Molan. ad Usuard. Martyrol. Apr. XII. et Apr. XXVIII. ed. Soller. p. 207. 240.
    [5]) Hampson Medii aevi Kalendar. Vol. I. p. 403. 404. 406.
    [6]) Marian. Scot. Chron. Lib. I. c. 12. p. 468 ed. Pistor.

Einige Erläuterungen über das Datum giebt Petrus Comestor,[1]) der sich allerdings bewufst ist, dafs von Mondmonaten die Rede sei; aber er macht davon eine künstliche Anwendung. Indem er den 17. des zweiten Monats (obwohl eine andere Uebersetzung den 27. habe) als den Tag des Eintritts in die Arche, den 28. nach Ablauf eines Jahres als den Tag des Austritts bezeichnet, erklärt er: das sei ein und dasselbe Datum (nehmlich auf das Sonnenjahr bezogen), sofern ein Datum des Mondmonats in diesem Jahr um 11 vermehrt das entsprechende Datum im nächsten Jahr giebt. Man solle sich auch nicht irren lassen, dafs er den 28. als Datum des Ausgangs aus der Arche genannt, während die Bibel den 27. anzeige: und nun folgen verschiedene Erklärungen, beides zu vereinigen.

Noch Tostatus, Erzbischof von Avila im 15. Jahrhundert, gedenkt des häufigen Vorkommens solcher Angaben über die Sündfluth in den Kalendarien:[2]) er verwirft aber diese Ansätze, in welchen die Data der Mondmonate herübergenommen seien, als ob diese mit den Sonnenmonaten zusammenfielen; was ganz falsch sei. Aufserdem will er den Anfang jener Monate wie auch die Epoche der Weltschöpfung nicht in den März, sondern in den September setzen.

4. Der Tod des Moses am 4. September.

(Bl. 54. a.) *II. Non. Sept. obitus Moysi prophetae.*

Diese Angabe des Todes Mosis hat unter den lateinischen Martyrologen zwar Beda noch nicht; aber Ado, Usuardus und die folgenden: gleichwie die Griechen in ihren Menäen sein Gedächtnifs an diesem Tage feiern.[3])

5. Die Epochen des Lebens Jesu.

Zu den Epochen aus dem Leben Jesu, welche schon seit dem christlichen Alterthum festen Tagen im Sonnenjahr angehören und so auch in den Kalendarien von Alters her ihre Stelle haben, das ist Verkündigung, Weihnacht (woraus das Datum der Beschneidung, so wie der Darstellung im Tempel folgt) und Epiphania, sind späterhin in manchen derselben noch eine Anzahl Ereignisse in Folge ihrer Anknüpfung an einen festen Monatstag aufgeführt. Von

---

[1]) Petr. Comest. Hist. scholast. Lib. Genes. c. 33. 35.
[2]) Alphons. Tostat. Defensor. P. II. c. 89. Opp. T. XXV. P. I. p. 156. col. 1: in multis Calendariis solet annotari, quanto introivit Noe in Arcam, et qua die cujus mensis cepit diluvium, et qua die egressus est Noe de Arca etc. S. dazu col. 2.
[3]) *Acta Sanct.* Antv. d. IV. Sept. T. II. p. 6.

ihnen aber ist wenig daselbst bis in die neuere Zeit übrig geblieben, so dafs sie nur noch in den sonntäglichen Pericopen erscheinen. Um so mehr verdient in jener Zwischenzeit ihr Vorkommen beachtet zu werden. Sie finden sich in dem Hortus deliciarum der Herrad in folgender Weise angezeigt.

(Bl. 97. b.) *VII. Idus Ianuarii. Eductio pueri Ihu de Egypto in terram Iuda.*
(Bl. 101. b.) *XV. Kal. Mart. reliquit eum (Ihesum) temptator et angeli ministrabant ei.*
(Bl. 102. b.) *Kal. Mai. Initium praedicationis domini. Ihs praedicavit in synagoga Iudaeorum.*
(Bl. 118. a.) *VIII. Idus Aug. Transfiguratio domini.*
(Bl. 151. a.) *Quando primus resurrectionis Christi dies fuerit. Reimundi Massiliensis.*

Ubi primus dominicus resurrectionis Christi dies fuerit, varie refertur. Quidam enim dicunt VIII. Kal. April. alii VI. Kal. nonnulli Vto Kalendarum earundem die fuisse asseverant. Recte enim VIII. Kal. Apr., ut in vetustissimis martyrologiis scriptum reperitur, annuntiatio dominica et passio, sexta feria, luna XIIIIma occurrit. His enim quae a sanctis patribus multa cura et diligenti investigatione deo inspirante instituta sunt, nequaquam contumaces obviare sed humiliter obedientiam exhibere debemus.

Item de eodem. Beda.
Beda testatur, quod VIIIIna Kal. April. feria quinta dominus noster Ihesus Christus cum discipulis suis cenasset et VIIIva Kal. passus fuisset et VIta Kal. ejusdem mensis a mortuis resurrexisset. Plurimi quoque sunt qui hanc rationem cum illo sentiunt. Augustinus in responsionibus Genesis de prima die ad Horosium ita scribit. Octava Kal. April. passus est dominus tunc quia creditur fuisse conceptus. In martirologio prout fertur beati Iheronimi simili modo VIIIva Kal. April. Christus conceptus et passus esse et VIta Kal. resurrexisse describitur.

Ganz dieselben Ereignisse enthält ein etwas älteres Kalendarium, das mehrerwähnte in dem Floridus des Lambertus, in folgender Fassung.

III. Id. Jan.   Eductio dn̄i de egipto.
V. Id. Febr.   Diabolus recessit a do.
XIII. Kal. Mart.   Ihc ad nuptias die tercia post jejunium XL.
VIII. Kal. Apr.   xp̄c annunciatus et passus.
VI. Kal. Apr.   Resurrectio dn̄i n̄ri ihū xi.
Kal. Mai.   Initium praedicationis ihu xp̄i dn̄i n̄ri.
VII. Kal. Aug.   Transfiguratio dn̄i in monte Thabor.

Hier ist noch ein Ereigniſs mehr angesetzt, die Hochzeit zu Kana (s. sogleich S. 15). Dagegen hat die Herrad noch ein datirtes Ereigniſs aus dem Leben Jesu, dessen Annahme aber auf Verwechslung beruht, wie gerade der Vergleich mit dem Kalendarium des Lambertus deutlich macht. Es ist folgendes:

(Bl. 118. b.) *Kal. Aprilis factu est conversio s. Mariae Magdalenae. Martha sororem suam Mariam ad Ihesum duxit qui ab ea ut Marcus testatur septem demonia i. universa vicia ejecit.* (Dieser Satz geht voran.)

Hier ist also die Maria, Schwester des Lazarus, mit der Maria Magdalena identificirt, aufserdem aber diese Maria mit der Maria aegyptiaca, die in's 6. Jahrhundert gesetzt wird, verwechselt. Der Name der letztern wird zwar von Usuardus am 2. April aufgeführt, sonst aber zuweilen am 1. April, wie auch in dem Kalendarium des Lambertus und dem zweiten Mosacense aus dem 13. Jahrhundert,[1] worin es heiſst: Mariae egyptiacae, quae peccatrix appellatur.

Wir ziehen nun jene Angaben noch einzeln in Betracht.

a) Jesu Rückkehr aus Aegypten am 7. Januar.

Unter demselben Datum haben Ado, Usuardus und das römische Martyrologium: Relatio pueri Iesu de Aegypto. Sonst pflegt sie am 11. Januar zu stehn. Und zwar heiſst es bei Rhabanus:

III. Id. Jan. Eductio Domini de Aegypto.

Und ebenso (nur daſs für Domini auch der Name steht) in den Kalendarien von Essen und von Petershausen aus dem 9., Rheinau aus dem 10., Regensburg aus dem 11. Jahrhundert,[2] zwei Kalendarien von Trier aus dem 10. und 11. Jahrhundert[3] und dem Kalendarium des Lambertus, so wie einem florentinischen[4] aus dem Anfang des 12. Jahrhunderts. In dem ambrosianischen Kalendarium bei Muratori steht: Recessio Domini de Aegypto. Freilich könnte III. Idus leicht aus VII. Idus (7. Januar) entstanden sein. Das letztere, bei der Herrad, scheint von dem Datum des Epiphanienfestes (6. Januar) unmittelbar abhängig. Da Joseph, nach dem Abgang der Weisen, im Traume den Befehl empfing, mit dem Kinde und der Mutter nach Aegypten zu fliehen, so läſst sich folgern, daſs er am 7. Januar dies ausgeführt habe. Wenn er nun (mit Einschluſs der Reise-

---

[1] Althan. De calendar. p. 158.
[2] Gerbert Monum. vet. liturg. Alem. P. 1. p. 409. 456. 492.
[3] Hontheim Prodrom. hist. Trevir. P. 1. p. 373. 381.
[4] Bandini Cat. cod. lat. bibl. Medic. T. 1. p. 172; aber am folgenden Tage II. Id. Jan.

zeit) grade ein Jahr oder drei Jahre in Aegypten sich aufgehalten, wie die verschiedenen Annahmen lauten,[1]) so ergiebt sich derselbe 7. Januar als Tag der Rückkehr.

b) **Das Ende der Versuchung Jesu am 15. Februar.**
Drei Kalendarien schon des 9. Jahrhunderts haben dies Ereigniſs angemerkt, das von Lorch bei Georgi, das von Essen, herausgegeben von Binterim und das mailänder Kalendarium in einem Computus bei Muratori; das erste mit den Worten:
XV. Kal. Mart. Diabolus superatus recessit a Domino,
die andern ebenso, nur daſs superatus fehlt oder statt dessen retrorsum steht. Die letztere Formel hat auch das Kalendarium von Rheinau aus dem 10. Jahrhundert bei Gerbert. Dieser will den Ansatz auf den ersten Sonntag in den Fasten beziehen, an dem von Alters her das Evangelium von der Versuchung gelesen werde.[2]) Das trifft hier aber nicht zu. Denn woher käme grade dies Datum? Offenbar ist dasselbe von dem Datum des Epiphanienfestes, als Tauftag Jesu, abgeleitet. Nach der Taufe war Jesus 40 Tage in der Wüste und ward vom Satan versucht. Rechnet man aber vom 6. Januar 40 Tage weiter, so kommt man auf den 15. Februar. Das wird auch von Beda im Commentar zur Genesis ausdrücklich erklärt, in einer schon (S. 9) erwähnten Stelle, welche Marianus Scotus aufgenommen hat. Da der Herr am 6. Januar, dem Sonntage der Erscheinung, getauft sei und sofort am Montage[3]) das Fasten der 40 Tage angefangen habe, so habe er am 40. Tage, Freitag den 15. März, es vollendet. Es wird hinzugesetzt, daſs an demselben Wochentage der Satan von dem zweiten Adam besiegt sei in denselben drei Stücken (gula, vana gloria und avaritia), an welchem er den ersten Adam in diesen besiegt habe.

Aus diesem Zurückweichen des Satan von Christus scheint die an denselben Monatstag geknüpfte Angabe im Kalender von Einsiedeln: diabolus ad nos ejectus (s. oben S. 10), geflossen zu sein, wodurch aber die Verstoſsung Satans aus dem Himmel angezeigt wird.

Jesus auf der Hochzeit zu Kana am 17. Februar.
Dies Ereigniſs enthält nur das Kalendarium des Lambertus am 17. Februar, als am dritten Tage nach dem 40tägigen Fasten Jesu in

---
[1]) Thilo Cod. apocr. N. T. T. 1. p. 400.
[2]) Gerbert am a. O. p. 458. not. 1.
[3]) Et mox (trigesimo die) secunda feria incepit jejunium XL dierum. die eingeklammerten Worte sind ein falsches Einschiebsel.

der Wüste, welches mit dem 15. Februar zu Ende ging. Das ist also die Epoche seines ersten Wunders. Sonst wurde dasselbe mit auf den Epiphanientag gelegt, wie schon in dem Kalender von 448. — Nun folgt der Anfang seiner Lehrthätigkeit.

c) Jesu erste Predigt am 1. Mai.

Diese Bestimmung ist seltener in den lateinischen Kalendarien; findet sich aber in den Martyrologien.[1]) Wandalbert führt sie also auf zum 1. Mai:

Majas prima sacrat Christi doctrina calendas.

Hingegen ein Zusatz zu dem des Usuardus setzt den Anfang der Verkündigung des Herrn auf den 1. April.[2]) Bei den Griechen ist der 1. September, also der Anfang ihres Kalenderjahres, durch Lection dieser Pericope (Luc. 4, 18 ff.) geweiht:[3]) es ist die Predigt Jesu in der Synagoge, welche die Weissagung des Jesaias von dem angenehmen Jahr des Herrn und deren Erfüllung ausspricht.

d) Jesu Verklärung am 6. August.

Die Verklärung kommt unter den Martyrologien auch zuerst bei Wandalbert vor und zwar am 6. August. Sonst nur in Zusätzen des Ado und Usuardus und mit schwankendem Datum.[4]) Am 27. Juli steht sie in dem Kalendarium aus Essen vom Ende des 9. Jahrhunderts,[5]) am 5. August in dem Kalendarium aus Trier in Cividal vom Ende des 10. Jahrhunderts.[6]) Wiederum am 27. Juli noch in dem Kalendarium des Lambertus aus dem Anfange des 12. Jahrhunderts. Aus derselben Zeit aber setzt das mehrerwähnte florentinische Kalendarium sie auf den 6. August. Und seitdem befestigt sich dieses Datum, an welchem auch das Kalendarium der Herrad das Ereignifs hinstellt.

---

[1]) *Act. Sanct.* Antv. d. 1. Maji, inter Praetermissos T. 1. p. 3. col. 1. Dazu kommt das Martyrolog. Ottobonianum bei Georgi zu Adonis Martyrol. p. 680.

[2]) Usuard. ed. Soller. p. 186. col. 2.

[3]) *Menolog. Constant.* ed. Morcelli T. I. p. 17. vergl. p. 110.

[4]) Eine Handschrift des Ado hat sie von späterer Hand zweimal, am 27. Juli und 6. August, ed. Georgi p. 356. 382.

[5]) *Kalendar. Colon.* ed. Binterim p. 18. nehmlich VI. Kal. Aug., nicht VI. Aug., wie der Herausgeber p. 9 sagt.

[6]) Althan. De calendar. p. 119.

e) **Jesu Kreuzigung am 25. März und Auferstehung am 27. März.**

Aus der schwankenden Ueberlieferung heraus über das Datum des Todes und der Auferstehung Jesu hat sich in der lateinischen Kirche, gestützt auf uralte Auctorität ihrer Kirchenväter, die vorstehende Annahme verbreitet. Ursprünglich kommt derselben symbolische Bedeutung zu. Es ist die Kreuzigung gleichwie die Verkündigung auf den 25. März gelegt, als das Datum der Frühlings-Nachtgleiche im julianischen Kalender, da man ursprünglich an diesem Tage auch den Anfang der Weltschöpfung annahm: sie werden durch diese Parallele als der Anfang einer zweiten Schöpfung bezeichnet.[1]) Aber schon Tertullian[2]) nimmt jenes Datum für historisch. Dann hat besonders das Ansehn des Augustinus gewirkt,[3]) auf den auch die Herrad sich beruft. Durch Beda aber ist die Annahme weiter in das Mittelalter verpflanzt, in welchem zumal die Kalendarien sie überliefert haben.

Jedoch der älteste Kalender, der beide Tage verzeichnet, ist ein noch gemischter aus heidnischen und christlichen Bestandtheilen, der des Polemius Silvius vom Jahre 448, in welchem es heifst:[4])

VIII. Kal. Apr. Christus passus hoc die,
VI. Kal. Apr. Resurrectio,

wobei es sich merkwürdig trifft, dafs grade im folgenden Jahr 449 das Osterfest wirklich an diesem Auferstehungstage eingetreten ist. Seit dem 9. Jahrhundert aber ist die Annahme herrschend in dieser Literatur. Nicht selten kommt noch die Angabe der Himmelfahrt an dem entsprechenden Datum, dem 5. Mai, hinzu. So führt das Kalendarium von Lorsch, welches eben diesem Jahrhundert angehört, diese Tage auf:[5])

VIII. Kal. Apr. Adnuntiatio archang. ad sanctam Mariam. Et Dominus crucifixus est.
VI. Kal. Apr.[6]) Resurrectio Domini nostri Jesu Christi.
III. Non. Maj. Adscensio Domini ad caelos.

Aehnlich haben *alle drei Angaben* die Kalendarien in Heidelberg (Univ. Bibl. Schrank 9. Nr. b.), von Petershausen und von Essen

---

[1]) S. meinen Aufsatz über den Ursprung des Weihnachtsfestes und das Datum der Geburt Christi, im Evang. Kalender für 1856 S. 45 ff.
[2]) Tertullian. Adv. Jud. c. 8.
[3]) Augustin. De civit. dei Lib. XVIII. c. 54. De trin. Lib. IV. c. 5. Lib. de quaest. 83. quaest. 56.
[4]) *Acta Sanct.* Antv. m. Jun. T. VII. p. 179.
[5]) Georgi zu Adon. martyrol. p. 690 sq.
[6]) In dem Text bei Georgi steht durch einen Druck- oder Schreibfehler diese Notiz zu V. Kal. Apr.

aus dem 9. Jahrhundert, die Kalendarien zu Einsiedeln, aus Trier zu Cividal und aus Strafsburg aus dem 10. Jahrhundert und das ambrosianische Kalendarium bei Muratori. Zuweilen ist die *Auferstehung allein* angesetzt, wie in dem Kalender vor einem Psalterium zu Trier aus dem 10. Jahrhundert;[1]) dasselbe gilt von drei Kalendarien des 11. Jahrhunderts, das eine vor einem Missale aus Bamberg in der Bibliothek zu München (Cim. 60.), das andere vor einem Psalter aus Kloster Wöltingerode in der Bibliothek zu Wolfenbüttel (515 Helmst. fol.), das dritte vor einem Psalter aus Kloster Edmund in Suffolk in der vaticanischen Bibliothek (Regin. 12.); ferner von den Kalendarien vor zwei Psalterien in der Stadtbibliothek zu Amiens, das eine aus der Abtei S. Fuscien (Cod. 19.) dem 12., das andere, das schon (S. 5, Anm. 3.) erwähnte aus der Abtei S. Martin aux Jumeaux, dem 13. Jahrhundert angehörend. Seltener kommt die *Kreuzigung allein* vor, wie in dem Kalender bei einem Computus zu Mailand, der in's 9. Jahrhundert gesetzt wird (s. oben S. 5, Anm. 2.) und in zwei auch schon genannten Kalendarien des 12. Jahrhunderts, zu Florenz und zu Mailand (das letztere das Sitonianum bei Muratori). Oefter ist die *Kreuzigung nebst der Auferstehung* oder die *Auferstehung nebst der Himmelfahrt* aufgeführt.

Weitere Beispiele werden sogleich bei Berichtigung eines Mifsverständnisses vorkommen.

Noch im 15. Jahrhundert findet sich in den Kalendarien die Kreuzigung zum 25. und die Auferstehung zum 27. März verzeichnet; wie auch Tostatus, Bischof von Avila, bemerkt,[2]) der aber daraus einen Schlufs auf das wirkliche Datum dieser Ereignisse nicht zulassen will, hauptsächlich weil sie nicht in allen Kalendarien gefunden würden, sondern in einigen von den alten.

In der griechischen Kirche ist eine andere Ueberlieferung herrschend geworden, wonach der 25. März das Datum nicht der Kreuzigung, sondern der Auferstehung ist. Aber nur ausnahmsweise ist diese in lateinischen Kalendarien befolgt, wie in dem Kalendarium vor einem lateinischen Psalter von Maguelone aus dem 15. Jahrhundert, im Besitz der archäologischen Gesellschaft von Montpellier, worin es heifst:[3])

---

[1]) Hontheim. Prodrom. P. 1. p. 374.
[2]) Tostat. Defensor. (s. oben S. 12. Anm. 2.) p. 156. col. 2.
[3]) *Mém. de la Soc. archéol. de Montpellier*, Tom. III. Montpell. 1850 bis 54. p. 91. Ebendaselbst wird dieselbe Angabe aus dem Kalender bei einem Missale von Maguelone, auch aus dem 15. Jahrh., mitgetheilt.

VIII. Kal. Apr. Annunciatio Dominica et eodem die Resurrectio ejus sec. Theophilum, Bedam.[1])

An die gewöhnliche Datirung der Kreuzigung und der Auferstehung in den Kalendarien hat sich ein auffallendes Mifsverständnifs geknüpft, welches bis in die neueste Zeit sich fortgesetzt hat: als ob jene Anzeige nicht dem Ereignifs selbst im Leben Jesu, sondern der Festfeier gelte und zwar dem Osterfest des Jahres, in welchem der Kalender geschrieben worden. Da nun das Osterdatum jährlich ein anderes ist und nur von Zeit zu Zeit wiederkehrt, so glaubte man daran ein näheres chronologisches Kennzeichen der Handschrift zu haben, deren Alter anderweit im Allgemeinen zu erkennen wäre. So hat man dasselbe zur Bestimmung des Jahres solcher Handschriften benutzt.

Die Jahre aber, in denen Ostern auf den 27. März trifft nach dem julianischen Stil, sind von 700 bis 1500 folgende: 707, 718, 791, 802, 813, 875, 886, 897, 908, 970, 981, 992, 1065, 1076, 1155, 1160, 1239, 1250, 1323, 1345, 1407, 1418, 1429, 1440.

Hiernach ist also die versuchte Jahresbestimmung folgender Handschriften aufzuheben, welche durch Kalendarien mit Anzeige der Auferstehung am 27. März zu der mifsverständlichen Berechnung Anlafs gegeben haben.

Zuerst hat Beck, der Herausgeber des schon erwähnten Martyrologium Germanicum (1687), welches aus der Diöcese Strafsburg und dem 10. Jahrhundert stammt, sich geirrt.[2]) Zwar nicht darin, dafs er für diesen Kalender selbst das Jahr der Abfassung daraus ableitet: das hatte er auch versucht, war aber nach vieler Mühe inne geworden, dafs in vielen liturgischen Urkunden der Tag so angesetzt sei. Aber er meint als Jahr der Urschrift, woraus alle diese Angaben geflossen seien, das Jahr 347 oder 438 herauszubringen; weil in diesen Jahren nicht allein das Osterfest auf den 27. März trifft, sondern auch die Ostergrenze (der Ostervollmond) auf den 25. März, wie es durch die Angabe der Kreuzigung an diesem Tage erfordert werde. Beide Motive sind unrichtig: es handelt sich hier überhaupt nicht um ein Osterfest, sondern um das geschichtliche Datum.

Demnächst ist diese Methode angewandt das Jahr der Handschrift selbst zu bestimmen bei dem Kalendarium, welches vor einem lateinischen Psalterium zu Cividal steht (dem sogenannten Kalendarium

---

[1]) Die Stelle ist bei Beda De aet. mundi, s. oben S. 6.
[2]) *Martyrolog. eccles. Germanic.* ed. Beck p. 40 sq.

Gertrudianum). Diese Handschrift stammt aus Trier und war von dem Schreiber dem Erzbischof Egbert (979 — 993) gewidmet. Da nun innerhalb dieses Zeitraums nur im Jahre 981 Ostern am 27. März eingetreten ist, so hat man gemeint, diesem Jahr die Handschrift anzuweisen. So urtheilt Laurentius a Turre in seiner Abhandlung über diesen Psalter,[1]) und Althan, der den Kalender herausgegeben, ist derselben Ansicht.[2])

Das gleiche ist mit zwei Handschriften der K. Bibliothek zu Wien geschehn, welche ein solches Kalendarium darbieten. Die eine enthält das bekannte Kalendarium nebst einem Psalterium aus Reichenau (Cod. theol. lat. 149, ehemals 160): sie ist von Gentilotti[3]) in das Jahr 802 oder 813 gesetzt, als die einzigen in der ersten Hälfte des 9. Jahrhunderts, in denen Ostern auf den 27. März traf. — Für die andere Handschrift (Cod. theol. lat. 30.) aus dem 12. Jahrhundert glaubt Denis[4]) eine Auswahl von Jahren anzeigen zu können, nehmlich 1111, 1130, 1149, 1168, 1187, in denen allein während dieses Jahrhunderts Ostern auf den 27. März getroffen sei. Das ist freilich auch noch unrichtig: es ist ihm widerfahren, das Datum des Osterfestes mit der Ostergrenze zu verwechseln, die vielmehr in den genannten Jahren auf den 27. März trifft, das Osterfest selbst aber ist im Lauf des 12. Jahrhunderts an diesem Datum nur in den Jahren 1155 und 1160 eingetreten.

Ferner das Kalendarium und Necrologium aus dem 11. Jahrhundert in der Dom-Bibliothek zu Merseburg (Nr. 129), welches von Hesse herausgegeben ist[5]) und noch in's 10. Jahrhundert gesetzt wird, hat durch die Angabe der Auferstehung am 27. März, so wie der Himmelfahrt am 5. Mai demselben Veranlassung geboten, das Jahr 970 für ihre Abfassung abzuleiten.[6])

Zuletzt (1858) hat noch ein Kalendarium in der K. Bibliothek zu München eine solche Zeitbestimmung erhalten (Cod. Gall. num. 16.): es ist ein lateinisches und französisches Psalterium mit einem vorangehenden Kalender, worin die Kreuzigung und Auf-

---

[1]) Laur. a Turre De duobus psalter. Forojuliens. in Gori Symbol. litter. Vol. IX. 1752. p. 190.
[2]) Althan. De calendar. p. 87.
[3]) Gentilotti bei Kollar Anal. Vindob. T. I. p. 417. not. 2. Ich habe den Irrthum schon angezeigt in meiner Erörterung dieses Kalendariums, s. Karl's des Gr. Kalendarium und Ostertafel S. 80.
[4]) Denis Cat. cod. lat. bibl. Vindob. Vol. I. P. 1. p. 70 sq.
[5]) In Hoefer's u. A. Zeitschr. für Archiv-Kunde Bd. I. s. 3. 111. 113.
[6]) Im Archiv der Gesellschaft für ältere deutsche Gesch. Bd. IV. S. 278.

erstehung wie gewöhnlich angesetzt sind. Zwar wird die Handschrift der Schrift nach von Thomas in dem von Halm herausgegebenen Catalog [1]) in's 14. Jahrhundert gesetzt; zu jenen Angaben des Kalenders aber bemerkt, dafs sie dem Jahre 1160 entsprechen. Sie entsprechen aber auch dem Jahre 1155 und noch manchen im 13. und 14. Jahrhundert, wie die obige Reihe (S. 19) ersehen läfst.

Alle diese Schlüsse sind, wie aus Vorstehendem erhellt, ohne Grund. Ein chronologisches Kennzeichen geben diese Data durchaus nicht ab.

II. Das Martyrologium.

Das Martyrologium oder Kalendarium, welches der Hortus deliciarum enthält, ist nicht in Worten, sondern in Zeichen abgefafst, deren Erklärung von der Verfasserin vorausgeschickt wird. Es selbst wird dann in zwiefacher Gestalt mitgetheilt: einmal horizontal geschrieben, worauf zunächst noch eine Sacherklärung folgt; sodann in Kreisform. Das erstere mit dem vorangehenden Text lasse ich hier nebst einigen Erläuterungen folgen.

(Bl. 318b.) *Martyrologium in sequenti pagina per circulum notatum idem ipsum in hac pagina ut lucidius perspectum intelligatur per lineas notatur.*

Virgulae erectae in modum .|. formatae ferias quaslibet indicant, cruces vero in virgulis factae festa sanctorum declarant. Itaque feriae per virgulas notantur, festa vero sanctorum per cruces cognoscuntur. In quacunque enim feria una crux erit, eodem crux unius sancti festum indicat. Duas cruces duorum sanctorum festa, tres cruces trium sanctorum festa, quatuor cruces quatuor sanctorum festa. Una crux et figura similans .s. festum unius sancti sociorumque ejus. Una crux cum tribus punctis festum domini nostri Ihesu Christi; una crux cum duobus punctis festum s. Mariae matris domini; una crux cum uno puncto festum alicujus apostoli, duae cruces cum duobus punctis festa duorum apostolorum.

Ubi ipsa virgula supra in modum .T. formatur dies egyptiacus notatur. Ubi ab ipsa virgula altera minor virgula in ante protrahitur, vigiliae; ubi vero duae octavae sanctorum occurrere noscuntur. Figura talis ⌓ kalendas insinuat.

---

[1]) Catal. cod. mss. bibl. R. Monac. T. VII. p. 10. No. 68.

Martyrologium und Computus

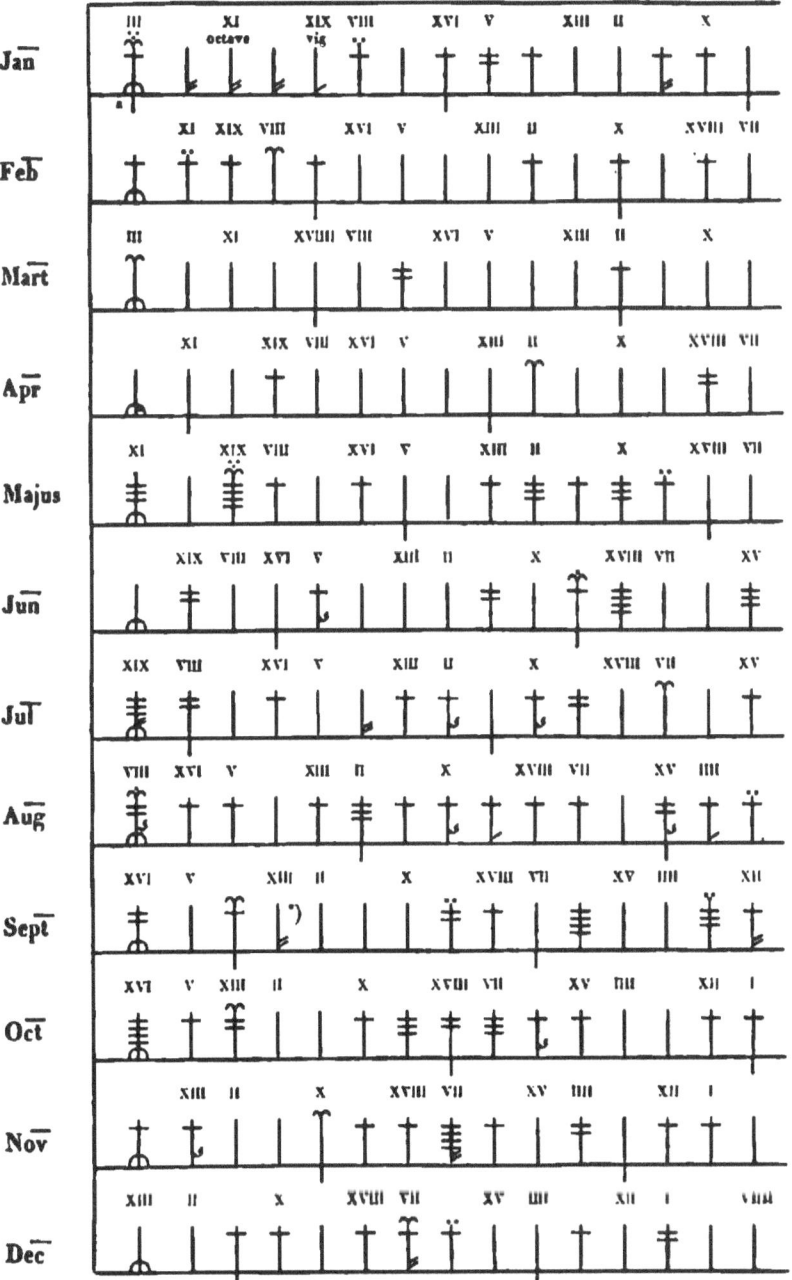

*) Dies Zeichen steht hier durch einen Schreibfehler und gehört zum folgenden Tage: es ist die Octave von Joh. des T. Enthauptung.

der Herrad von Landsperg. 23

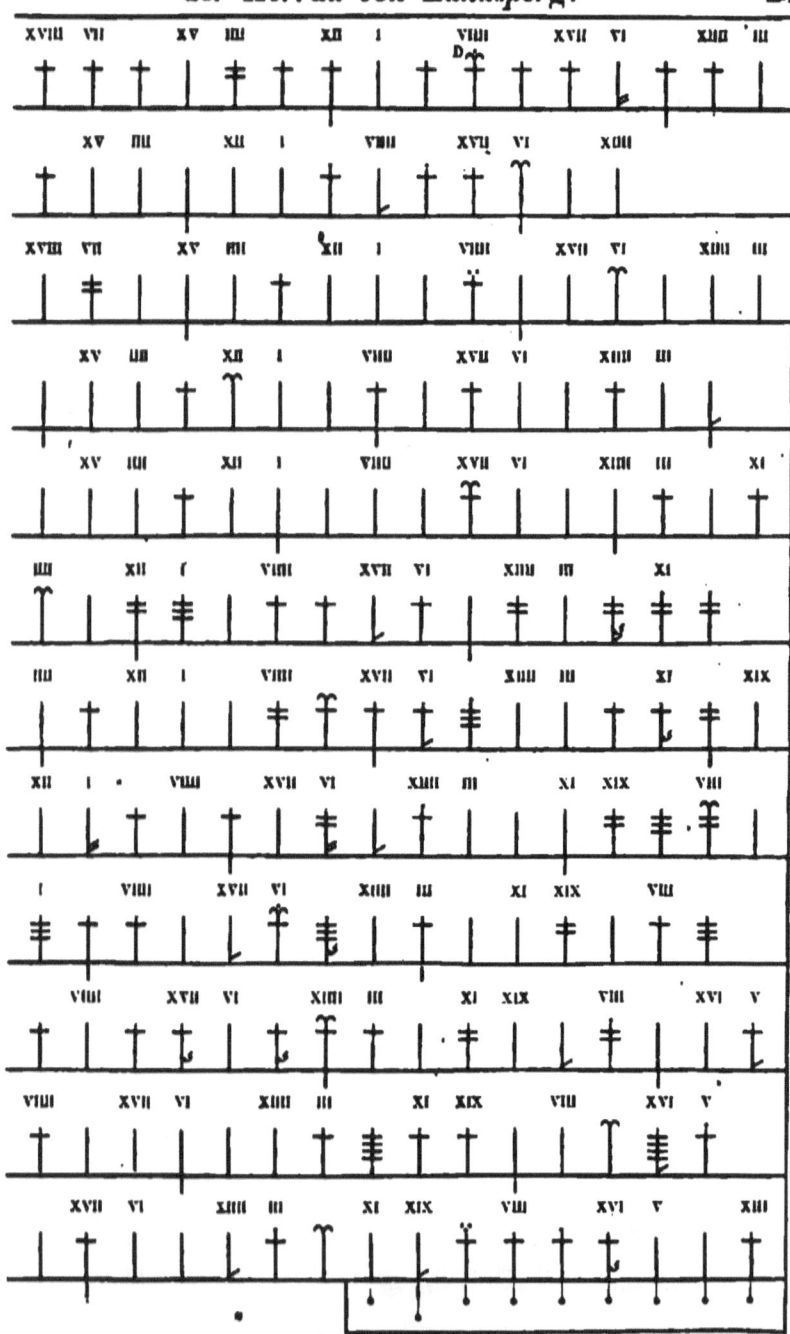

Es wird also bezeichnet durch

⚲ der erste Monatstag,

│ jeder gewöhnliche Wochentag,

† das Fest eines Heiligen,

☨ das Fest zweier Heiligen,

☫ das Fest von drei Heiligen,

☳ das Fest von vier Heiligen,

⚵ das Fest eines Heiligen und s. Gefährten,

│ (oder die andern vorstehenden Zeichen, wenn unten verlängert), der Sonntagsbuchstabe A.

⍓ ein Fest des Herrn,

⍓ ein Marienfest,

† das Fest eines Apostels,

☥ das Fest zweier Apostel,

⌐ eine Vigilie,

⌐ eine Octave,

⋏ ein dies aegyptiacus,

Die Lesung dieses Kalendariums hat nach der voranstehenden von der Verfasserin gegebenen Erklärung keine Schwierigkeit. Unerklärt ist nur der roth geschriebene durchstrichene Buchstabe D zum 25. Januar. Nun gehört zwar diesem Tage auch der Sonntagsbuchstabe D an; aber wie sollte gerade dieser hier so ausgezeichnet sein. Es bezeichnet vielmehr den dies aegyptiacus, den aufserdem das Zeichen ∽ über dem † kenntlich macht: in derselben Weise, mittelst eines durchstrichenen D, sind die ägyptischen Tage in dem Kalendarium einer wolfenbüttler Handschrift des elften Jahrhunderts (64 Aug. fol.), von welchem ich Abschrift habe, bezeichnet. So ist auch am 1. Januar der Sonntagsbuchstabe A, obgleich durch die Verlängerung des Strichs angezeigt, noch besonders angegeben.

Um jedoch eine Ansicht dieses Kalendariums zu geben, setze ich die vier ersten Monate desselben (mit Weglassung der Zahlen für die Neumonde), in gewöhnliche Schrift übersetzt, hieher: wobei F. festum, S. sanctus oder sancti, je nach der vorgesetzten Zahl, und Aeg. einen dies aegyptiacus bezeichnen soll.

	Januar.	Februar.	März.	April.
1	Cal. A F.Dni. Aeg.	Cal. 1 S.	Cal. — Aeg.	Cal. —
2	Octav.	F. Mariae	—	A —
3	Octav.	1 S.	—	—
4	Octav.	— Aeg.	—	1 S.
5	Vigil.	A 1 S.	A —	—
6	F. Domini	—	—	—
7	—	—	2 S.	—
8	A 1 S.	—	—	—
9	2 S.	—	—	A —
10	1 S.	1 S.	—	— Aeg.
11	—	—	—	—
12	—	A 1 S.	A 1 S.	—
13	Oct. 1 S.	—	—	—
14	1 S.	1 S.	—	2 S.
15	A —	—	—	—
16	1 S.	1 S.	—	A —
17	1 S.	—	2 S.	—
18	1 S.	—	—	—
19	—	A —	A —	1 S.
20	2 S.	—	—	— Aeg.
21	1 S.	—	1 S.	—
22	A 1 S.	F. 1 Apost.	—	—
23	—	Vigil.	—	A 1 S.
24	1 S.	F. 1 Apost.	—	—
25	F. 1 Apost. Aeg.	1 S.	F. Mariae	. 1 S.
26	1 S.	A — Aeg.	A —	—
27	1 S.	—	—	—
28	Octav.	—	. Aeg	1 S.
29	A 1 S.		—	—
30	1 S.		—	A. Vigil.
31	—			

Das Sonderbare ist, dafs die Feiertage sämmtlich ohne namentliche Bezeichnung des Gegenstandes der Feier, nicht nur hinsichtlich der verschiedenen Feste Christi und der Maria, sondern auch der Heiligenfeste überhaupt sind; so dafs immerhin noch ein ausgeschriebenes Martyrologium daneben gebraucht wurde und diese Zeichen nur im

Allgemeinen zur Erinnerung an den Character des Tages dienen konnten. Jedoch waren sowohl die Tage Christi als auch der Maria und der Apostel so feststehend, dafs über die nähere Bestimmung der sie betreffenden Zeichen kein Zweifel sein kann. Und selbst die Namen der Heiligen lassen sich aus Datum und Zahl fast durchgängig feststellen. Die ersteren mögen hier ausgehoben werden. Zuvor mache ich die Vigilien und Octaven namhaft.

Vigilien.		Octaven.	
5. Jan.	Vig. Epiphan.	2. Jan.	Oct. des Stephanus.
23. Jan.	Vig. des Matthias.	3. Jan.	Oct. Johann. des Ap.
30. April.	Vig. der Ap. Philippus, Jacobus.	4. Jan.	Oct. der unschuldigen Kinder.
23. Juni.	Vig. Johann. des T.	13. Jan.	Oct. Epiphan.
24. Juli.	Vig. des Jacobus.	28. Jan.	Oct. der Agnes.
9. Aug.	Vig. des Laurentius.	1. Juli.	Oct. Johann. desT.Geb.
14. Aug.	Vig. der Himmelfahrt Mariä.	6. Juli.	Oct. der Ap. Petrus, Paulus.
23. Aug.	Vig. des Bartholomäus.	16. Aug.	Oct. des Laurentius.
27. Oct.	Vig. der Ap. Simon, Juda.	22. Aug.	Oct. der Himmelfahrt Mariä.
31. Oct.	Vig. Aller Heiligen.	5. Sept.	Oct. Johann. des T. Enthaupt.
29. Nov.	Vig. des Andreas.		
20. Dec.	Vig. des Thomas.	15. Sept.	Oct. der Geburt Mariä.
24. Dec.	Vig. der Geburt Christi.	7. Dec.	Oct. des Andreas.

Die Feste Christi, der Maria und der Apostel mit ihren Vigilien und Octaven sind folgende:

Feste Christi.		Marienfeste.	
25. Dec.	Christi Geb. mit Vig.	8. Dec.	Mariä Empfängnifs.
1. Jan.	Beschneidung. (Ist selbst die Oct. d. Geb.)	8. Sept.	Mariä Geburt mit Oct.
		25. März.	Mariä Verkündigung.
6. Jan.	Epiphan. mitVig. u. Oct.	2. Febr.	Mariä Reinigung.
3. Mai.	Kreuz Erfindung.	15. Aug.	Mariä Himmelfahrt mit Vig. u. Oct.
14. Sept.	Kreuz Erhöhung.	13. Mai.	Kirchweih von S. Maria ad martyres.

Aposteltage.

25. Jan.	Pauli Bekehr.		1. Aug.	Petri Ketten-
22. Febr.	Petri Stuhlfeier.			feier.
24. Febr.	Matthias	mit Vig.	24. Aug.	Bartholomäus mit Vig.
1. Mai.	Philippus, Ja-		21. Sept.	Matthäus.
	cobus	mit Vig.	28. Oct.	Simon, Juda mit Vig.
11. Juni.	Barnabas.		30. Nov.	Andreas mit Vig. u. Oct.
29. Juni.	Petrus, Paulus	mit Oct.	21. Dec.	Thomas mit Vig.
30. Juni.	Paulus.		27. Dec.	Johannes mit Oct.
25. Juli.	Jacobus	mit Vig.		

Daran schliefsen sich zunächst die Namen der beiden anderen Evangelisten, die nur unter dem allgemeinen Zeichen von Heiligen aufgeführt sind:

25. April. Marcus.   18. Oct. Lucas.

Unter den Heiligen aber sind durch Vigilien und Octaven folgende ausgezeichnet, abgesehn von dem voran zu stellenden Tage.

    24. Sept. Johannes des T. Empfängnifs.
    24. Juni. Johannes des T. Geburt   mit Vig. u. Oct.
    29. Aug. Johannes des T. Enthauptung   mit Oct.
    26. Dec. Stephanus   mit Oct.
    28. Dec. Die unschuldigen Kinder   mit Oct.
    21. Jan. Agnes   mit Oct.
    10. Aug. Laurentius   mit Vig. u. Oct.

Dazu kommt:
    1. Nov. Aller Heiligen   mit Vig. u. Oct.

Zur Vergleichung bietet am nächsten das unter dem Namen eines *Martyrologium ecclesiae Germanicae pervetustum* von Beck (Augsburg 1687) herausgegebene Kalendarium sich dar, welches ohne Zweifel ebenfalls der Diöcese von Strafsburg angehört, aber etwa zwei Jahrhunderte älter ist. Dasselbe enthält auch die Zahlen der Neumonde, die Sonntagsbuchstaben (durchgängig ausgeschrieben) und die aegyptischen Tage; unterscheidet sich aber in der Anordnung dadurch, dafs es mit dem 25. Dec. anfängt. Die Feste Christi sind dieselben, nur dafs in Beck's Martyrologium am 25. und 27. März Christi Kreuzigung und Auferstehung, sowie am 5. Mai die Himmelfahrt angesetzt ist (welches schon vorhin, S. 18, zur Sprache gekommen). Hingegen hat das Kalendarium der Herrad zwei Marienfeste mehr: nehmlich am 8. Dec. Mariä Empfängnifs, und am 13. Mai die Kirchweih von S. Maria ad martyres. Die Aposteltage haben beide gleichlautend; mit dem Unterschied, dafs in Beck's Martyrologium am 6. Mai Sci Johann. apli. steht, nehmlich der Apostel Johannes vor der lateinischen Pforte (zu Rom), wo er in Oel soll getaucht sein; während dasselbe am 30. Juni den Namen des Paulus ausläfst. Auch in den übrigen Heiligentagen findet vielfach Uebereinstimmung statt; doch hat jeder von beiden eigene Namen, die dem andern fehlen. Im Ganzen aber ist die Zahl der Heiligentage in Beck's Martyrologium gröfser: dasselbe enthält nur 176, hingegen das Kalendarium der Herrad 193 ganz leere Tage, wenn bei beiden die Vigilien und Octaven aufser Acht gelassen werden.

Die Kirche S. Maria ad martyres, deren Einweihung im Kalendarium der Herrad gemeint ist, wenn dasselbe am 13. Mai ein Marienfest anzeigt, ist das ehemalige Pantheon zu Rom, welches unter Kaiser Phocas zu einer christlichen Kirche geweiht wurde. Diese Kirchweih kommt noch einigemal in Kalendarien gleichfalls des 12. Jahrhunderts und zwar aus dessen Anfang vor, namentlich in zwei schon erwähnten, einem florentinischen (s. oben S. 5) und dem Kalendarium im Floridus des Lambertus, wo es heifst:

III. Id. Maj. Dedic. ecclesie S. Marie ad mr. a Bonefacio pp.

An dieses Fest, welches schon in einem römischen Lectionarium des 8. Jahrhunderts, dem sogenannten Kalendarium Fronto's angemerkt ist, knüpft sich ein Irrthum in der Geschichte des Festes aller Heiligen am 1. Nov., als ob das letztere durch Verlegung des erstern entstanden sei, der von Gieseler berichtigt worden.[1])

III. Der Computus.

Dieser Computus besteht aus einer Anleitung zur Festrechnung, an die sich eine Ostertafel anschliefst. Beide ziehen wir in Betracht.

a. Die Festrechnung.

Was der Festrechnung zum Grunde liegt, die *Regel* für das Osterdatum nebst dem tiefern Sinn derselben, ist in dem Hortus deliciarum schon früher erörtert. Nehmlich Bl. 158. a. unmittelbar nach der Bestimmung des ursprünglichen Datums der Auferstehung (welche oben S. 13 vorgekommen ist) folgt das Capitel:

De inventione paschalis temporis.

Principalis compoti quaestio ad quam ceterae quaestiones spectant illa est ubi pascha fiat. Cujus rei brevis in hunc modum datur responsio.

---

[1]) Gieseler Kirchengesch. II, 1. 4. Aufl. S. 161.

Quia singulis annis post vernale equinoctium quo primum occurrit plenilunium, in eo pascha celebrandum est etc. (Die gewöhnliche Regel am Sonntag nach dem Frühlingsvollmond.)

Worauf die Bedeutung oder das Mysterium der Festzeit unter folgenden Aufschriften behandelt wird:

Quod typicum sit pascha.
Item de pascha. In gemma animae.
Excerpta Ruperti. Quot vel quibus ex causis praefulgeat paschalis sollempnitas.
De eo quod pascha non celebratur ante plenilunium quod primum occurrit post vernum aequinoctium.

Zur *Berechnung* aber des Osterfestes gehören schon einige Angaben des eben mitgetheilten Martyrologiums, nehmlich die über den Monatstagen angesetzten Zahlen, welche die Neumonde während des 19jährigen Cyclus anzeigen; ferner die Punkte am Schlufs, welche zur Berechnung des Sonntags Septuagesimae gebraucht werden. Ueber beides folgt zunächst auf jenes Martyrologium eine Regel. Die Wiederholung des Martyrologiums in Kreisform enthält sodann noch zwei Tafeln, welche zur Bestimmung des Osterfestes, sowie zur Construction des Kirchenjahrs dienen. Jene Regeln und diese Tafeln folgen hiernächst.

(Bl. 319. a.) *Regula qualiter inveniatur Septuagesima per puncta quae inchoant nona feria ante kalendas Januarii.*

Per puncta quae inchoant nona feria ante kalendas Januarii additis epactis dominica septuagesimae invenitur hoc modo. Epactae instantis anni numerentur, deinde puncta quae inchoant nona feria ante kalendas Januarii et ita singulae feriae computando percurrantur donec ad quadragesimam feriam perveniatur proximaque dominica septuagesima agatur. Sed si dominica quadragesima feria fuerit, septuagesima in sequentem dominicam differatur. Cum autem praedictus numerus cum epactis et punctis inchoatur et ante kalendas Januarii sive ante epiphaniam ad trigesimam feriam protrahitur, relictis iisdem triginta feriis a kalendis Januarii incipiatur et absque epactis et punctis quadraginta feriae computentur et ubicunque quadragesima feria occurrat in proxima dominica septuagesima fiat. Et si in dominica quadragesima feria occurrat in sequente dominica septuagesima procedat. Eo quidem anno quo nullae epactae sunt ab inicio punctorum quadraginta feriae computentur et in proxima dominica septuagesima celebretur et si in dominica quadragesima feria inveniatur septuagesima in sequentem dominicam differatur.

De aureo numero qualiter inveniatur.

Aureus numerus qui feriis praeponitur et cum quo luna prima per annum invenitur hoc modo coniciatur. Unicuique numero octo adiciantur usque ad undecimum[1]*) numerum, et si nil remanserit nisi undecimus*[2]*) numerus ille retineatur; si quid autem superfuerit, undecim*[3]*) omittantur et superstes numerus retineatur. Inchoatur autem aureus numerus cum III. in kalendis Januarii.*

Decennovenalis ciclus.

Epactae	c o	a	e u	r	r e n	t e	s	Anni
	I	II	III	IV	V	VI	VII	
Nullae	S.	R.	.C	.B	.A	V.	T.	I
XI	L.	K.	I.	H.	G.	F.	M.	II
XXII	.E	.L	.K	.I	.H	.G	.F	III
III	S.	R.	Q.	P.	O.	V.	T.	IIII
XIIII	P.	C.	I.	H.	G.	F.	E.	V
XXV	.E	.D	.C	.B	.H	.G	.F	VI
VI	L.	R.	Q.	P.	O.	N.	M.	VII
XVII	.M	.L	.K	.Q	.P	.O	.N	VIII
XXVIII	.E	.P	.C	.B	.A	V.	T.	VIIII
VIIII	L.	K.	I.	H.	O.	N.	M.	X
XX	.M	.L	.K	.I	.H	.G	.N	XI
I	S.	R.	Q.	.B	.A	V.	T.	XII
XII	L.	K.	I.	H.	G.	F.	E.	XIII
XXIII	.E	.P	.K	.I	.H	.G	.F	XIIII
IIII	S.	R.	Q.	P.	O.	A.	T.	XV
XV	P.	C.	B.	H.	G.	F.	E.	XVI
XXVI	.E	.P	.C	.B	.A	.G	.F	XVII
VII	L.	K.	Q.	P.	O.	N.	M.	XVIII
XVIII	.M	.L	.K	.I	.P	.O	.N	XVIIII

[1]) Es ist zu lesen *undecicesimum*.
[2]) *undevicesimus*.
[3]) *undeviginti*.

	Ebdae cum diebus a natali domini usq. in XL mam.	Dies paschae.	Ebdae ab oct. pnt. usq. ad advent. dni.
B.	Ebd. VI. Dies III.	XI K. April.	XXVIII
C.	— VI — IIII	X —	XXVIII
D.	— VI — V	VIIII —	XXVIII
E.	— VI — VI	VIII —	XXVIII
F.	— VII	VII —	XXVIII
G.	— VII — I	VI —	XXVII
H.	— VII — II	V —	XXVII
I.	— VII — III	IIII —	XXVII
K.	— VII — IIII	III —	XXVII
L.	— VII — V	II —	XXVII
M.	— VII — VI	Kal. April.	XXVII
N.	— VIII	IIII N. Ap.	XXVII
O.	— VIII — I	III —	XXVI
P.	— VIII — II	II —	XXVI
Q.	— VIII — III	Non. Ap.	XXVI
R.	— VIII — IIII	VIII Id. Ap.	XXVI
S.	— VIII — V	VII —	XXVI
T.	— VIII — VI	VI —	XXVI
V.	— VIIII	V —	XXVI
.A	— VIIII — I	IIII —	XXV
.B	— VIIII — II	III —	XXV
.C	— VIIII — III	II —	XXV
.D	— VIIII — IIII	Idus Ap.	XXV
.E	— VIIII — V	XVIII K. Mai.	XXV
.F	— VIIII — VI	XVII —	XXV
.G	— X	XVI —	XXV
.H	— X — I	XV —	XXIIII
.J	— X — II	XIIII —	XXIIII
.K	— X — III	XIII —	XXIIII
.L	— X — IIII	XII —	XXIIII
.M	— X — V	XI —	XXIIII
.N	— X — VI	X —	XXIIII
.O	— XI	VIIII —	XXIIII
.P	— XI — I	VIII —	XXIII
.Q	Ebd. XI. Dies II.	VII K. Mai.	XXIII

Paschales litterae

Eo anno quo bissextus fuerit, dies ille qui in loco bissexti scilicet VI K. Mart iteratur cum ebdomadis quae fiunt a natali domini usque in dominicam quadragesimae computatur. Verbi gratia in illo anno quando subnotatum M. paschalis videlicet littera paschalem diem indicat, fiunt septem ebdomadae et sex dies a natali domini usque in dominicam quadragesimae et eadem dominica quadragesimae erit in XII K. Mart. Sed si bissextus fuerit quando idem subnotatum M. paschalem diem indicat, tunc fient VIII ebdomadae a natali domini usque in quadragesimam propter praedictum bissexti diem et dominica quadragesimae erit in XI K. Mart. et sic de ceteris paschalibus litteris.

Adventum dni non e celebrare Decembri
Post ternas nonas nec quinas ante Kalendas.

Die erste Tafel, überschrieben *der 19jährige Cyclus* enthält also rechts die Ordnungszahlen seiner Jahre (von 1—19), denen zur Linken die Epacten (des Mondes) angehören, welche das Alter desselben am 22. März anzeigen. In der obersten Reihe stehen die Concurrentes oder Epacten der Sonne (1—7), welche den Wochentag des 24. März bezeichnen. Wo die von diesen Zahlen horizontal und senkrecht ausgehenden Reihen sich kreuzen, findet sich das entsprechende Osterdatum (welches in den Zeitraum vom 22. März bis zum 25. April, also von 35 Tagen, trifft) angegeben mittelst Buchstaben, die von B anfangend nach der natürlichen Folge zwei Alphabete hindurch, erst bis V, dann nur bis Q, fortlaufen, indem sie unterschieden werden durch einen Punkt erst zur Rechten, dann zur Linken. Es wird also bezeichnet:

durch B. der 22. März,   durch .A der 10. April,
V. der 9. April,   .Q der 25. April.

Diese Bezeichnung findet sich auch sonst in dieser Zeit, namentlich in einem Kalendarium aus dem Kloster Mosacum in der Diöcese von Aquileja vom Jahre 1216,[1]) worin diese Buchstaben nach der Reihe der Tage vom 22. März bis 25. April beigesetzt sind. Die Folge dieser Buchstaben und ihr Anfang mit B erklärt sich daraus, dafs man, vom 1. Januar anfangend, das ganze Jahr hindurch die Buchstaben von A bis V nach der Reihe wiederkehrend neben den Monatstagen ansetzte, wie es schon in dem mehrerwähnten Kalendarium von Essen aus dem 9. Jahrhundert sich findet. Danach trifft auf den 22. März, als das früheste Osterdatum, ein B und so weiter, also auf den 10. April der Anfang des folgenden Alphabets, welches an dem spätesten Osterdatum, dem 25. April, mit Q abschliefst. Beide Alphabete hat man dann durch Punkte unterschieden.

Jene Correspondenz der Buchstaben und des Datums zeigt die zweite Tafel, deren dritte Rubrik überschrieben ist *Datum des Osterfestes* (dies paschae), während die erste Reihe jene punktirten Buchstaben enthält. Dazu kommen in dieser Tafel noch zwei Angaben: die Zahl der Wochen und Tage von Weihnacht bis zur Quadragesima, das heifst bis zum ersten Sonntag in den Fasten; und die Zahl der Wochen von Sonntag nach Pfingsten bis zum ersten Adventssonntage.

Zu der ersten dieser beiden Angaben folgt in dem nebenstehenden Text eine anderweitige Bestimmung für die Schaltjahre: in welchen nehmlich wegen des Schalttags zu der Zahl der Wochen und

---

[1]) Althau. De calendar. p. 156—158.

Tage von Weihnacht bis zur Quadragesima ein Tag addirt werden soll.

Beide Tafeln gelten also für die ganze Dauer des julianischen Kalenders. Und es bedarf zu ihrer Anwendung nur der Bestimmung der Zahl des 19jährigen Cyclus und der Concurrentes. Die Regeln dafür geben Dionysius und Beda. Die zur Auffindung der erstgenannten Zahl ist bekannt: man addirt 1 zu der Jahreszahl, dividirt die Summe durch 19, der Rest giebt die gesuchte Zahl; geht die Division auf, so ist 19 diese Zahl. Die Regel zur Bestimmung der Concurrentes ist nach Beda[1]) folgende. Si vis nosse adjectiones solis, id est concurrentes septimanae dies, sume annos ab incarnatione Domini quot fuerint et annorum qui fuerint quartam partem semper adjice, his adde IV.... illos partire per VII... (si) non remanet aliquid, VII sunt epactae solis. Beide Regeln werden nach der von mir angenommenen Bezeichnung[2]) so ausgedrückt, wobei, wenn die Division aufgeht, wie immer, der Rest $= 0$ zu setzen ist.

$$\text{Die Zahl des 19jährigen Cyclus} = \left(\frac{t}{19}\right)_r + 1.$$

$$\text{Die Concurrentes} = \left(\frac{t + \left(\frac{t}{4}\right)_q + 3}{7}\right)_r + 1.$$

Hiezu kommen noch die beiden dem Martyrologium angehängten Regeln, oben S. 29 f. Die eine, den Sonntag Septuagesimae zu bestimmen, übergehe ich. Was die andere betrifft, so zeigt sie, wie die in dem Martyrologium über den Monatstagen angesetzten güldenen Zahlen (welche in ihrer Folge den sogenannten immerwährenden julianischen Kalender bilden) aus einander abgeleitet werden, indem sie am 1. Januar mit 3 anfangen: nehmlich so, daß man 8 addirt, wenn aber die Summe mehr als 19 beträgt, diese Zahl davon abzieht. Also zu III, welches am 1. Januar steht, 8 addirt giebt XI, welches dem 3. Januar angehört. Am 11. Januar steht XIII; daraus folgt $13 + 8 - 19 = II$, welches die Zahl für den 12. Januar ist. — Das reicht jedoch zur Construction des immerwährenden Kalenders nicht aus. Denn diese Zahlen folgen entweder von Tag zu Tag oder mit dem Zwischenraum von einem Tage; aus der Regel geht aber nicht hervor, auf welchen Tag die Zahlen eintreffen oder um wie viel Tage sie von einander abstehen.

---

[1]) Beda De temp. rat. c. 52.
[2]) Piper Kirchenrechnung, Berlin. 1841. S: 6 f.

b. **Die Ostertafel.**
Diese Tafel umfaſst den grofsen Ostercyclus von 532 Jahren und zwar für die Jahre 1175—1706. Voran geht eine Erklärung über die Bezeichnung; und nach der Tafel folgen Verse, um den Zwischenraum zwischen Weihnacht und dem ersten Sonntag in den Fasten zu finden.

(Bl. 319. b.) *Regula quomodo inveniatur in hac pagina singulis annis feria natalis domini et ebdomadae a natali domini usque in dominicam quadragesimae et indictiones et bissextus ac paschales dies.*

Dionisii.

Sequens pagina ex magno ciclo, qui dicitur greca pagina, collecta est. In hac pagina invenitur in qua feria dies nativitatis domini singulis annis occurrat, et quot sint ebdomadae ac dies a nativitate domini usque in dominicam quadragesimae. Inveniuntur quoque indictiones, bissextus et paschales dies. Itaque feriae nativitatis domini per virgulas notantur, quarum virgularum inicium est a feria quarta. Verbi gratia: ubi una virgula est in hunc modum .|. feria quarta notatur, ubi duas .||. feria quinta, ubi tres .|||. feria sexta et sic de ceteris usque ad septem; septem enim virgulae in hunc modum .|||||||. feriam terciam signant. Puncta feriis superposita numerum ebdomadarum a nativitate domini usque in dominicam quadragesimae in unoquoque anno demonstrant et breves virgulae ipsa puncta subsequentes dies praedictas ebdomadas excedentes manifestant. Si ipsas virgulas breves punctum subsequitur, defectus dierum in ultima ebdomada ostenditur: quot enim virgulae sunt ante punctum, tot dies deficiunt in ultima ebdomada. Punctum enim post virgulas pro ebdomada computandum est; et quot virgulae praecedunt, tot dies in ipsa ebdomada deficiunt. Litterae praenotatae et subnotatae quae punctis superpositae sunt, pascales dies indicant. Capitales litterae minio coloratae primum annum decennovenalis cicli semper declarant. Rubea littera sed non capitalis indictiones aeque demonstrat. Per figuram in modum crucis factam bissextus notatur. Facta est haec pagina anno MCLXXV. septuagesimo quinto.

.D ... ...|||| fr. IIII.|	P. × ... ...|| fr. V. ||	.P ....| fr. VII.||||	u. s. w.

Solcher Fächer sind 10 in jeder Reihe. Ein Facsimile der drei ersten Reihen giebt Engelhardt, Herrad von Landsperg, Taf. X.

Am Schluſs der Tafel heiſst es, Bl. 320. b.:

> Noveris hunc ciclum numerosum volvere seclum.
> Quingentorum triginta duorum annorum hujus magni cicli summa colligitur per quos demum eo quo transierat ordine rursus omnis diversitas paschalis festi incipit ab inicio currere.

(Bl. 321. a.) *Versus ad inveniendum intervallum a die natalis domini usque ad quadragesimam.*

Quicunque a die natalis domini usque ad quadragesimam intervallum certissime scire voluerit, legat hos versiculos quorum unaquaeque dictio unum continet annum praedictum terminum ostendendo. Et si diligenter litteras computaverit, tot septimanas inveniet quot litteras in dictione: quot vero puncta super dictionem invenerit, tot dies ultra septimanas computatas esse non dubitet. Si autem nullum punctum super dictionem reppererit, diem natalis in dominica evenisse pronuntiamus. Si autem ab aliquo quaeratur quo tempore factum sit, anno millesimo centesimo quinquagesimo nono ab incarnatione domini.

Compositor sapiens discretius asperiore.
Scribit conformans incertos gaudia monstrans.
Disponit mirabiliter presentia clarans.
u. s. w.

Primum versum scilicet Compositor praetermitte et a secundo versu incipe annos numerare.[1])

Es sind im Ganzen 116 Verse.[2]) Der letzte lautet:

Dilectos famulos dominantis splendor adornat.

In dieser Ostertafel haben also, zufolge der vorausstehenden Erklärung, die Zeichen folgende Bedeutung. Es bezeichnet

X roth geschrieben, ein Schaltjahr;
.D ⎫ das Datum des Osterfestes (s. oben S. 32). Zugleich zeigt
P. ⎭ dieser Buchstabe, wenn groſs geschrieben und mit einem

---

[1]) Diese Stelle ist roth durchstrichen.
[2]) Diese Verse nebst der vorstehenden Einleitung sind abgedruckt bei Engelhardt, Herrad von Landsperg S. 163—169; doch nicht genau. In der Einleitung S. 162 lin. 5 lieset er septimanus (statt septimanas). Und S. 163 gleich im ersten Verse discretus (mit 4 Punkten darüber) statt discretius.

rothen Strich, den Anfang des 19jähr. Cyclus, wenn klein geschrieben und ganz roth, den Anfang der Indictionen an;
| den Wochentag des Weihnachtsfestes, so dafs mit Mittwoch der Anfang gemacht und dieser durch Einen Strich, also durch
|| fünf Striche der Sonntag, durch sieben Striche der Dienstag bezeichnet wird. In den fünf ersten Jahren ist dieser Wochentag aufserdem noch wörtlich (durch feria IIII, feria V u. s. w.) angegeben;
⋮ die Zahl der Wochen von Weihnacht bis zum ersten Sonntag in den Quadragesimalfasten; und aufserdem
I die Zahl der Tage, mit der Mafsgabe, dafs wenn diese Striche
II hinter allen Punkten stehen (wie gerade in den ersten drei Jahren), die Tage zu den Wochen hinzukommen, wenn aber hinter diesen Strichen noch ein Punkt steht (der mit für eine Woche gerechnet wird), wie zuerst für das fünfte und eben so für das zehnte Jahr:

⁞ I.

so ist die Zahl dieser Tage von der letzten Woche abzuziehen: es sind also in diesem Beispiel 8 Wochen weniger ein Tag.

Hiernach, wenn man die Zeichen in den gewöhnlichen Ausdruck überträgt, so ist Anfang und Ende der Ostertafel folgender.

	Schalt-jahr	19jähr. Cycl.	Indict.	Wochent. d. Weihn.	Zw. Weihnacht u. 1. Fastensonnt.		Ostern
1175		17	8	Mittw.	9 Wochen	4 Tage	13. April
1176	×	18	9	Donnerst.	8 —	2 —	4. April
1177		19	10	Sonnab.	11 —	1 —	24. April
1178		1	11	Sonnt.	9 —	0 —	9. April
1179		2	12	Mont.	7 —	6 —	1. April
1180	×	3	13	Dienst.	10 —	4 —	20. April
1181		4	14	Donnerst.	8 —	3 —	5. April
1182		5	15	Freit.	7 —	2 —	28. März
1183		6	1	Sonnab.	10 —	1 —	17. April
1184	×	7	2	Sonnt.	7 —	6 —	1. April
⋮							
1705		15	6	Mont.	8 —	6 —	8. April
1706		16	7	Dienst.	6 —	5 —	24. März

Was endlich die Verse betrifft, um die Zeit von Weihnacht bis zur Quadragesima für den ganzen Cyclus von 532 Jahren zu bestimmen, so ist für jedes Jahr ein Wort angesetzt. Und jedes Wort giebt durch die Zahl seiner Buchstaben die Zahl der Wochen an, während durch die darübergesetzten Punkte die hinzukommenden Tage angezeigt werden; z. B.

Compósitor bedeutet 10 Wochen und 1 Tag,

sapiens — 7 Wochen und 5 Tage.

Ueberdies wird durch ein B das Schaltjahr angegeben.

Am Schluſs der Einleitung des Gedichts (oben S. 35) heiſst es: es sei angefertigt im Jahre 1159. Aber mit diesem Jahre fängt es nicht an, sondern mit dem Jahre 1156 (vergl. oben S. 2), welches ganz richtig als Schaltjahr bezeichnet wird. Hingegen der zweite Vers beginnt mit dem Jahre 1160: daher die, zwar durchstrichene, Beischrift verlangt, den ersten Vers auszulassen und vom zweiten die Zählung der Jahre anzufangen. Da nun das ganze Gedicht 532 Wörter enthält, so schlieſst es mit dem Jahre 1687. Es trifft aber im ersten und letzten Jahre:

	Ostern auf den	und es sind von Weihn. bis zum 1. Fastensonnt.
1156	15. April	10 Wochen 0 Tag
1687	27. März	7 Wochen 1 Tag.

Das letzte wird auch ganz richtig durch das letzte Wort des letzten Verses *adornat* (7 Buchstaben) mit einem Punkt darüber angezeigt. Auch das erste Wort des ersten Verses *compositor* giebt die Zahl 10 der Wochen richtig an; aber der Punkt darüber ist zu streichen, da kein Tag hinzukommt.

Die Angabe jener Zwischenzeit, die so mühsam in diesen Versen construirt ist, enthält auch, wie wir sahen, die Ostertafel durch Punkte und Striche. Da diese Tafel mit dem Jahre 1175 anfängt, so tritt hiefür in dem Gedicht erst das dritte Wort des 5. Verses ein: *devotorum* mit vier Punkten, welches übereinstimmend 9 Wochen 4 Tage anzeigt. Aber eine Differenz zeigt sich im Jahre 1184: da giebt die Ostertafel 7 Wochen 4 Tage; hingegen nach dem Gedicht, dem letzten Wort von Vers 7, *leviatur*, sind es gerade 8 Wochen: und so trifft es zu.

Uebrigens sind die Angaben der Handschrift nicht ohne manche Fehler, sowohl in der Zahl der Punkte als der Buchstaben: in letzterer Hinsicht so, daſs entweder ein Buchstabe zu viel oder zu wenig ist. Eine Differenz von 2 Buchstaben kommt nur einmal vor, bei dem Jahre 1425, wofür das Wort *castra* mit 6 Punkten steht (bei Engelhardt S. 166 v. 14): denn da Ostern in diesem Jahre auf den 8. April trifft, sind es nicht 6, sondern 8 Wochen und 6 Tage.

Wenn bei solchen Differenzen ein Zweifel entstehen könnte, ob die Verse so wie hier geschehen ist, auch richtig an die christliche Aere angeknüpft sind; so läfst sich die Probe mit Sicherheit machen vermittelst der seltenen Jahre, in welchen Ostern auf seinen frühesten und auf seinen spätesten Termin trifft, also jener Zwischenraum der kürzeste und der längste ist, das begiebt sich für die 532jährige Periode, welche dies Gedicht umfafst, in folgenden Jahren:

Ostern am 22. März im Jahre 1383, 1478, 1573;
Ostern am 25. April — 1204, 1451, 1546, 1641.

Und es sind von Weihnacht bis zum ersten Fasten-Sonntage im ersten Fall, da alle drei Jahre Gemeinjahre sind, 6 Wochen 3 Tage. Im andern Fall, in den letzten drei Jahren, 11 Wochen 2 Tage; aber in dem ersten, 1204, da es ein Schaltjahr ist, 11 Wochen 3 Tage. In dem Gedicht der Herrad aber (nach dem Abdruck bei Engelhardt a. a. O.) dienen zur Bezeichnung dieser Zwischenräume folgende Wörter.

Für die Jahre mit dem frühesten Osterdatum (S. 166 V. 5, S. 167 V. 8, S. 168 V. 10):

1383 amatis; 1478 sancte; 1573 amicos.

Und für die Jahre mit dem spätesten Osterdatum (S. 163 V. 12, S. 167 V. 2, S. 168 V. 5, S. 169 V. 8):

1204 nobilitatis; 1451 titubantes; 1546 conturbant; 1641 splendendo.

Hier trifft in der ersten Reihe die Zahl sowohl der Buchstaben (6) als der Punkte (3) zu, ausgenommen, dafs es auch in dem ersten Fall nicht 4, sondern 3 Punkte sein müssen. Hingegen in der zweiten Reihe sind zwar die Punkte (dreimal 2 Punkte) und auch die Abweichung des ersten Falles wegen des Schaltjahrs (3 Punkte) richtig angegeben; aber nur das erste Mal ist auch die Zahl der Buchstaben (11) richtig angesetzt, die drei letzten Male (bei 10 Buchstaben) ist ein Buchstabe zu wenig.

Ein Wort mit 6 Buchstaben und nur 3 Punkten kommt in dem Gedicht nicht weiter vor. Dafs einmal, zum Jahre 1665, ein Wort mit 6 Buchstaben ohne Punkt steht (*domino*, S. 169 V. 13), was niemals zutreffen kann, ist ein offenbarer Fehler. Es müssen 7 Buchstaben ohne Punkt sein: da Ostern in diesem Jahre auf den 26. März fällt, so sind von Weihnacht bis zum ersten Fasten-Sonntage gerade 7 Wochen.

Hingegen kommt allerdings noch einmal ein Wort mit 11 Buchstaben und 2 Punkten (*inflammabit*, S. 165 V. 16) vor, für das

Jahr 1356. Und so müfste es auch für das Jahr 1272 sein, wo statt dessen ein Wort mit nur 10 Buchstaben und 2 Punkten (*religiosus*, S. 164 V. 14) steht. Das erklärt sich daraus, dafs in diesen Jahren Ostern zwar nicht auf seinen spätesten Termin, sondern einen Tag früher, auf den 24. April, fällt, diese Jahre aber Schaltjahre sind, in welchem Fall jener Zwischenraum eben soviel (nehmlich 11 Wochen und 2 Tage) beträgt, als wenn Ostern in einem Gemeinjahr auf den 25. April trifft.

Zweiter Theil.

Die Kalendarien und die Fest-Ordnung
der Angelsachsen.

Der angelsächsische Fest-Kalender ist der älteste, der von einem Volk germanischer Abstammung auf uns gekommen ist. Denn seit dem Ende des 6. Jahrhunderts hat er sich gebildet, und es fehlt demnächst und späterhin bis zur Eroberung Englands durch die Normannen im Jahre 1066 nicht an Urkunden, aus denen er mehr oder minder vollständig sich entnehmen läfst.

Wenn also aus jener frühen Periode der Pflanzung und Ausbreitung des Christenthums in dem stammverwandten Volk die Anordnung seiner heiligen Zeiten, aufser der geschichtlichen und liturgischen Werthschätzung, auch ein nationales Interesse für uns hat; so findet das letztere noch besonders Raum, wenn man auf die allmälige Entwickelung dieses Fest-Kalenders achtet. Denn die Grundlage des Kalenders ist römisch, da von Rom aus die Mission an die Angelsachsen bewirkt ist; allmälig treten aber einheimische Bestandtheile hinzu, in dem Maafs, als unter den Angelsachsen selbst Vorbilder erschienen, deren Gedächtnifs sich an die aus der Ferne gebrachten, der Urzeit des Christenthums entstammenden Namen anreiht.

In dieser Entwickelung aber ist vorzüglich beachtenswerth die Art, wie die einheimischen Ansätze zur Geltung kommen: worin ein dreifacher Weg sich zu erkennen giebt. Die Anerkennung und Verehrung einheimischer Heiligen wird nehmlich theils durch die öffentlichen Autoritäten herbeigeführt oder doch ausgesprochen, sowohl durch synodale Anordnung als auch durch die königliche Gesetzgebung; theils gehen sie mehr naturwüchsig aus dem Volk, namentlich aus den Klöstern hervor. Endlich tritt, als die Anerkennung von Heiligen eine Prärogative des päpstlichen Stuhles wurde, ein Zusammenwirken der einheimischen Staats- und Kirchengewalt mit demselben ein. Beispiele von allen drei Methoden werden sich sogleich darbieten.

I. Die römische Grundlage.

Was zuvörderst die Grundlage, also die römische Fest-Ordnung, betrifft, — die im Wesentlichen auf uns gekommen ist durch das gregorianische Sacramentarium, nur dafs wir es nicht in seiner Urgestalt, sondern durch Zusätze bis in's achte Jahrhundert vermehrt besitzen; so versteht es sich wohl von selbst, dafs Augustinus, nachmals Erzbischof von Canterbury, als er im Jahr 597 von Papst Gregor dem Grofsen gesendet nach England kam und zuerst in Kent die christliche Kirche gründete, sowohl selbst mit seinen Gefährten die in Rom geltende Fest-Ordnung wird beobachtet, als auch dieselbe in der neu gegründeten Kirche wird eingeführt haben.[1]) Jedoch mit Unterscheidung, da ein vollständiger Cultus nicht sogleich dorthin zu verpflanzen war: es werden also vor allem die Feste Christi beobachtet sein; dann auch mit Auswahl die Tage der Märtyrer, je nachdem eine Kirche mit deren Reliquien versehen war. Das letztere erhellt aus einer Anweisung, welche Papst Gregor dem Augustinus im Jahr 601 sandte:[2]) er empfahl ihm, die Götzentempel nicht zu zerstören, sondern in Kirchen zu verwandeln, darin Altäre zu errichten und Reliquien niederzulegen, auch die heidnischen Opferfeste in christliche Feste zu verwandeln, die gefeiert werden möchten am Tage der Kirchweih oder am *Geburts-* (das heifst Todes-) *Tage der heiligen Märtyrer, deren Reliquien dort lägen.*

Dafs aber die gregorianische Fest-Ordnung unter den Angelsachsen Eingang gefunden, wird auch durch spätere Zeugnisse ausdrücklich bekundet. Denn Ecgbert, Bischof von York seit 732, in seinem Dialogus, wo er unter anderm die Frage bespricht von der Einsetzung und Beobachtung der Quatemberfasten, um eine gleichmäfsige Feier in seiner Diöcese herbeizuführen, beruft sich auf die liturgischen Bücher Gregor's des Grofsen, das Antiphonarium und Missale, und die darin enthaltenen Bestimmungen, wie solche durch dessen Sendboten, den Apostel von England Augustinus, ihnen überkommen seien; so wie auf die Uebereinstimmung mit den zu Rom selbst von ihm eingesehenen liturgischen Büchern.[3]) Weiter

---

[1]) Vergl. Bouterwek Caedmons biblische Dichtungen Th. I. S. CVI.
[2]) Gregorii M. Epist. Lib. XI. ep. 76. p. 1176 und bei Beda Hist. eccles. gent. Augl. Lib. I. c. 30.
[3]) Ecgberti Dialog. Interrogat XVI. *Resp. de primo jejunio:* Nos autem in ecclesia Anglorum idem primi mensis jejunium, ut noster didascalus beatus Gregorius in suo Antiphonario et Missali libro per paedagogum nostrum beatum Augustinum transmisit ordinatum et rescriptum .... servamus. Und *De secundo jejunio:* Hoc autem jejunium idem

bestätigt die Synode zu Cloveshove unter Erzbischof Cuthbert im Jahr 747 in ihrem 13. Canon:[1]) dafs überall zu einer und derselben Zeit gehalten werden sollten sowohl die Festtage des Herrn (was gegen die abweichende Osterfeier der britischen Kirche gerichtet ist) als die Gedächtnifstage der Märtyrer, und zwar nach Vorschrift der römischen Kirche; insbesondere heifst es von den letzteren; „es sollen durch den Kreis des ganzen Jahres die Geburtstage der Heiligen an einem und demselben Tage nach dem Martyrologium der römischen Kirche mit den ihnen zukommenden Gesängen gefeiert werden."

II. Die einheimische Entwickelung.

Dieselbe Synode aber, die also zu der römischen Fest-Ordnung als Grundlage der angelsächsischen sich bekennt, bringt auch einheimische Zusätze zu diesen römischen Festzeiten zur Anerkennung in doppelter Hinsicht. Es werden nehmlich erstens als Bufs- und Betzeiten zwei Epochen im Jahre anerkannt:[2]) die eine für die sogenannte gröfsere Litanei, am 25. April, „nach dem Ritus der römischen Kirche"; die andere an den drei Tagen vor Himmelfahrt, „nach einheimischem Herkommen" *(secundum morem priorum nostrorum).* Die letztere Bittzeit, welche der römischen Kirche fremd geblieben ist bis auf Leo III. (795—816), der sie aufnahm, stammt aus der gallischen Kirche, wo sie von Mamertus, Bischof von Vienne (um 450), eingesetzt sein soll, jedenfalls im 6. Jahrhundert sehr verbreitet war: dafs sie hier in der angelsächsischen Kirche sich

---

beatus Gregorius per praefatum legatum in Antiphonario suo et Missali, in plena hebdomada post Pentecosten Anglorum ecclesiae celebrandum destinavit. Quod non solum nostra testantur Antiphonaria, sed et ipsa quae cum Missalibus suis conspeximus apud apostolorum Petri et Pauli limina. s. Wilkins Concil. magnae Brit. Vol. I. p. 85 col. 2. Mansi Concil. ampl. collect. T. XII. p. 487 (der aber p. 411 sq. Bedenken gegen die Echtheit dieser Schrift erhebt). (Thorpe) Ancient laws and institutes of England. 1840. 8°. Vol. II. p. 95. — Eben so sagt die Synode von Enham um 1009 über die Quatemberfasten Can. 12: „Sonst halte man ... Quatember und Fasten, wie es St. Gregorius dem englischen Volke lehrte;" bei Wilkins l. c. p. 288. vergl. p. 293. Mansi T. XIX. p. 301. C. vergl. p. 308. C. Schmid Die Gesetze der Angelsachsen Th. I. (Aethelred's Gesetze IV, 17. §. 4.) S. 121. (Thorpe) a. a. O. Vol. I. p. 320.

[1]) Bei Wilkins l. c. p. 96. Mansi T. XII. p. 399.
[2]) Can. 16. bei Wilkins l. c. p. 97. Mansi l. c. p. 100.

vorfindet, weiset auf deren Zusammenhang mit der ersteren, der auch in der Geschichte ihres Stifters bezeugt ist. Denn Augustinus nach den ersten Erfolgen seiner Mission in England liefs sich von dem Erzbischof von Arles zum Erzbischof der Angelsachsen weihen. Auch waren ihm manche Abweichungen in der gallischen Kirche von den Gewohnheiten der römischen Kirche (namentlich in der Abendmahlsfeier) aufgefallen: und er stellte über diese Verschiedenheit, da es doch nur Einen Glauben gebe, eine Frage an den römischen Bischof. Dieser ertheilte eine freisinnige Antwort,[1]) woraus hervorgeht, dafs er ihn keineswegs an die Gewohnheiten der römischen Kirche wollte gebunden wissen: wenn er in irgend einer Kirche, schreibt Gregor, etwas finde, was dem allmächtigen Gott mehr gefallen könne, möge er es sorgfältig auswählen: und was er also aus vielen Kirchen gesammelt habe, möge er der jungen angelsächsischen Kirche zur Gewohnheit aneignen. Damit stimmt es vollkommen, dafs bei den Angelsachsen (aufser dem römischen Litaneitage) die Litaneitage vor Himmelfahrt aus der gallischen Kirche herübergenommen wurden, lange bevor dieselben in der römischen Kirche selbst Eingang fanden.[2]) — Es werden von der Synode zu Cloveshove zweitens[3]) als Festtage angeordnet, die in allen Kirchen und Klöstern begangen werden sollen: der Todestag eben dieses Papstes *Gregor* des Grofsen, 12. März, so wie des Erzbischofs *Augustinus*, 26. Mai;[4])

---

[1]) Gregor. M. Epist. Lib. XI. ep. 61. Opp. ed. Bened. T. II. p. 1152 und bei Beda Hist. eccles. gent. Angl. Lib. I. c. 27. p. 63 ed. Smith.

[2]) Eine dritte Fastenzeit, die drei Tage Montag, Dienstag, Mittwoch vor Michaelis ordnete König Aethelred an in seinen Gesetzen um 1012; bei Wilkins l. c. p. 295. Schmid Die Gesetze der Angelsachsen Th. I. S. 137. (Thorpe) Ancient laws and institutes of England. Vol. I. p. 337.

[3]) Can. 17. bei Wilkins l. c. p. 97. Mansi l. c. p. 400.

[4]) Beide stehen auch schon in Beda's Martyrologium aus dem Anfang des 8. Jahrh., worin aufserdem von den Stiftern der angelsächsischen Kirche Mellitus, Bischof von London und darauf Bischof von Canterbury als zweiter Nachfolger des Augustinus († 624) und Paulinus, erster Bischof von York, dann Bischof von Hrof († 644) aufgeführt werden, in folgender Weise:

12. März. Depositio S. Gregorii papae beatae memoriae.

26. Mai. In Britannia depositio S. Augustini primi Auglorum episcopi; und 24. Apr. Depositio Melliti episcopi in Britannia,

10. Oct. In Britannia Paulini episcopi Eburaci.

der des ersteren wird als Geburtstag (dies natalitius, nach dem gewöhnlichen Ausdruck, der schon vorhin S. 41 in dem Schreiben Gregor's vorgekommen ist), und damit gleichbedeutend der des andern als dies depositionis bezeichnet, worunter hier keineswegs der Tag der Bestattung zu verstehen ist.[1])

Das ist also zur Erinnerung und zur Feier der Stiftung der angelsächsischen Kirche. Zwischen dieser und der altbritischen Kirche bestand ja freilich aus nationalem Gegensatz, auch wegen einiger kirchlichen Differenzen eine grofse Kluft. Gleichwohl ist von jenseits wenigstens Ein Heiligenname in die angelsächsische Kirche herübergenommen: der

des *Albanus* (22. Juni),

welcher den Ehrennamen eines Protomartyr, als der erste Märtyrer in Grofsbritannien, trägt. Seine Geschichte erzählt Beda:[2]) er hatte in der diocletianischen Verfolgung einem verfolgten Geistlichen bei sich eine Zuflucht gewährt, während er selbst noch Heide war; ward aber durch diesen bekehrt: und als nun von ausgesandten Häschern der Versteck entdeckt war, bot er selbst statt seines Schützlings in dessen Kleidung den Verfolgern sich dar. Vor den Richter geführt, erfuhr er dessen zornige Zumuthung, den Göttern zu opfern; er blieb aber unter Martern standhaft, vollbrachte, wie es heifst, mehrere Wunder und wurde endlich enthauptet: solches geschah bei der Stadt Verulam am 22. Juni, an welchem Tage auch die nächsten Martyrologien im 9. Jahrhundert, des Rabanus, Ado, Notker, ihn ansetzen.[3]) Da wurde später ihm zu Ehren eine Kirche errichtet. Ein Zeugnifs der ausgebreiteten Verehrung, zu der er gelangte, giebt Germanus, Bischof von Auxerre, als derselbe im Jahr 429 zu den Britten gekommen war: er liefs das Grab des Albanus öffnen und setzte daselbst zahlreiche Reliquien der Apostel und verschiedener Märtyrer bei, die er mitgebracht hatte;[4]) während er andrerseits

---

[1]) Denn in der Grabschrift des Augustinus wird ganz deutlich der 26. Mai als *Todestag* bezeichnet, bei Beda H. e. gent. Angl. Lib. II. c. 3: defunctus est VII. Kal. Junias. Auch sonst kommt depositio in der Bedeutung Tod, nehmlich als Ablegen des Körpers, vor; Ibid. Lib. IV. c. 14: quaerant in suis codicibus, in quibus defunctorum est adnotata *depositio*, et invenient illum hac, ut diximus, die *raptum esse de saeculo*.
[2]) Beda H. e. gent. Angl. Lib. I. c. 7.
[3]) Eine Abweichung davon s. unten S. 46.
[4]) *Vita Germani* Lib. I. c. 6. § 49. in d. Act. Sanct. Antv. Jul. T. VII. p. 213. D.: — arbitrans opportunum, ut membra Sanctorum ex diversis

von der Stätte, wo jener hingerichtet war, Staub, der noch die Blutspuren trug, mit sich nahm:[1]) für diese heiligen Reste baute er in Auxerre eine Kirche, eben dem Albanus geweiht.[2]) — Jene Kirche mit dem Grabe des Albanus wurde von den Angelsachsen bei ihrer Eroberung und Verwüstung Britanniens seit 449 zerstört, und es war seitdem die Feier und das Andenken dieses Märtyrers erloschen, abgesehen von geringen Spuren, die in Geschichtsbüchern und im Munde der Alten sich erhielten, — bis Offa, König von Mercien, im Jahr 793 durch ein Gesicht, wie es heifst, erinnert, dem Grabe und den Reliquien desselben nachzuforschen und daselbst ein Kloster zu errichten, mit Hülfe eines Engels sie auffand,[3]) nachdem er deshalb ein grofses Concil zu Verulam berufen hatte: er reiste dann nach Rom, um für die neue Stiftung päpstliche Privilegien auszuwirken,[4]) errichtete das Kloster nebst Hospiz, welchem grofse Schenkungen zugewandt wurden auf weiteren Versammlungen zu Celchyth und Verulam, und liefs die Gebeine des Märtyrers daselbst in einem kostbaren Schrein beisetzen.[5]) Jene Auffindung war an Petri Kettenfest (1. August) geschehen: ihre jährliche Feier wurde aber auf den folgenden Tag verlegt, damit das Fest des Petrus keine Verringerung erleide.[6]) Das ist die Abtei von St. Alban (bei Holmhurst in Herfordshire),

---

regionibus collecta, quos pares meritis receperat caelum, sepulcri quoque unius teneret hospitium. Von da ist die Nachricht entnommen bei Beda l. c. Lib. I. c. 18. Jene Vita Germani ist allgemein dem Constantius, Presbyter zu Lyon (um 483), beigelegt; wogegen Schoell De ecclesiasticae Britonum Scotorumque historiae fontibus p. 24—26 zu zeigen sucht, dafs sie nicht von ihm, sondern etwas jünger und zwar um die Mitte des 6. Jahrhunderts verfafst sei.

[1]) *Ibid.*
[2]) Hericus, Mönch zu Auxerre im 9. Jahrhundert, Miracula s. Germani Lib. I. c. 2. §. 17. in den Act. Sanct. Antv. l. c. p. 258 D.
[3]) Matthaeus Parisiensis Vita Offae herausgegeb. v. W. Wats, Vitae duorum Offarum Merciorum regum et 23 abbatum S. Albani per Matth. Pariens. Lond. 1639. (hinter seiner Ausg. der Hist. major desselben Verfassers Lond. 1640. fol.) p. 26 sq. — Aus dieser *Vita Offae* finden sich die hierher gehörenden, auf die Auffindung der Reliquien und die Stiftung des Klosters des Albanus bezüglichen Stellen im Auszuge in Wilkins Conc. magn. Britann. Vol. I. p. 154—156 und in dem *Monastic. Anglican.* new edit. Vol. II. p. 215—217.
[4]) *Vita Offae* l. c. p. 28 sq.
[5]) *Concil. Calchuthense* und *Verolamiense*, bei Wilkins l. c. p. 157.
[6]) *Vita Offae* l. c. p. 28. 31.

deren Kirche von dem vierzehnten Abt Paulus im Jahr 1088 neu erbaut wurde (eingeweiht durch dessen Nachfolger Ricbard im Jahr 1115):¹) die Abtei hat bestanden bis zur Reformation unter Heinrich VIII., der im Jahre 1540 sie aufhob.²) Nachmals hat sich daselbst in der Albanskapelle ein Stein hefunden mit der Inschrift:
S. *Albanus Verolamensis Anglorum Protomartyr*
17. Junii 297;
die aber modernen Ursprungs (sie wird zuerst im Jahre 1700 erwähnt und war im Jahre 1631 noch nicht vorhanden) und voller Fehler ist: denn nicht unter den Angeln, sondern unter den Britten war Albanus Märtyrer; das Jahr 297 ist willkürlich angesetzt uud durch nichts beglaubigt; und das Datum des 17. Juni ist falsch, nehmlich aus dem Common-Prayer-Book entlehnt, während alle Quellen des Alterthums den 22. Juni anzeigen. Deshalb ist diese Inschrift in neuerer Zeit durch eine andere ersetzt, welche also lautet:
H. P.
SANCTI ALBANI
BRITAN: PROTOMART:
SVB DIOCLET: PASSI
FERETRVM.³)

Die letztgenannten beiden Heiligen, die in der angelsächsischen Kirche zur Anerkennung gekommen, waren der Abstammung nach Fremdlinge: Augustinus ein Römer, Albanus ein Britte. Als ein Märtyrer einheimischer Abstammung gelangte aber zu hohem Ansehn
Oswald, König von Northumberland (5. August),
der von dem heidnischen König von Mercien, Penda, mit Krieg überzogen, in der Schlacht zu Maserfield gefallen war am 5. August 642.⁴) Der Ort, wo er sein Blut vergossen und die Stätte (in der Klosterkirche zu Bardney in Lincolnshire), wo bald darauf seine Gebeine

---
¹) Matth. Parisiens. Vit. 23 abbat. S. Albani (s. S. 45. Anm. 3.) p. 49. 55.
²) Die Geschichte dieses Klosters mit urkundlichen Beilagen und mit Abbildungen desselben und der Kirche in dem *Monasticon Anglican.* new edit. Vol. II. p. 178—255. Eine Uebersicht über die Geschichte der Abtei und Beschreibung der Kirche nebst Grundriss und Ansicht derselben giebt die Schrift: The Abbey of Saint Alban. Some extracts from its early history and a description of its conventual church. ed. 2. London 1856.
³) S. die in der vorigen Anm. angeführte Schrift The Abbey of Saint Alban p. 41. 43.
⁴) Beda Hist. eccles. gent. Angl. Lib. III. c. 9.

beigesetzt worden, ward berühmt durch Wunder, namentlich durch Krankenheilungen;¹) seine Gedächtnifsfeier aber ward durch ein wunderbares Ereignifs in dem Kloster Selause oder Selsey (in Sussex) veranlasst: zur Zeit einer Seuche, so wird erzählt, habe ein neubekehrter krank daniederliegender Knabe eine Erscheinung der Apostel Petrus und Paulus gehabt, die ihm das Aufhören der Seuche ankündigten, er allein werde noch an dem Tage in's Himmelreich eingehen; das begebe sich auf Fürbitte des von Gott geliebten Königs Oswald, der einst an eben diesem Tage von den Ungläubigen im Kampf erschlagen, alsbald in den Himmel und die Schaar der Auserwählten aufgenommen sei. Zur Beweisung des Dankes und zum Gedächtnifs dieses Königs möge man in allen Oratorien des Klosters Messe feiern. So geschah es. Und seit der Zeit soll es angefangen haben, dafs nicht allein in dem Kloster, sondern auch an vielen andern Orten der Todestag jenes Königs und Streiters Christi jährlich feierlich begangen wurde.²)

Hier erscheint die volksthümlichere Art des Ursprungs einer Festfeier: und es ist zunächst der Prior eines Klosters, der in seinem Bezirk sie autorisirt. Sehn wir weiter auf die Festordnung, wie sie überhaupt in den *Klöstern* in Gebrauch war, so giebt sich der Uebergang von dem römischen zu dem angelsächsischen Ritus an einem merkwürdigen poetischen Kalendarium aus dem 10. Jahrhundert zu erkennen, das in *drei* Recensionen vorhanden ist: alle drei in cottonischen Handschriften des britischen Museums, von denen sogleich näher die Rede sein wird (s. S. 65 f. No. 3. a., b., c.). Zwar haben alle drei einige angelsächsische, schottische und irische Namen gemeinsam, namentlich:

17. März Patricius
20. März Cudberhtus
3. Jun. Conigen.

Aber der Codex b. hat eine Anzahl Namen des römischen Kalenders behalten, an deren Stelle in den beiden andern Hand-

---

¹) Beda Hist. eccles. gent. Angl. Lib. III. c. 9.
²) Beda l. c. Lib. IV. c. 14. Es ist jedoch zu bemerken, dafs dieses Kapitel in manchen Handschriften des Beda fehlt; daher der Verdacht entstanden ist, es sei eingeschoben nur um diesen Cultus zu empfehlen. In diesem Fall würde es immerhin für die spätere Ausbreitung des Cultus zeugen. In dem Martyrologium des Beda ist der Name des Oswald noch nicht aufgenommen, s. unten in der Erläuterung des Fest-Kalenders für die Klöster.

schriften einheimische getreten sind. Einestheils irische und schottische, wie folgt:

	römische[1]	einheimische
14. Jan.	Felix	Furseus
17. Febr.	Crissantus	Fintanus
26. -	(N)estorius	Comgan
9. Jun.	Felicianus	Columba,

nehmlich Columba ist der Stifter von St. Jona († 9. Juni 596), Fintanus, dessen Schüler, und Comgan, Schüler des Fintanus, der Stifter von Bankor; Furseus ist der irische Mönch, der die bekannte Vision vom Fegefeuer gehabt, wovon Beda berichtet.[2] Was die angelsächsischen Namen betrifft, so hat zwar der Codex b. einen solchen vor den beiden andern voraus, nehmlich am 12. October Wilfrid Bischof von York † 709. Entscheidend aber für Zeit und Abkunft der zweiten Recension sind zwei angelsächsische Königsnamen in folgenden Versen:

26. Oct. Aelfred rex obiit septenis et quoque amandus
5. Dec. Quinta tenet veram dominam Anglorum Ealhswithe,

welche in der ersten Recension also lauten:

26. Oct. Maximianus obiit septenis et quoque amandus
5. Dec. Quinta tenet veram dominam Francorum caram.

Da ist also an die Stelle des Maximianus König Aelfred getreten († 901), wobei das Datum, über das sonst gestritten wird, wohl zu bemerken ist.[3] Ealhswithe aber ist der Name seiner Gemahlin, welche 905 gestorben und höchst wahrscheinlich hier gemeint ist, da sie Königin der Angeln heifst. Sonderbar, dafs gerade an diesem

---

[1] Diese sind *Felix*, Presbyter zu Nola um 256; Crissantus d. i. *Chrysanthus* (u. Daria), Märtyrer zu Rom unter Numerian, sonst am 25. Oct.; *Nestor*, Bischof u. Märt. zu Perga in Pamphylien in der decianischen Verfolgung; (Primus u.) *Felicianus*, Märt. zu Rom unt. Diocletian.
[2] Beda Hist. eccles. Lib. III. c. 19.
[3] Dasselbe Datum zeigt der Kalender des Aelsinus an (s. unt. S. 67). Und auf denselben Tag, sechs Nächte vor aller Heiligen, wird der Tod des Aelfred gesetzt auch in der angelsächsischen Chronik zum J. 901 (ed. Thorpe. 1861. p. 178). Zwar nimmt dafür das von Cooper zusammengestellte Kalendarium anglo-saxonicum (s. unten S. 70) den 28. October. Und darauf so wie auf das Zeugnifs des Florentius Wigorn. stützen sich Lappenberg Gesch. von England Bd. I. S. 348 Anm. 1. und Pauli König Aelfred S. 276, der deshalb in jener Chronik feower statt syx corrigiren will. Aber neben derselben fallen doch die beiden Kalendarien in's Gewicht, die Cooper nicht berücksichtigt hat.

Tage in der ersten Recension die Königin der *Franken* (die nicht genannt wird) angesetzt ist: jedenfalls ein Fingerzeig, dafs diese Recension, überhaupt dieser Kalender auf römischer Grundlage aus Frankreich stammt und von dort nach England verpflanzt ist.

So viel was die Feier in den Klöstern betrifft. Wogegen die Einführung einer *allgemeinen Festfeier* von den höchsten Autoritäten in Kirche und Staat abhängt. So wird jenen beiden Kirchenfürsten Gregor und Augustinus (deren Feiertage die Synode zu Cloveshove im Jahr 747 anerkannt hatte), alsbald ein dritter Apostel zugesellt: zwar nicht ein Apostel für England, aber der von England ausgegangen in Deutschland die Kirche gepflanzt hatte,

Bonifacius, Erzbischof von Mainz (5. Juni),

den die Kirche seines Mutterlandes mit Dank und Freude den ihrigen nennt, wenn auch mit frischem Schmerz, als er durch die heidnischen Friesen bei Doccum am 5. Juni 755 den Märtyrertod erlitten hatte. Denn bald darauf wurde die jährliche Feier seines Todestages zu seinem und seiner Gefährten Gedächtnifs beschlossen auf einer allgemeinen Synode unter Cuthbert, Erzbischof von Canterbury: — wovon derselbe, indem er diese drei als Schutzheilige Englands zusammenfafst, dem Nachfolger des Bonifacius auf dem erzbischöflichen Stuhl zu Mainz Nachricht giebt.[1])

In den nächsten Jahrhunderten wird in der Synodal- und königlichen Gesetzgebung Englands nur auf die bestehende Fest-Ordnung Bezug genommen. Aber im elften Jahrhundert, kurz vor und nach der Eroberung durch die Normannen, werden noch einige angelsächsische Namen durch öffentliche Akte der Festfeier theilhaftig.

Zuerst unter König Aethelred, in einem Gesetz vom Jahr 1008, welches dem Eingang zufolge „der König der Engländer und die geistlichen und weltlichen Weisen (witan) beriethen und beschlossen", wird das Fest

des Königs *Edward*, † 18. März 978,

allgemein angeordnet[2]): „Die Weisen hätten beschlossen", heifst

---

[1]) Cuthbert Epist. ad Lullum, unter Bonifac. Epist. ed. Würdtwein ep. CXIV. p. 294: ejus (Bonifacii) . . ., utpote quem specialiter cum beato Gregorio et Augustino et patronum quaerimus et habere indubitanter credimus coram Christo Domino.

[2]) Wilkins Leges Anglo-Saxon. p. 108. Schmid Die Gesetze der Angelsachsen Th. I. S. 128. (Thorpe) Ancient laws and institutes of England. Vol. I. p. 308. Bemerkenswerth ist, dafs ein anderes Gesetz

es darin, „dafs man St. Edward's Fest (maessedaeg d. i. Messetag) feiern soll in ganz England am 18. März". — Dieselbe Vorschrift, unter Hinzufügung des Festes
des *Dunstan*, Erzbischofs von Canterbury, † 19. Mai 988, enthalten die Gesetze des Königs Cnut um das Jahr 1033 in folgenden Worten:[1]) „Und St. Edward's Fest soll man nach dem Beschlusse der Weisen durch ganz England am 18. März und St. Dunstan's Fest am 19. Mai feiern."

Es ist schon bemerkt, dafs inzwischen zuweilen auf die bestehende Fest-Ordnung Bezug genommen wird in königlichen Gesetzen und Concilienschlüssen: wobei noch einige besondere Bestimmungen zum Vorschein kommen. Namentlich König Aelfred verordnete in seinen Gesetzen um 887, in dem Abschnitt über die Festfeier[2]) folgende Tage als solche, die allen freien Menschen, ausgenommen die Hörigen und Knechte, freigegeben sein sollten:

12 Tage zu Weihnacht . . . . also zum 25. Dec.
der Tag, da Christus den Teufel überwand (- am 15. Febr.).
der Gedächtnifstag des h. Gregorius . . . . . - am 12. März.
7 Tage vor und eben so viel nach Ostern.
1 Tag zu S. Peters und S. Pauls Zeit . . . . - zum 29. Juni.
7 Tage vor dem Fest der Maria im Herbst[3]) - vor d. 15. Aug.
1 Tag zum Fest aller Heiligen . . . . - zum 1. Nov.
die 4 Mittwoche in den 4 Fastenwochen.

---

des Königs Aethelred, beschlossen auf der Synode zu Enham (zwischen 1006 und 1013), welches dasselbe Kapitel über die Festordnung fast wörtlich übereinstimmend enthält (s. sogleich S. 51), diese Bestimmung über das Fest Edward's nicht hat.

[1]) Cap. 17. bei Wilkins Leges Anglo-Saxon. p. 131. Idem Concil. magn. Britann. Vol. I. p. 303. Schmid Die Gesetze der Angelsachsen Th. I. S. 145. (Thorpe) Ancient laws and institutes of England. Vol. I. p. 370. Vol. II. p. 525.

[2]) Cap. 39. Wilkins Leges Anglo-saxon. p. 44. Idem Conc. magn. Britann. Vol. I. p. 194. Schmid Die Gesetze der Angelsachsen Th. I. S. 53. (Thorpe) Ancient laws and institutes of England. Vol. I. p. 92. Vol. II. p. 457.

[3]) Unter diesem Fest der Maria ist ohne Zweifel Mariä Himmelfahrt verstanden, am 15. August (der Herbst fängt nach Beda am 7. August an, s. unten S. 84), da ihr Geburtstag am 8. September minder hoch gehalten wurde. Auch hat die alte lateinische Uebersetzung dieser Gesetze bei Thorpe l. c. Vol. II. p. 457 statt im Herbst, in Augusto.

Merkwürdig ist hier der Ansatz des *Tages, da Christus den Teufel überwand.* An sich zwar kann die Bezugnahme auf dieses Ereignifs innerhalb des Kirchenjahres nicht auffallen: es ist durch die Versuchungsgeschichte (Matth. 4.) gegeben, die von Alters her das Evangelium des ersten Fastensonntags (des Sonntags Invocavit) ausmacht. Hier ist aber in der Ansetzung des Ereignisses offenbar ein festes Datum gemeint. Wir haben vorhin gesehen, wie dasselbe aus dem 6. Januar, als dem Datum der Taufe Christi abgeleitet ist und so dieser Ansatz in mehreren Kalendarien des 9. und 10. Jahrhunderts sich findet (oben S. 15). Daran schliefst sich ein anglicanischer Kalender, aus Winchester vom Jahr 1000, der gleich (S. 67 No. 4.) näher nachgewiesen werden soll, mit folgender Angabe:

XV Kal. Mart. Diabolus a Domino recessit.

Ferner weiset die erwähnte Synode zu Enham unter Aethelred zwischen 1006 und 1013 zur gesetzlichen Beobachtung der Feste und Fasten an:[1]) sie dringt insbesondere auf sorgfältige Beobachtung des Sonntags und der hohen Feste der Maria, die zuerst mit Fasten, dann durch Feste gefeiert werden sollen; eben so soll am Fest eines jeden Apostels gefastet werden, ausgenommen das Fest des Philippus und Jacobus (1. Mai), an welchem keine Fasten geboten werden „wegen der Osterfeier", weil es nehmlich in die freudenreiche Zeit[2]) zwischen Ostern und Pfingsten fällt.

Ganz dieselben Bestimmungen kehren in Cnut's Gesetzen wieder.[3])

Darauf ist noch aus dem Ende der angelsächsischen und dem Anfang der normannischen Herrschaft eine gesetzliche Bestimmung über die Festzeiten überliefert: nehmlich in den sogenannten Gesetzen Edward's des Bekenners († 1066), welche von Wilhelm dem Eroberer nach dem Rath seiner Barone im Jahr 1069 bestätigt wurden. Es werden darin als Zeiten, in denen „der Friede Gottes und der heiligen Kirche im ganzen Reich" gehalten werden soll,

---

[1]) *Concil. Aenhamense* can. 11. bei Wilkins Conc. magn. Britann. Vol. I. p. 288 und nach einer alten lat. Uebers. p. 293. Mansi Concil. ampl. collect. T. XIX. p. 301 B. und p. 308 B. C. Schmid Die Gesetze der Angelsachsen. Th. I. S. 121. (Thorpe) Ancient laws and institutes of England. Vol. I. p. 320 can. 22.

[2]) Laetabundum hoc tempus nennt Beda die Zeit zwischen Ostern und Himmelfahrt, Hom. VIII. p. 64. ed. Giles.

[3]) Cap. 16. an den oben S. 50 Anm. 1. angef. Stellen.

4*

folgende vorgeschrieben:[1]) vom Advent bis 8 Tage nach Epiphania, von Septuagesima bis 8 Tage nach Ostern, von Himmelfahrt bis 8 Tage nach Pfingsten, alle Quatembertage, alle Sonntage von Sonnabend 9 Uhr bis Montag; ferner
die Vigilien der Maria,
   des Michael,
   Johannes des Täufers,
   aller Apostel,
   der Heiligen, deren Feste von den Priestern an den Sonntagen verkündigt werden
   und aller Heiligen, am 1. Nov.,
stets von der neunten Stunde der Vigilien und am folgenden Fest; wozu noch kommen das Kirchweihfest und das eigene Fest eines Heiligen in den Kirchspielen, worin dasselbe gefeiert wird.

Schliefslich verdient bemerkt zu werden, wie in der nächstfolgenden Zeit zwei angelsächsische Gedächtnifstage zur Geltung gekommen sind.

  Nach dem Fall des angelsächsischen Reichs.

Der Fall des angelsächsischen Reichs durch die Normannen im Jahre 1066 rief auch eine Gegenwirkung gegen das angelsächsische Kirchenthum hervor. Wilhelm der Eroberer war darauf bedacht, die höheren geistlichen Stellen mit Normannen zu besetzen, vor allem die beiden Erzbisthümer; wozu Gelegenheit bald sich fand oder finden mufste, da das Erzbisthum York im Jahre 1069 durch Todesfall, das Erzbisthum Canterbury im Jahre 1070 durch Absetzung erledigt wurde. An letztere Stelle kam Lanfranc aus dem Kloster zu Caen in der Normandie. Dieser, dem Lande fremd, fand manches vor, was ihm Zweifel erregte, namentlich die Verehrung angelsächsischer Heiligen. Und er war geneigt, auf eigne Auctorität dagegen einzuschreiten. Doch liefs er sich überzeugen, dafs

Aelphegus, Erzbischof von Canterbury, † 19. April 1012, den Namen und die Verehrung eines Märtyrers verdiene, den die Dänen, als sie im Jahre 1011 diese Stadt eroberten und verbrannten, gefangen genommen, in einem scheufslichen Kerker sieben Monate gehalten und da er zu einem hohen Lösegeld die Hand nicht bieten wollte, ermordet hatten,[2]) (worüber wir den Bericht eines Zeit-

---

[1]) Wilkins Leges Anglo-Saxon. p. 197. Schmid Die Gesetze der Angelsachsen Th. I. S. 276. (Thorpe) Ancient laws and Institutes of England. Vol. I. p. 443, vergl. p. XI. not. 1.
[2]) *Acta Sanct. Antv.* d. XIX. Apr. T. II. p. 631 sqq.

genossen, des Thietmar, Bischofs von Merseburg, haben).¹) Lanfranc hatte hierüber mit dem Anselmus, seinem vormaligen Schüler und dereinstigen Nachfolger, eine merkwürdige Verhandlung, wovon ausführliche Kunde durch einen andern Schüler desselben, Eadmer, überliefert ist. Bei dem ersten Besuch des Anselmus in England, nachdem er eben (im Jahre 1078) Abt des Klosters Bec geworden war, sagte Lanfranc zu ihm: Die Engländer, unter denen wir leben, haben sich gewisse Heilige zur Verehrung eingesetzt. Wenn ich bedenke, wer diese nach deren Berichten einst gewesen sind, so kann ich über das Verdienst ihrer Heiligkeit mich des Zweifelns nicht erwehren. Einer von ihnen ist Elphegus, der hier einst Erzbischof war.... Diesen verehren sie nicht allein unter den Heiligen, sondern auch unter den Märtyrern; obgleich sie nicht leugnen, dafs er nicht wegen des Bekenntnisses des Namens Christi, sondern weil er mit Geld sich nicht loskaufen wollte, gestorben sei. Denn da, wie die Engländer sagen, die Heiden, seine Neider und Gottes Feinde, ihn gefangen hatten und doch aus Scheu ihm gestatteten sich loszukaufen und dafür eine ungeheure Summe forderten, er aber sie nicht herbeischaffen konnte, ohne die Seinigen zu berauben und Einige vielleicht an den Bettelstab zu bringen; zog er vor das Leben zu verlieren, als auf solche Weise es zu erhalten. Anselmus versetzte hierauf: Elphegus habe lieber das Leben gelassen, als die Liebe zu verletzen und den Seinigen ein Aergernifs zu geben: er werde nicht mit Unrecht unter die Märtyrer gerechnet, da er in solcher Gerechtigkeit freiwillig in den Tod gegangen sei, — wie ja auch Johannes der Täufer als Märtyrer verehrt werde, obgleich er getödtet sei nicht weil er Christum nicht verleugnen, sondern weil er die Wahrheit nicht verschweigen wollte. Beides sei für Christus sterben, der die Wahrheit und Gerechtigkeit sei. Eadmer fügt dem Bericht hinzu: der Tod des Elphegus habe noch einen tiefern Grund; nicht blofs dafs er sich um Geld nicht habe loskaufen wollen, sondern auch weil er seinen heidnischen Verfolgern, welche die Stadt Canterbury und die Kirche darin verbrannten, mit christlicher Freiheit zu widerstehen und sie von ihrem Unglauben zu bekehren gesucht habe, sei er von ihnen gefangen und grausam getödtet. Lanfranc stimmte nun bei und erklärte: er gedenke den seligen Elpbegus als einen wahrhaft grofsen und ruhmvollen Märtyrer Christi fernerhin von

---

¹) Thietmari Chron. Lib. VII. c. 29. Pertz Monum. Germ. Script. T. III. p. 849, wo aber Dunstan mit Aelphegus verwechselt wird. Vergl. Lappenberg Gesch. von England Bd. I. S. 444.

Herzen zu verehren. Er veranlafste auch den Mönch Osbernus, sowohl dessen Geschichte zu schreiben als auch die Geschichte für den Gesang einzurichten, und verfügte, dafs sie in der Kirche gelesen und gesungen werde.¹) Weiter nahm er in die Festordnung, die er an die Abtei von Canterbury erliefs, diesen Namen und, abgesehen von dem Augustinus, ihn allein aus der angelsächsischen Kirche auf: er unterschied nehmlich (worauf wir noch zurückkommen) hohe Feste und Feste zweiter und dritter Klasse; unter denen der zweiten Klasse aber, welche übrigens aus Festen Christi, der Maria und einiger Apostel besteht, erscheinen nur drei Heiligentage, nehmlich die beiden angelsächsischen:

Festivitas S. Alfegi martyris,
Festivitas S. Augustini Anglorum archiepiscopi

und die festivitas S. Gregorii, d. i. der römische Bischof Gregor d. Gr., den er deshalb dazu rechnet, „weil er unser, d. h. des englischen Volks, Apostel ist."²)

Umständlicher war es, den vorletzten König des angelsächsischen Reichs,

Edward, den Bekenner, † 5. Januar 1066,

unter die Heiligen zu erheben: und es zeigt sich bei dem Verfahren der Anfang eines neuen Rechtszustandes, da das Recht, Heilige zu creiren, nachdem nicht längst zuvor, im Jahr 993, zum erstenmal durch einen Papst (Johann XV.) die Heiligsprechung ausgeübt war, seit dem Jahr 1153 für ein päpstliches Vorrecht galt.³) Nehmlich das Kloster Westminster hatte seinen Prior Osbert nach Rom gesandt, um die Heiligsprechung des Königs Edward zu erwirken; Papst Innocenz II. erklärte sich auch dazu bereit, wenn er hinreichende Zeugnisse der Bischöfe und Aebte in Händen hätte. Bis dahin aber setzte er es aus: denn, sagt er in seiner Antwort vom Jahr 1138, da ein solches Fest geschehen, müsse zu Ehren und Nutzen des ganzen Reichs, müsse es auch vom ganzen Reich beantragt werden.⁴) So geschah es denn, dafs erst im Jahr 1161 auf

---

¹) Eadmer Vita Anselmi p. 10 sq. (hinter Opp. Anselmi ed. Gerberon). Vergl. Hasse Anselm von Canterbury Th. I. S. 77 f.
²) Diese Verordnung des Lanfranc bei Wilkins Conc. magnae Brit. Vol. I. p. 342. Sie wird daselbst zum J. 1072 angesetzt, was zwar nur beiläufig gemeint ist, jedoch nicht zutrifft, da sie nach dem Obigen wohl erst nach dieser Unterredung, also nach 1078 erlassen ist.
³) Gieseler Kirchengesch. II, 1. S. 308. A. 3.
⁴) Innocent. II. Epist. bei Wilkins l. c. p. 419.

Ansuchen König Heinrich's II. und der Bischöfe des Reichs, mit Rücksicht auf die Nachweisung der Wunder, die vor und nach seinem Tode durch ihn sollten gewirkt sein, Papst Alexander III. die Aufnahme des Königs in die Zahl der heiligen Bekenner verfügte.[1])

III. Die Urkunden des angelsächsischen Fest-Kalenders.
a. Für den öffentlichen Gottesdienst.

Die Stufen und das Ergebnifs dieser Entwickelung der angelsächsischen Fest-Ordnung bis zu Ende des 10. Jahrhunderts liegen nun zunächst in drei angelsächsischen Quellen vor, die zwar nicht unmittelbar einen Fest-Kalender aufstellen, aus denen er aber abgeleitet werden kann.

Die eine ist ein poetisches Menologium, welches aus einer Handschrift der cottonischen Bibliothek (Tiberius. B. 1.), jetzt im britischen Museum, zuerst von Hickes angelsächsisch mit lateinischer Uebersetzung mitgetheilt[2]) und jüngst zweimal herausgegeben ist: in der Sammlung von Grein (1858)[3]) und einzeln von Bouterwek nach einer neuen Vergleichung der Handschrift durch Thorpe (dem ich gleichfalls die handschriftliche Mittheilung seiner Collation verdanke) mit lateinischer Uebersetzung und Erklärung (1857).[4]) Dasselbe bezeichnet die Feste das Jahr hindurch nach der Folge der Monate, in die sie treffen, doch ohne das Datum direct anzuzeigen; sondern es giebt vom ersten jedes Monats bis zum nächsten Feste und dann von da weiter die Intervalle an: und zwar werden diese nach Nächten gezählt. Zur poetischen Umschreibung gehört es, dafs häufig diese Intervalle nicht durch eine einfache Zahl, sondern durch eine Summe und Differenz ausgedrückt werden; z. B.

---

[1]) Alexandri III. Bulla bei Baron. Annal. a. 1161. §. 1 ed. Mansi T. XIX. p. 173. Cocquelines Bullarum ampl. collect. T. II. p. 375. Mansi Conc. ampl. collect. T. XXI. p. 871. Wilkins l. c. p. 434.

[2]) Hickes Linguar. septentr. thesaur. P. I. p. 203—208. Neu herausgegeben von Sam. Fox Menologium or the poetical Calendar of the Anglo-Saxons. London, 1830. 8°.; diese Ausgabe (angeführt in den Monum. hist. Britann. Vol. I. P. I. p. 98) ist mir nicht zu Gesicht gekommen.

[3]) Grein Bibliothek der angelsächsischen Poesie Bd. II. S. 1—6. Vergl. S. 407.

[4]) Calendewide i. e. Menologium ecclesiae anglo-saxonicae poeticum. Textum Hickesianum e collatione codicis ms. a B. Thorpe facta emendavit interpretatus est adnotavit Bouterwek. Gütersloh 1857. 8°.

```
v. 15 ff.    6. Jan.  + 28 —   2 =  1. Febr.
v. 54.      25. März + 4 +    3 =  1. Apr.
v. 87 ff.    3. Mai  + 7 —    1 =  9. Mai (Sommers-Anfang).
v. 95.      9. Mai   + 8 +    9 = 26. Mai (Augustinus).
v. 116 ff.   1. Jun. + 13 +  10 = 24. Jun. (Johann. Geb.)
v. 221 ff.   1. Dec. + 8 +   12 = 21. Dec. (Thomas).
```
Richtig ist noch beim Uebergang vom Februar zum März
```
v. 30 ff.   21. Febr.+ 3 +   2 =  1. März
```
die Abänderung für das Schaltjahr bemerkt. Zweimal jedoch ist die Zahl fehlerhaft, indem die Summe um 1, dann um 2 zu wenig beträgt:
```
v. 107.     26. Mai   + 2 +   3 =  1. Jun.
v. 188.     1. Oct.   + 20 +  5 = 28. Oct. (Simon, Juda).
```
An der ersten Stelle ist statt +3 zu setzen +4. An der zweiten statt +5 zu lesen +7, wie auch Bouterwek (p. 53) corrigirt hat. — Die Darstellung ist aber keineswegs so trocken, wie aus diesen Zahlen zu schliefsen wäre; vielmehr nicht ohne poetischen Schmuck, zumal in der Schilderung der Monate und Jahreszeiten (s. unten S. 82 f.). Auch in den Fest-Angaben erhebt sie sich durch eine gewisse Fülle und Mannichfaltigkeit; mehrfach wird der Tod umschrieben: „der edle Gregorius eilte in Gottes Obhut" (v. 38), ebenso „der edle Andreas gab empor zum Himmel seinen Geist in Gottes Obhut" (v. 216), „Philippus und Jacobus haben ihr Leben gelassen aus Liebe zu Gott" (v. 81), „Matthäus sandte seinen Geist zum Schöpfer zur ewigen Freude" (v. 171), „Laurentius hat nun das Leben mit dem Vater der Herrlichkeit zum Lohn seiner Werke" (v. 146). Gott heifst der Vater der Engel (v. 226), der Gott der Heerschaaren (v. 149), und Christus der Sohn des Schöpfers (v. 129), der ewige, allmächtige Herrscher (v. 2. 3. 12), der Herr der Engel (v. 85), der Hüter des Himmelreichs (v. 4). Zweimal wird eine Stelle aus der heiligen Schrift citirt; nehmlich von der Feier der Auferstehung heifst es (v. 58 ff.): dann ziemt sich allgemeiner Jubel, wie der Prophet gesungen: dies ist der Tag, den der Herr allen Menschen zur Freude gemacht hat (Ps. 118, 24); und von Johannes dem Täufer (v. 160 ff.): von ihm hat der Herr gesagt, dafs kein gröfserer Mensch auf Erden unter Weib und Mann geboren sei. Verwandt ist das Lob, das dem Augustinus, Apostel der Angelsachsen, ertheilt wird (v. 101 ff.): „ich habe nicht gehört von Menschen Gedenken, dafs je zuvor ein berühmterer Bischof eine bessere Lehre über das salzige Meer gebracht hat." — Mehrmals wird im Einzelnen der Bereich dieser Zeit- und Fest-Ordnung ausdrücklich angezeigt, in Britannien (v. 14. 155),

bei den Angeln und Sachsen (v. 185). Und der Schlufs giebt dem Ganzen eine amtliche Gewähr: „Nun könnt ihr finden die Feste der Heiligen, die zu beobachten sind; so enthält sie das Gebot des Königs der Sachsen im britischen Reich für eben diese Zeiten." Da die Namen des Edward und Dunstan darin nicht aufgeführt werden, so glaubte der erste Herausgeber daraus schliefsen zu können,[1] dafs es vor dem Tode des erstern, als des frühern von ihnen, also vor 978, abgefafst sei. Aber in jenem Menologium wird auch der Name des Bonifacius nicht angemerkt, dem zu Ehren eine jährliche Feier doch schon um das Jahr 755 angeordnet ist. Und doch mufs dasselbe später sein, da es nicht allein über die Fest-Ordnung, wie sie zur Zeit des Beda bestand (von der sogleich die Rede sein wird), hinausgeht, sondern auch die Einheit der angelsächsischen Monarchie voraussetzt, welche erst nach 825 unter Egbert erreicht wurde. Also ist der Schlufs aus dem Fehlen der Namen nicht sicher.[2] Und es geht nur hervor, dafs es zwischen diesem Anfang und dem Ende der angelsächsischen Monarchie, also zwischen 825 und 1066, abgefafst ist.

Die beiden andern Quellen sind Homilien aus der angelsächsischen Kirche: die einen, älter als das Menologium, von Beda in lateinischer, die andern von Aelfrik in angelsächsischer Sprache.

Was die erstern betrifft, so hat Beda, Presbyter im Kloster Weremouth und Jarrow (denn beide galten für eins) in Northumberland, der berühmteste Lehrer der angelsächsischen Kirche († 735) einen Jahrgang Predigten abgefafst über die evangelischen Pericopen des Kirchenjahres (super Lectionarium anniversarium, wie Bonifacius, dessen jüngerer Zeitgenosse, das Werk zu bezeichnen scheint[3]) und zwar in zwei Büchern, wie er selbst sagt.[4] In den ältern Ausgaben der Werke Beda's waren diese zwar nicht zu finden; sondern statt dessen eine Menge Predigten unter seinem Namen über das

---

[1] L. c. p. 221 not.

[2] Auch in den gleich zu erwähnenden Homilien Aelfrik's sind beide, Edward und Dunstan, nicht berücksichtigt; übrigens findet sich die gesetzliche Bestimmung über deren Gedächtnifsfeier, wie wir eben gesehen haben, erst unter Aethelred und Cnut.

[3] Bonifac. Epist. XXXVIII. ad Egbertum p. 85 ed. Würdtwein; sofern nehmlich unter Epistel-Predigten darunter verstanden sind.

[4] *Homeliarum Evangelii, Libros II.* in dem Verzeichnifs seiner Schriften am Schlufs seiner Kirchengeschichte Lib. V. c. 24. Opp. ed. Giles. Vol. III. p. 314. Vergl. Mabillon Vit. Bedae in Act. SS. Ord. Bened. Sec. III. P. 1. p. 556.

Fest- und Heiligenjahr, gemischt aus ächten und unächten. Indessen
hatte schon Mabillon die beiden Bücher der Homilien Beda's zu den
Evangelien in zwei colbertinischen Handschriften (n. 144. und 38.,
jetzt Cod. Paris. 2369. und 2370. oder 2371.) aufgefunden und aus
der letztern das Verzeichnifs der Homilien, ihrer 25 und 24, zusammen 49 (von denen die erstere Handschrift jedoch nur 39 enthält) bekannt gemacht.[1]) Neuerdings hat Giles dieselben Homilien,
um eine vermehrt, also 50 in einer Handschrift zu Boulogne sur mèr
aufgefunden, und daraus sie vollständig in der neuen Ausgabe der
Werke Beda's (Vol. V. London, 1843. 8°.[2]), so wie in einem Nach-
trage aus noch andern Handschriften, namentlich einer in der Bibliothek des Arsenals zu Paris, abweichende Lesearten mitgetheilt.[3])
Diese Homilien sind zwischen 702 und 731 abgefafst: denn als er
sie schrieb, hatte er schon die Würde als Presbyter,[4]) zu der er im
Jahr 702 gelangt ist; und jenes Verzeichnifs seiner Schriften, in denen
er sie mit aufführt, ist vom Jahr 731. Zwar sind sie im Kloster,
vor Mönchen gehalten;[5]) doch entsprechen sie der allgemeinen Fest-
Ordnung, ausgenommen, dafs Benedictus, Stifter und Abt des Klosters
Weremouth (s. unten S. 95), einen eigenen Festtag hat. Aus ihnen
läfst sich nun zum erstenmal die Gestalt des Kirchenjahrs, wie es
zu Beda's Zeit in der angelsächsischen Kirche bestand, ableiten,[6]) —

---

[1]) Mabillon l. c. p. 556—559 und bei Smith zu Bedae Hist. ec-
cles. gent. Angl. p. 810 sq. Genau genommen sind es nur 48, da Eine
Homilie zweimal (1, 17. und 2, 21) von ihm aufgeführt ist, s. unten
S. 91 f. Anm. 3.

[2]) Leider hat er sie in eine willkürliche Ordnung gebracht; auch
neun Homilien aus den frühern Ausgaben, die neben jenen unberech-
tigt erscheinen, in dieselben eingeschaltet: dies ist mit Recht gerügt
von E. Ranke Das kirchliche Pericopensystem S. 129 f.

[3]) Bedae Opp. ed. Giles. Vol. VI. p. 433 sq.

[4]) Als solcher giebt er sich zu erkennen Hom. XXIII. p. 169. Er
hat aber überhaupt erst seit dieser Zeit Schriften abgefafst.

[5]) Dies geht hervor aus der Homilie auf den Abt Benedictus, Hom.
XXV. p. 182: in patre nostro b. Benedicto; p. 184: nos namque sumus
filii ejus, quos in hanc monachicae devotionis domum pius provisor
induxit. Und aus der Erwähnung der canonischen Stunden, Hom. VIII.
p. 69: unanimiter in ecclesia horis persistamus canonicis.

[6]) Dafs dahin die Unterscheidung der ächten und unächten Homilien führen könne, wird schon von Mabillon bemerkt l. c. p. 556:
sic enim explorabimus celebriores dies, qui tum anniversaria sollemni-
tate colebantur.

wenn auch nicht ohne Schwierigkeit, da die Homilien selbst ohne
Ueberschrift des Festes oder Datums sind, dem sie angehören, auch
bei der Auslegung des evangelischen Textes nur theilweise bei den
eigentlichen Festen, nicht aber bei den Sonntagen auf die Stelle im
Kirchenjahr Rücksicht nehmen, überdies ihre Folge in verschiedenen
Handschriften verschieden ist. Indessen führt doch theils der Inhalt
der Homilien,[1]) theils deren mit Angabe des bezüglichen Festes
oder Sonntags versehenes Register in mehreren Handschriften, obwohl auch darin Abweichungen vorkommen,[2]) endlich die Vergleichung mit der sonst bekannten Fest- und Pericopen-Ordnung
dieser Zeit zum Ziel: so dafs sich wenigstens das feste Kirchenjahr
nach Beda (auf das es uns hier vornehmlich ankommt) sicher aus-
mitteln läfst. Dazu konnte natürlich jene gemischte Sammlung von
Homilien in den frühern Ausgaben seiner Werke, die ein Produkt
späterer Zusammenstellung sind, keine Handhabe darbieten; im Gegen-
theil, sie hat noch jetzt irre geleitet, da auch die ächten Homilien

---

[1]) Es finden sich erstens einige directe Festsetzungen einer Fest-
epoche: namentlich für die *Reinigung Mariä* 40 Tage nach Weihnachten,
Hom. XXIV. p. 172: solemnitatem hodiernae celebritatis, quam qua-
dragesimo dominicae nativitatis die debitis veneramur officiis, und
33 Tage nach dem Fest der Beschneidung Christi (am 1. Januar),
Hom. XXII. p. 158; für den *Palmsonntag* 5 Tage vor Charfreitag,
Hom. XXI. p. 149: ante quinque dies paschae, id est hodierno die;
für das *Pfingstfest* 50 Tage nach der Auferstehung und 10 Tage nach
Himmelfahrt, Hom. IX. p. 76. 72. Sodann ist häufig von der „heutigen"
Feier die Rede: z. B. am *Weihnachtsfest*, Hom. XLIV. p. 311 und ähn-
lich Hom. XLVI. p. 359: qui humanam redemptoris nostri nativitatem
hodie annua devotione recolimus; am Fest des *Apostels Johannes*,
Hom. XXXV. p. 259: Johannes ille, cujus hodie natalitia festa celebra-
mus, qui hoc scripsit evangelium; am Fest der *unschuldigen Kinder*,
Hom. XXXVI. p. 270: quia primitias martyrum hodierna festivitate veneramur u. s. w. In andern Fällen wird die nahe bevorstehende oder
eben vergangene Feier angezeigt, wie in Bezug auf Weihnacht, bei
Mariä Heimsuchung (s. unten S. 91); desgleichen bei der *Taufe und Predigt des Johannes*, Hom. XLVIII. p. 374: sed maxime nunc cum nativitatem ipsius Domini nostri Salvatoris proxime celebrare debemus. Und
in Bezug auf Ostern, am *vierten Fastensonntage*, Hom. XX. p. 142: pro-
pinquante Pascha die festo nostrae redemptionis.

[2]) Aufser dem vollständigen Verzeichnifs bei Mabillon (s. oben
S. 58), sind von Giles in den Nachträgen Vol. VI. p. 111. einige Ueberschriften angegeben, zum Beweis, dafs auch hierin die Handschriften
nicht übereinstimmen.

Beda's darin theilweise aus der Stelle in seinem Kirchenjahr entrückt und bei andern Festzeiten untergebracht sind, die zu seiner Zeit noch nicht existirten. Gleichwohl hat sich in der neuesten Ausgabe von Giles eine Anzahl solcher falschen Zeitbestimmungen in die voranstehende Uebersicht über die Folge der Homilien [1]) eingeschlichen. Solche falsche Bestimmungen sind:[2])

- No. XLVII. am Fest der Verkündigung Mariä (25. März) } statt
- XL. am Fest der Maria (da sie die Elisabeth besuchte (2. Jul.) } im Advent
- XXVIII. am Fest der Verklärung Christi (5. Aug.) } am 2. Sonnt. in der Fasten
- XVI. am Fest der Kreuzerfindung (3. Mai) } an der Octave von Pfingsten,

welches weiterhin (S. 91 ff.) näher nachzuweisen sein wird.

Die dritte Quelle sind die Homilien des Aelfrik, der zu Ende des zehnten und zu Anfang des elften Jahrhunderts zahlreiche Schriften, meist als Bearbeitung aus dem Lateinischen, abgefafst hat und als Abt (nicht als Erzbischof von Canterbury oder von York, wie man sonst angenommen hat) vermuthlich im Kloster Egnesham, jetzt Ensham unweit Oxford, gestorben ist: er hat als christlicher Volkslehrer einen grofsen Einflufs geübt, und nimmt in der angelsächsischen Literatur und Theologie eine ausgezeichnete Stelle ein, deren gerechte Würdigung erst jetzt durch die treffliche Darstellung von Dietrich[3]) vorliegt. Diese Homilien sind von zwiefacher Art: die einen, die sogenannten katholischen Homilien, umfassen das Kirchenjahr, wie es *im ganzen englischen Volk* beobachtet wurde, sowohl die Feste des Herrn, als die Feste der Heiligen: und zwar in zwei Jahrgängen, von 40 und 45 Homilien, die

---

[1]) Vol. V. p. XV sq.
[2]) Eben so sind falsch bezeichnet, nach dem Vorgang der ältern Ausgaben, bei Giles:
XXIII. an der Octave von Epiphania statt an Epiphania;
XXXVII. an Epiphania - am 3. Sonnt. nach Epiphania;
und, während früher richtig gelesen wurde, ungenau bei dem letztern allein (wohl nur durch einen Schreibfehler):
XXI. in der Quadragesima statt am Palmsonntag.
[3]) Dietrich Abt Aelfrik. Zur Literatur-Geschichte der angelsächsischen Kirche, in Niedner's Zeitschrift für die histor. Theol. 1855, S. 487—594 und 1856, S. 163—256. Von der Lebensstellung und dem Lebensgange Aelfrik's s. daselbst Jahrg. 1856 S. 193—248.

jeder über das Ganze sich erstrecken;[1]) doch so, dafs der erstere mehr den Lehren von Gott, von der Person und dem Werk Christi und vom Zustand und der Erlösung der Menschheit, der andere mehr der Lehre von der Kirche, insbesondere von den kirchlichen Gnadenmitteln gewidmet ist.[2]) Jedoch nicht auf alle Evangelien das Kirchenjahr hindurch erstrecken sich die Homilien, wie er selbst bevorwortet;[3]) sondern nur auf die, von denen er hoffte, sie könnten den Einfältigen dienen zur Besserung der Seelen, weil die Weltlichen nicht alles fassen können, wenn sie es auch aus dem Munde der Gelehrten hören. Die andere Klasse von Homilien, der Heiligen Duldungen von ihm (jetzt gewöhnlich Homiliae de sanctis) genannt, umfafst die aufserdem in den Klöstern verehrten Heiligen. Aelfrik selbst spricht sich über den Unterschied beider Werke aus in der lateinischen Vorrede zu den letztgenannten Homilien:[4]) er habe in den beiden ersten Büchern das Leiden und Leben der Heiligen mitgetheilt, welche dieses *Volk* mit einer Festfeier verehrt; nun wolle er auch das Leiden und Leben jener Heiligen folgen lassen, welche nicht das Volk, sondern die *Klosterleute* mit Officien verehren.[5]) Jene beiden Jahrgänge sind, wie sich schliefsen läfst,[6]) um das Jahr 990 und 994, zwischen denen räuberische Einfälle der Dänen (993 und 994) liegen, worüber er beim zweiten Klage führt, — die andern wahrscheinlich im Jahr 996 abgefafst, beide zu einer Zeit, als er noch nicht Abt, sondern Mönch und Priester war. In beiderlei Homilien enthält die Ueberschrift einer jeden aufser dem Gegenstand der Fest-Betrachtung auch das Datum. Die

---

[1]) Er sagt hierüber in der Vorrede zum ersten Jahrgang p. 2: duos libros in ista translatione facimus, persuadentes ut legatur unus per annum in ecclesia dei, et alter anno sequenti, ut non fiat tedium auscultantibus; tamen damus licentiam, si alicui melius placet, ad unum librum ambos ordinare.

[2]) S. Dietrich a. a. O. 1855. S. 508 f.

[3]) Praefat. Vol. I. p. 1. ed. Thorpe.

[4]) Diese Vorrede ist gedruckt bei Wanley an dem S. 62 Anm. 2. anzuführenden Ort p. 186 col. 2., wo es heifst: Nam me minime (sic) in duobus anterioribus libris posuisse passiones vel vitas sanctorum ipsorum quos gens ista caelebre colit cum veneratione festi diei etc. (es ist aber statt minime zu lesen memini.)

[5]) So auch in der angelsächsischen Vorrede zum 2. Jahrgang der Homilien, Vol. II. p. 2. ed. Thorpe. Vergl. Dietrich a. a. O. 1855. S. 490 Anm. 8.

[6]) Dietrich a. a. O. 1856. S. 228—230. 230—231.

ersten sind neuerdings vollständig herausgegeben angelsächsisch mit englischer Uebersetzung von Thorpe;[1]) die andern sind handschriftlich vorhanden im britischen Museum (Cod. Cotton. Julius. E. 7.) und bis auf Einzelne noch nicht veröffentlicht, aber auch deren Ueberschriften sind vollständig mitgetheilt von Wanley;[2]) so dafs sich daraus der Fest-Kalender entnehmen läfst.

Hiemit würden zu vergleichen sein die Andeutungen über die gottesdienstlichen Zeiten, welche eine Sammlung liturgischer Stücke darbietet, die, in lateinischer Sprache mit angelsächsischen Glossen vom Jahr 970 abgefafst, unter dem Namen Durham Ritual bekannt und neuerdings von Stevenson herausgegeben sind;[3]) ein Inhaltsverzeichnifs dieser Handschrift und somit auch die Folge der Feiertage findet sich schon bei Wanley.[4]) Dasselbe enthält aber gar keine angelsächsischen Heiligen, sondern stellt den römischen Heiligen-Kalender des achten, neunten Jahrhunderts in grofser Ausdehnung dar; und kann höchstens in Klöstern so zur Anwendung gekommen sein. Ja es scheint die ganze Sammlung nicht sowohl dem öffentlichen Gottesdienst als zum Privatgebrauch gedient zu haben.

Endlich möge hier erwähnt werden ein Martyrologium in angelsächsischer Sprache, — welches zum gröfsten Theil, nehmlich vom 1. bis 25. Januar und vom 1. März bis 21. December, erhalten ist in zwei Handschriften, die sich theilweise einander ergänzen und übrigens genau mit einander übereinstimmen: die eine in der Bibliothek zu Cambridge (Colleg. Corp. Chr. D. 5.) reicht vom 19. März bis zum 21. December; die andere, eine cottonische Handschrift im britischen Museum (Julius. A. 10.) ist zu Anfang — es fehlt der Theil vom 26. Januar bis Ende Februar — und zu Ende defect. Aus beiden Handschriften hat Wanley Mittheilungen

---

[1]) The homilies of the anglo-saxon church. The first part, containing the sermones catholici or homilies of Aelfric. Vol. I. II. London, 1844. 1846. 8°.
[2]) Wanley Libr. vett. septentr. Catal. p. 166—190.
[3]) Rituale ecclesiae Dunelmensis. London, 1840. Dieses Buch ist mir nicht zugänglich gewesen. Eine Analyse desselben giebt Lingard: The history and antiquities of the anglo-saxon church. (3. umgearbeitete Ausg.) Vol. II. London, 1845. p. 350—366. (In der deutschen Uebersetzung des Lingardschen Werks, herausgegeben von Ritter, Breslau, 1847, die nach der zweiten Ausgabe (von 1810!) veranstaltet ist, fehlt diese ganze Note.)
[4]) Wanley Catal. p. 295—298.

gemacht,[1]) woraus das ganze Heiligen-Verzeichnifs für die genannten Zeiten ersichtlich ist. Es zeichnet sich durch eine grofse Anzahl einheimischer Namen aus.[2])

b. Für den Gottesdienst in den Klöstern.

Es ist eine ganze Anzahl eigentlicher Kalendarien der angelsächsischen Kirche überliefert, welche den römischen Kalender in gröfserer Ausdehnung wiedergeben mit einigen einheimischen Zusätzen: sie gehören, gleich den letzterwähnten Homilien Aelfrik's, offenbar dem Cultus in den Klöstern an, ohne als Urkunden des öffentlichen Gottesdienstes gelten zu können. Deshalb werden sie in der folgenden Darstellung nur in zweiter Linie Berücksichtigung finden; hier gebe ich zunächst ein Verzeichnifs derselben, worin die bisher veröffentlichten voranstehn.

Im Druck erschienene Kalendarien.

1. Das sind erstens zwei Kalendarien, die dem Beda mit Wahrscheinlichkeit beigelegt werden: das eine in Versen, daher *Martyrologium poeticum* genannt, ist zuerst von d'Achery herausgegeben und erst in die neueste Gesammt-Ausgabe der Werke Beda's aufgenommen:[3]) es entspricht vollkommen dessen Zeit, bis auf einen Namen, den des zweiten Wilfrid, Bischofs von York (29. April), welcher der jüngste der darin erscheinenden Heiligen ist: diesen aber nennt Beda am Schlufs seiner Kirchengeschichte (V, 23.) im Jahre 731 noch unter den Lebenden. Freilich, wenn derselbe im folgenden Jahr, wie behauptet worden,[4]) gestorben ist, so hätte Beda († 735) ihn noch in das Martyrologium aufnehmen können. Er hat aber nach einer Nachricht, noch aus dem 8. Jahr-

---

[1]) Wanley Catal. p. 106—109. 185.
[2]) Im Auszuge aus dem Martyrologium ist dieser Kalender der angelsächsischen Heiligen von Lingard gegeben, Alterthümer der angelsächsischen Kirche, herausgegeben von Ritter S. 307 f. (aber nicht in der englischen Ausgabe von 1845).
[3]) d'Achery Spicileg. ed. nov. T. II. p. 23 sq. Bedae Opp. ed. Giles, Vol. I. p. 50—53. 249 sq. vergl. p. CLXIX sq. — Dieses poetische Kalendarium ist wohl zu unterscheiden von einem umfänglichern poetischen Kalendarium am Schlufs der Ephemeris in den ältern Ausgaben der Werke Beda's, welches einer viel spätern Zeit angehört — es reicht bis in's 13. Jahrhundert — und aus Deutschland stammt.
[4]) d'Achery l. c. p. 23. Pagi Crit. ad Baron. Annal. a. 731. n. IX. X.

bundert,¹) vor Beda's Tode nur von seinem Amt sich zurückgezogen, welches er dem Egbert, Bruder des Königs Eadbert, übergab (der im Jahre 735 von Papst Gregor III. das erzbischöfliche Pallium empfing); — während nach anderen Angaben er den Beda überlebte und erst um 744 gestorben ist.²) Doch kann das Martyrologium übrigens dem Beda angehören, nur dafs dieser Name später eingefügt worden;³) jedenfalls ist schon vor dem Jahre 811 in dem Kloster des Remigius zu Reims eine Abschrift davon angefertigt, eben die, woraus d'Achery es herausgegeben hat. Auch eine Hindeutung auf den Wohnort Beda's, nehmlich das Kloster Jarrow, hat man darin finden wollen, in der Meinung, dass die in dem Kalender zum 27. April angesetzte Kirchweih diesem Kloster eigen sei;⁴) das stimmt aber nicht, denn die Kirchweih zu Jarrow traf auf den 23. April (VIIII. Kal. Mai.).⁵) Die Namen dieses Kalenders sollen weiterhin mitgetheilt werden. Merkwürdigerweise ist dies poetische Martyrologium grossentheils übergegangen in das Kalendarium, welches nebst einem Necrologium dem Sacramentarium vorangeht in einer Handschrift von Reichenau aus dem 8. oder 9. Jahrhundert, die gegenwärtig in Wien sich befindet (Cod. theol. lat. 149. ehemals 360.); es ist bei Donati und Gerbert abgedruckt. Ich habe bei einer andern Gelegenheit nachgewiesen, wie die beiden Texte dienen, einer dem andern zu berichtigen.⁶)

2. Mit demselben verwandt ist ein Kalendarium in Prosa, dessen angelsächsischer Ursprung durch die Auszeichnung der Namen des Cuthbert, Erzbischofs von Canterbury, und des Paulinus, Erzbischofs von York,⁷) sich zu erkennen giebt, deren Person auch sonst von Beda ausgezeichnet wird (s. S. 43 Anm. 4. u. die Anm. zu V, D.): es ist

---

¹) Poetae anonym. Fragm. hist. de pontif. Eborac. bei Mabillon Acta Sanct. ord. Bened. T. III. P. 2. p. 561.
²) Von der streitigen Chronologie des Wilfrid s. Smith zu Beda H. e. V, 23. p. 219 lin. 55. und zu dessen Epist. ad Ecgbertum p. 312 lin. 37.
³) Wie Henschen in den Act. Sanct. Antv. d. XXIX. Apr. T. III. p. 627 annimmt.
⁴) d'Achery l. c. p. 23. Giles Bedae Opp. Vol. 1. p. CLXX. Lingard a. a. O. p. 387.
⁵) Nach der Inschrift in dem *Monastic. Anglican.* new ed. Vol. 1. p. 503.
⁶) Piper Karl's des Gr. Kalendarium S. 80 Anm. 5.
⁷) Sie sind mit grofsen Buchstaben geschrieben, wie aufserdem nur noch Resurrectio Domini nostri Jesu Christi und Depositio Benedicti: das letztere weiset auf ein Benedictiner Kloster hin, was ebenfalls mit Beda stimmt.

dann für die Kirche von Auxerre benutzt worden, worauf mehrere Zusätze von späterer Hand hinweisen, und endlich in Fleury aufgefunden, wonach es unter dem Namen *Calendarium Floriacense* von Martene und Durand herausgegeben ist.[1])

3. Sodann gehört hierher ein *poetisches Kalendarium*, das, in drei Recensionen vorhanden, den Uebergang von dem römischen zu dem angelsächsischen Ritus anschaulich macht, wie schon vorhin (S. 47) gezeigt ist. Diese Handschriften sind im *britischen Museum*.

a. Cod. Cotton. Galba. A. XVIII. mit einem lateinischen Psalterium, dem das Kalendarium vorangeht. Die dabei (Bl. 16. b.) befindliche Berechnung des Jahres nach Christi Geburt, als welches 703 gefunden wird, hat zu der irrthümlichen Meinung verleitet, dafs daraus die Zeit der Abfassung dieses Kalendariums zu entnehmen sei: demgemäfs dasselbe in's Jahr 703, folglich die ganze Handschrift in's 8. Jahrhundert gesetzt worden ist.[2]) Allein das Beispiel vom Jahre 703 ist aus Beda entlehnt.[3]) In dem Kalendarium aber kommen, wie vorhin erwähnt, König Aelfred († 901) und seine Gemahlin Ealhswithe († 905) vor; also kann die Handschrift nicht älter als das 10. Jahrhundert sein.[4]) Dieser Psalter hat dem Könige *Athelstan* (924—911) gehört, wie die Inschrift eines voranstehenden Miniaturbildes aus dem 15. Jahrhundert bekundet. Ein Facsimile jener Berechnung, so wie einiger Miniaturmalereien dieser Handschrift hat Westwood gegeben.[5])

In der Regel wird in diesem Kalendarium nur der Name des Heiligen zu dem Datum angesetzt. Einigemal aber kommt auch die Ortsangabe hinzu; und so nimmt das Kalendarium die Gestalt eines Martyrologium an, in folgenden Versen:[6])

---

[1]) Martene et Durand Vet. script. ampl. collect. T. VI. p. 650—652.
[2]) Catal. of the manuscr. in the Cotton. library. 1802. p. 242. col. 2. So auch Lingard, Alterthümer der angelsächsischen Kirche, herausgegeben von Ritter. S. 311. Die Meinung ist berichtigt von Hampson und Westwood. — Dieselbe Frage entsteht bei der folgenden Handschrift (Julius A. VI.), zu welcher Wanley Cat. p. 183 die richtige Erklärung giebt.
[3]) Beda Lib. de temporibus c. 14.
[4]) Hampson Medii aevi Kalendar. Vol. I. p. 391 sq.
[5]) Westwood Palaeogr. sacr. pictor. Pl. 22.
[6]) Darin scheint jedoch *Danua* (virgo), von der die Martyrologien nichts wissen, nur ein Mifsverstand zu sein statt Damianus, der als Märtyrer zu Carthago am 12. Februar genannt wird; *Procobus* ist Procopius; *Paulinus* von Trier steht fälschlich zum 31. October statt zum 31. August.

12. Febr. Pridie Danua virgo Cartagine pausat.
22. Apr. Gaigus ac denis Romae requieverat archus.
8. Jul. Caesareae patitur Procobus idibus octo.
31. Oct. Paulinus Triveris pridias ex carne solutus.
22. Dec. Uudecimis (leg. undenis) Romae Felix deponitur archus.

b. Cod. Cotton. Julius. A. VI., enthaltend ein lateinisches Hymnarium mit angelsächsischer Interlinear-Uebersetzung, dem das Kalendarium (Bl. 2—7) nebst einem Computus vorangeht.[1]) Da dasselbe manche römische Namen beibehalten hat, an deren Stelle das eben genannte Kalendarium angelsächsische hat (s. oben S. 48), so ist auf das höhere Alter jener Recension zu schliefsen.

c. Cod. Cotton. Tiber. B. V., enthaltend aufser dem Kalendarium (Bl. 3—8) und einem Computus, historische und astronomische Stücke. Das Kalendarium schliefst sich in seinen Namen am nächsten der erstgenannten Recension an. Dasselbe ist besonders bemerkenswerth wegen der Malereien, mit denen die Monate geschmückt sind, da nehmlich jede der 12 Seiten zu oberst die Beschäftigung des Monats[2]) und unten das ihm entsprechende Thierkreiszeichen enthält. Hieraus sind die monatlichen Beschäftigungen abgebildet bei Strutt und wiederholt von Anton herausgegeben, der sie auch eingehend erklärt hat.[3])

In beiden letztgenannten Handschriften findet sich eine Ostertafel für zwei 19jährige Cykeln, von 969—1006.[4])

Mit den Varianten dieser beiden Handschriften hat Hampson das Kalendarium aus der ersten Handschrift abdrucken lassen.[5]) Der

---

[1]) Wanley Catal. p. 183.
[2]) Von der in mittelalterlichen Miniaturen seit dem 10. Jahrhundert sehr häufig vorkommenden *Darstellung der monatlichen Beschäftigungen* s. Piper Mythologie und Symbolik der christlichen Kunst. Bd. I. Th. 2. S. 23 f. 230. 383 ff. (wo auch auf jene Handschrift im britischen Museum hingewiesen ist).
[3]) Strutt A complet view of the manners, customs etc. of the inhabitants of England. Vol. I. p. 43 sq. Pl. X—XII. (wo auch als Probe, an der ersten besten offenen Stelle der Kupfertafeln, drei Verse des Kalenders mitgetheilt werden). Anton Geschichte der teutschen Landwirthschaft Th. I. Taf. I—IV. s. dazu S. 46—58. Dieser Malereien wird auch gedacht bei Pertz Archiv Bd. VII. S. 1012.
[4]) Ich habe sie beide eingesehn. Schon Wanley Catal. p. 183. 215 hat die Tafeln angezeigt, bei der ersten Handschrift aber nur ihren Anfang.
[5]) Hampson l. c. p. 397—420.

Abdruck ist jedoch nicht genau, wie die Vergleichung derselben mir ergeben hat.[1])

4. *Ein Kalendarium* vor einem Missale aus *Winchester* in der Stadtbibliothek zu *Rouen* (No. 34.); herausgegeben von Martene und Durand.[2]) Dies Buch ist, nach der beigegebenen Festtabelle zu schliefsen, 'im Jahre 1000 geschrieben, aus England im Jahre 1032 in die Abtei Jumièges in der Normandie und später nach Rouen gekommen. Das Kalendarium enthält noch viel mehr Namen als das des Beda, und darunter eine nicht geringe Anzahl angelsächsischer, aus denen Zeit und Ort seiner Herkunft sich genau bestimmen läfst. Denn da es unter den Festtagen vorzüglich den heiligen Swithun, Bischof von Winchester, berücksichtigt durch Angabe seiner Ordination, seines Todes und der Uebertragung seiner Gebeine,[3]) so stammt es aus dieser Kirche; und da es das Fest des heiligen Edward enthält, das des Dunstan noch nicht, so mufs es nach dem Tode des erstern († 978) und vor Anordnung des Festes des letztern unter Cnut (um 1033) abgefafst sein, was mit der Zeitbestimmung des Missale zusammenstimmt.

Ferner *zwei* nahe übereinstimmende *Kalendarien* wiederum in Handschriften des *britischen Museums:*

5. Cod. Cotton. Titus. D. XXVII., enthaltend ein Kalendarium vor einem Computus, geschrieben von dem Mönch *Aelsinus* (nach Bl. 12. b.),[4]) abgedruckt bei Hampson.[5]) An den Kalender schliefst sich ein Necrologium mit den Namen vieler Mönche und Aebte, woraus dessen Abstammung aus einem Kloster hervorgeht. Eine

---

[1]) Gleich p. 397 in der Ueberschrift des Januar v. 2 ist zu lesen Solivagis statt Solivagus; und der 4. Vers ist ausgelassen: Quaternis nonis denis nonisque kalendis.

[2]) Martene et Durand Vet. script. ampl. collect. T. VI. p. 652—658. Die angelsächsischen Namen aus demselben hat Lingard ausgezogen, a. a. O. p. 390 ff.

[3]) Nehmlich 2. Juli Depositio
    15. Juli Translatio   } S. Swithuni episcopi.
    30. Oct. Ordinatio
Dieselben Ereignisse finden sich daselbst nur noch einmal, bei dem Martinus Bischof von Tours angesetzt, in folgenden Angaben:
    4. Juli Ordinatio et translatio S. Martini episcopi,
    11. Nov. S. Martini episcopi.

[4]) Wanley Catal. p. 247.

[5]) Hampson l. c. p. 435—446. Am 3. Januar ist statt Boca, Boia zu lesen.

Ostertafel, welche zweimal 60 Jahre umfafst, von 978—1097, läfst auf die Zeit der Abfassung um 978 schliefsen. Allein der Kalender enthält am 19. April den Namen Sci Aelphegi ep'i et mar., der erst im Jahre 1012 den Tod gelitten hat. Wenn also diese Angabe von erster Hand herrührt, so könnte der Kalender nicht vor 1012 geschrieben sein.

6. Cod. Cotton. Vitell. E. XVIII., enthaltend ein Kalendarium, welches in dem grofsen Brande der cottonischen Bibliothek durch Feuer gelitten hat; abgedruckt bei Hampson.[1]) Wanley setzt es um das Jahr 1031; es hat Zusätze aus dem 12. oder 13. Jahrhundert, wie Hampson (p. 421) bemerkt, bei dem sie durch den Druck unterschieden sind. Derselbe giebt ein Facsimile von der ersten Seite des Kalenders.[2])

Dazu kommen

acht noch ungedruckte Kalendarien.

7. Ein *Kalendarium* vor einem Psalterium zu *Oxford* in der bodlejanischen Bibliothek, Junius 27., welches Wanley in die Zeit des Königs Athelstan († 941) setzt.[3]) Es wird darin der Todestag des Gildas, des Königs Aelfred u. A. angemerkt. Ein Facsimile der Handschrift findet sich bei Westwood.[4])

8. Ein *Kalendarium* vor dem Sacramentarium zu *Oxford*, Cod. Bodlej. 579. (Bl. 39. a. bis 44. b.), welches *Leofric*, Bischof von Exeter, seiner Kirche geschenkt; daher die Handschrift den Namen führt Leofric's Missel. Sie enthält auch Ostertafeln vom Jahre 969 bis 1006; weshalb ihre Abfassung um das Jahr 969 zu setzen ist.[5]) Mit Unrecht behauptet Hampson,[6]) weil der h. Swithun, Bischof von Winchester (vergl. den angelsächsischen Kalender zu Rouen, oben No. 4. S. 67), der im Jahre 862 oder 863 gestorben ist, fehle, so müsse die Handschrift vor dieser Zeit gesetzt werden. Es ist darin unter andern zum 18. März der erste Tag der Welt und zum 27. März die Auferstehung des Herrn augesetzt.

9. Ein *Kalendarium* vor einem lateinischen Psalter nebst lateinischen und angelsächsischen Gebeten im *britischen Museum*, Cod.

---

[1]) Hampson l. c. p. 422—433.
[2]) Ibid. Vol. II. Frontispice.
[3]) Wanley Catal. p. 76.
[4]) Westwood Palaeogr. sacr. pict. Pl. 41. fig. 3. und dazu der Text, Anglosaxon Psalters No. 1. p. 2.
[5]) Piper Karl's des Grossen Kalendarium S. 106.
[6]) L. c. p. 392.

Arundel. 155. in Fol. (Bl. 2. a. bis 7. b.),[1] nach Wanley aus der Zeit Cnut's (1016—1035.).[2] Nicht alle Tage sind besetzt. Es fängt an:
1. Jan. Circumcisio Domini.
3. - Sce Genofeve virginis.
6. - Epiphania;

und führt eine Anzahl angelsächsischer Heiligen auf; namentlich
18. März. Sci Eadwardi mar. Sol in ariet. Primus dies scīl.
20. März. Sci Cuthberhti epī.

10. Ein *Kalendarium* bei einem Missale zu *Cambridge*, im College Corp. Christ. S. 16 in 8°.; welches nach der Ostertafel zu schliefsen, dem Jahre 1061 angehört.[3]

11. Ein *Kalendarium* vor einem Psalterium aus *Wigorn* zu *Cambridge* im College Corp. Christ. K. 10. jetzt CCCXCI. in 8°., welches nach den Tafeln zu schliefsen um 1064 geschrieben ist.[4]

12. Ein *Kalendarium* ebenfalls aus *Wigorn* um das Jahr 1064, vor einer Sammlung angelsächsischer Homilien zu *Oxford*. Cod. Bodlej. A. 99.[5] Dem Kalendarium voran geht ein Computus, als dessen Schreiber in jenem *Edricus monachus et sacerdos* an seinem Todestage, den 23. November genannt wird. Es folgt eine Ostertafel vom Jahre 1064 — 1119, die also mit einem neuen 532jährigen Cyclus beginnt; aber mit kleinerer Schrift sind zwei Jahre vorgesetzt, deren erstes (1062) am linken Rande die Notiz enthält: Or. W. e. d. h. ordinatio Wulfstani episcopi, nehmlich des Wulfstan, der in diesem Jahre zum Bischof von Wigorn geweiht wurde.

13. Ein *Kalendarium* vor einem Psalterium zu *Oxford*, vor 1066, Cod. Bodlej. Douce 296. (Bl. 1—6.) Handschriftliche Bemerkungen dazu liegen voran in dem Codex. Am 18. März findet sich derselbe Ansatz wie in der eben (No. 9.) erwähnten Arundelischen Handschrift. Zum 21. April ist der Tod des Anselmus Erzbischofs von Canterbury später eingetragen.

14. Ein *Kalendarium* nebst Tafeln zum Computus vor einem lateinischen Psalter mit angelsächsischer Interlinear-Uebersetzung

---

[1] (Forshall) Catal. of manuscr. in the british Mus. New Ser. Vol. I. P. 1. p. 42.
[2] Wanley Catal. p. 292.
[3] *Ibid.* p. 149.
[4] *Ibid.* p. 110.
[5] *Ibid.* p. 26.

(um 1099) im *britischen Museum* Cod. Arundel. 60. (Bl. 2. a. bis 7. b.)[1])

Schliefslich ist hier noch ein Kalender zu erwähnen, der als *Kalendarium anglo-saxonicum* öfters von Lappenberg in der Geschichte der Angelsachsen angeführt wird,[2]) jedoch keineswegs eine Quelle, sondern nur eine neuere Compilation ist. Das ist der *Calendar to facilitate the calculation of the dates occurring in our ancient records and historians*, welchen Cooper mitgetheilt hat (1832).[3]) Derselbe ist angefertigt aus gedruckten und handschriftlichen Quellen: jene sind die Kalendarien vor gedruckten Missalien von Salisbury und York; diese die handschriftlichen Missalien von Durham und S. Paul im britischen Museum.[4]) Und die Heiligentage, deren Beobachtung sich auf einzelne Kirchen beschränkte, oder die allein erwähnt aber nicht gefeiert wurden, sind aufgenommen aus dem English Martyrologie 1640.[5]) Da die Liturgie von England sich theilt in die Gebräuche von Salisbury, York, Hereford, Bangor und Lincoln; so fehlen in dieser Zusammenstellung die drei letztern, die, wie der Verfasser bemerkt, noch nicht aufgefunden sind. Ueberhaupt aber, indem er die genannten Quellen für seinen Zweck ausreichend erachtet, gesteht er zu, dafs weitere Forschung nöthig gewesen sein würde, wenn er beabsichtigt hätte, einen Kalender herzustellen in Beziehung auf die kirchlichen Alterthümer. Aber auch bei seiner Ausführung ist es als ein Hauptmangel zu bezeichnen, dafs nicht angegeben ist, aus welchen Quellen jedesmal die Angaben stammen. — Im Einzelnen ist schon vorhin nachgewiesen (S. 48 A. 3), dafs für eine wichtige Epoche, den Todestag des Königs Aelfred, dieser Kalender (den man besonders geltend gemacht hat) keine zuverlässige Bestimmung giebt.

IV. Darstellung des angelsächsischen Fest-Kalenders.

Es folgt hier also, mit Uebergehung sowohl der beweglichen Feste, die von Ostern abhängig sind — in dem poetischen Meno-

---

[1]) (Forshall) a. a. O. p. 13 u. p. III. VII. Vgl. Wanley Cat. p. 291.
[2]) Lappenberg Gesch. von England Bd. I. S. XLVI. 155 und besonders in den Stammtafeln am Schlufs des Bandes. Die Nachweisung desselben giebt er S. 230 Anm. 1.
[3]) Cooper Account of the public records of Great Britain. Vol. II. p. 481—496.
[4]) Cod. Harlej. 5289. 2787.
[5]) Mit Berichtigungen aus Beda's angelsächsischer Kirchen-Geschichte und aus Capgrave's Nova Legenda Angliae.

logium werden als bewegliche Feste Auferstehung und Himmelfahrt genannt, v. 58. 64. — als des sonntäglichen Theils des Kirchenjahrs, der allgemeine angelsächsische Fest-Kalender, abgeleitet erstens aus den Homilien Beda's, sodann aus dem poetischen Menologium, endlich aus den katholischen Homilien Aelfrik's: wobei zu Beda und Aelfrik die Nummern der Homilien nach den Ausgaben von Giles und Thorpe (und zwar die Homilien Aelfrik's mit Unterscheidung der beiden Jahrgänge) angegeben werden. Daran schliefst sich die Uebersicht des Kirchenjahrs aus Aelfrik's Homilien für die Klöster, dem die Heiligentage aus mehreren Kalendarien beigesetzt sind.

1. Allgemeiner angelsächsischer Fest-Kalender.

Aus Beda's latein. Homilien.	Aus dem angelsächs. poet. Menologium.	Aus Aelfrik's angelsächsisch. Homilien.
December.	**December.**	**December.**
24. Vigil. d. Geb. Chr. (50.)		
25. Christi Geb. (44 bis 46.)	25. Christi Geburt. *Mitt-Winter.*	25. Christi Geb. (I, 2. II, 1.)
		26. Stephanus, d. erste Märt. (I, 3. II, 2.)
27. Johann. Apost. u. Evang. (35.)		27. Johannes, Apostel (I, 4.)
28. Unschuld. Kinder (36.)		28. Unschuld. Kinder (I, 5.)
Januar.	**Januar.**	**Januar.**
1. Der 8. Tag des Herrn (22.)	1. Namengeb. Jesu.	1. Der 8.Tag und Beschneidung unsers Herrn (I, 6.)
6. Taufe Christi (23.)	6. Taufe Christi.	6. Die Erschein. des Herrn (I, 7. II, 3.)
12. Benedict.,Abt(25.)		
Februar.	**Februar.**	**Februar.**
2. Mariä Reinigung (24.)	2. Darstellung im Tempel.	2. Mariä Reinigung (I, 9.)
	7. *Ende des Winters. Frühlingsanfang.*	
	24. Matthias. *Alle 4 Jahre Schalttag.*	

	März.	März.
	12. Gregorius.	12. Gregorius, Papst (II, 9.)
		20. Cuthbert, Bisch. (II, 10.)
	21. Benedictus. *Nachtgleiche, weil Gott der Herr im Anfang Sonne und Mond an diesem Tage geschaffen hat.*	21. Benedictns, Abt (II, 11.)
	25. Verkündig. Mariä.	25. Verkündig. Mariä (I, 13.)
April.	April.	
	20. Prozession mit den Reliquien.	
25. Die grössere Litanei.	(25.) Bettag.	
	Mai.	Mai.
	1. Philippus, Jacobus.	1. Philippus, Jacobus (II, 18.)
	3. Kreuzerfind. durch Helena.	3. Kreuzerf. (II, 19.)
		— Alexander, Euentius und Theodulus (II, 20.)
	9. *Sommersanfang.*	
	26. Augustin., Apostel von England, ruht in Canterbury.	
Juni.	Juni.	Juni.
23. Vigil. Johann. d. Täufers (39.)		
24. Johannes des Täufers Geburt (32.)	24. Johannes d. T. geb. *Mitt-Sommer.*	24. Johannes d. Täuf. Geburt (I, 25.)
28. Vigil. Petri und Pauli (26.)		
29. Petrus, Paulus (27.)	29. Petrus, Paulus, haben gelitten in Rom.	29. Petrus, Paulus (I, 26. II, 28.)
		30. Paulus (I, 27.)

Juli.	Juli.	Juli.
25. Jacobus (41.)	25. Jacobus Zebedäi.	25. Jacobus (II, 31.)
		27. Sieben Schläfer (II, 32.)
August.	August.	August.
	1. Tag d. Festbrodts.	
	7. *Herbstanfang.*	
	10. Laurentius.	10. Laurentius (I, 29.)
	15. (Maria) die schönste der Jungfrauen.	15. Mariä Himmelf. (I, 30. II, 34.)
	25. Bartholomäus.	25. Bartholom. (I, 31.)
29. Johannes d. Täuf. Enthauptung (29.)	29. Johannes d. Täuf.	29. Johannes d. Täuf. Enthaupt. (I, 32.)
September.	September.	September.
	8. Mariä Geburt.	(8. Mariä Geburt.)
21. Matthäus (30.)	21. Matthäus.	21. Matthäus (II, 37.)
	24. *Nachtgleiche.*	
	29. Michaelis.	29. Michaelis (I, 34.)
	October.	October.
	28. Simon, Juda.	28. Simon, Juda (II, 38.)
November.	November.	November.
	1. Aller Heiligen.	1. Aller Heiligen (I, 36.)
	7. *Wintersanfang.*	
	11. Martinus.	11. Martinus, Bischof (II, 39.)
	23. Clemens, ins Meer versenkt.	23. Clemens, Märtyrer (I, 37.)
30. Andreas (34.)	30. Andreas.	30. Andreas, Apostel (I, 38.)
	December.	December.
	21. Thomas.	(21. Thomas.)

2. Besonderer angelsächsischer Fest-Kalender für die Klöster.

Diese Uebersicht ist abgeleitet einestheils aus Aelfrik's Homilien für die Klöster ebenfalls mit Angabe der Nummern, welche sie in der von Wanley excerpirten Handschrift tragen. Zur Vergleichung sind die Heiligentage beigesetzt sowohl einer früheren Epoche aus Beda's poetischem Menologium, als der späteren Zeit aus den beiden angelsächsischen Kalendarien, welche vorhin (S. 67 f.) unter No. 5. u. 6. angezeigt sind: jenen, den Kalender des Aelsinus lege ich zum Grunde, was der andere mehr hat (mit Ausschlufs der spätern Zusätze), bezeichne ich durch Klammern, was ihm fehlt, durch einen Stern.

Die Homilien Aelfrik's beginnen zwar mit dem 25. December, aber die Kalendarien sämmtlich mit dem 1. Januar, daher ich diese Ordnung hier befolge.

Aus Beda's latein. poet. Kalendarium.	Aus Aelfrik's angels. Homilien über die Heiligen.	Aus den Kalendarien Cod. Cott. Tit. D. XXVII. u. Vitell. E. XVIII.
Januar.	Januar.	Januar.
1. Circumcisio.	1. Basilii (3.)	1. Circumcisio Domini.
		2. Oct. Stephani protomart.
		3. Oct. Johannis evang.*
		4. Oct. Innocentum.
		5. *Simeonis monachi.
6. Epiphania.		6. Epiphania Domini.
		9. Transl. Judoci (conf.).
10. Pauli.		10. Pauli primi heremite.
	13. Juliani et Basilissae (4.)	13. Oct. Epiphaniae.
		14. Transl.* Felicis *in pincis.
	15. Mauri (6.)	15. Mauri abb.
		16. Marcelli pp. et mar.
17. Antonii.		17. Antonii conf.
		18. Priscae virg. *Sol in Aquarium.*
		19. Branualatoris conf.
20. Sebastiani.	20. Sebastiani (5.)	20. Fabiani et Sebastiani.
21. Agnetis.	21. Agnetis (7.)	21. Agnetis virg.
22. Anastasii.		22. Uincentii mar.
		23. (Emerentiane et Macharii.)
		24. (Babille et trium puerorum ejus.)

der Angelsachsen.

25. Conversio Pauli ap.		25. *Conversio Pauli ap'li et Projecti mar. 27. (Johannis Crisostomi ep.) 28. Oct. Agnetis vir. 30. Balthildis reginae.·
Februar. 1. Polycarpi. 2. Oblatio Chr. in templo. 5. Agathae.	**Februar.** 5. Agathae (9.)	**Februar.** 1. Brigidae virg. 2. Purificatio Mariae. 5. Agathae virg. 6. Uedasti et Amandi. 7. *Veris initium habet dies XCI.* 10. Scolasticae virg. 13. Eormenhildae virg.
14. Valentini. 16. Julianae. 22. Cathedra Petri. 24. Mathiae.	 22. Cathedra Petri (11.)	14. (Ualentini mar.) 15. *Sol in Pisces.* 16. Julianae virg. 22. Cathedrae Petri. *Ver oritur.* 24. Mathiae ap'li. *Locus bissexti.*
März.	**März.** 9. 40 militum (12.)	**März.** 2. Ceaddan (ep'i). 7. Perpetuae et Felicitatis.
12. Gregorii. (17.) Patricii.		12. Gregorii papae.* 13. *(In Attica milvus apparet.)* 15. (Longini mar.) 17. (Patricii ep'i.) 18. Passio Eadwardi regis et mar. *Primus dies s'cli. Sol ia Arietem.* 19. (Josephi sponsi.)
20. Cuthberti. 21. Benedicti. 25. Conceptio Chr.		20. Cuthberhti ep'i. 21. Benedicti abb. *(Equinoctium.)* 23. *Adam creatus est. 25. Adnuntiatio Mariae (virg.) 27. Resurrectio Xpi.

April.	April.	April.
		4. Ambrosii ep'i.
		11. (Leonis papae et) Guthlaci anachoritae.*
		13. Eufemiae virg.
		14. Tiburtii et Valeriani *et Maximi.
		17. *Sol in cancro.
		19. Aelphegi *ep'i et mar.
		22. Inventio (corporis) Dionisii (ep'i) *sociorumque ejus.
23. Georgii.	23. Georgii (25.)	23. Georgii mar.
24. Egberti. Wilfridi.		
25. Litania major.		25. Marci evang. *Letania major.
27. Dedicatio ecclesiae.		
		28. Vitalis mar.
29. Wilfridi jun.		
		30. Erkenwaldi ep'i.
Mai.	Mai.	Mai.
1. Philippi et Jacobi.		1. Ap'lorum Philippi et Jacobi.
		2. Athanasii *ep'i.
		3. Inventio crucis. Alexandri, Euentii et Theodoli, *mart.
		5. *Prima ascensio D'ni ad celos.
		6. Johannis ante port. lat.
7. Johannis.		
		9. Aestatis initium habet dies XCI. (XCII.)
		10. Gordiani et Epimachi.
12. Pancratii.		12. Nerei, Achillei (atque) Pancratii.
		15. Prima Pentecostes.

18. Marci.		18. Aelfgivae reginae. *Sol in Geminos.* 19. Dep.* Dunstani archiep'i et Potentianae virg. 24. *(Estas oritur.)* 25. Urbani pp.* *et Aldelmi ep'i. 26. (Augustini archiep'i et Bede.) 31. Petronellae virg.
Juni.	Juni.	Juni. 1. Nichomedis mar. 2. Marcellini et Petri. 4. (Petroci conf.)
5. Lantberti.		5. Bonifacii mar. *Dedicatio basilicae S. Mariae. 7. (Andomari conf.) 8. (Medardi ep'i et Gildardi ep'i.) 9. Primi et Feliciani (et Columkille).
10. Barnabae.		10. Dedicatio *monasterii Salvatoris mundi (ecclesiae S. Mariae). 11. Barnabae ap'li. 12. Basilidis, Cirini, Naboris (et) Nazarii. 13. *Ultimum Pentecosten.* 14. Basilii ep'i. 15. Dep.* Eadburgae virg. 16. (Cirici et Julitte matris ejus.) 17. *Sol in Cancrum.* (Botulfi abb.) 18. Marci et Marcelliaui.
19. Gervasii et Protasii.		19. Gervasi et Protasii. 20. (Passio Crispini mar.) *Solstitium estivale.* 21. Leufredi conf.

24. Johann. bapt.	22. Alban.(21.22.)	22. Albani mar.
26. Joh. et Pauli.	23. Aetheldr.(23.)	23. Aetheldrythe virg. Vigilia.
		24. Nativitas Joh. bapt.
		26. Johannis et Pauli.
		28. Leonis papae.* Vigilia.
29. Petri et Pauli.		29. Ap'lorum Petri et Pauli.
		30. Pauli ap'li.
Juli.	Juli.	Juli.
		1. (Oct. Johann. bapt.)
	2. Swythuni (24. 25.)	2. Dep. Suuithuni ep'i. (Processi et Martiniani.)
4. Dedicatio Martini.		4. Ordinat. et transl. Martini ep'i.
		6. Oct. ap'lorum Petri et Pauli (et Sexburge).
		7. Haedde ep'i.
		8. Grimbaldi soc.
		10. VII Fratrum.
		11. Transl. Benedicti *abb.
		15. Transl. Suuithuni ep'i.
		17. Kenelmi mar.
		18. Transl. Eadburgae virg. *Sol in Leonem.*
		20. Uulmari conf.
		21. Praxedis virg.
		22. (Wandregislii et Mariae Magdalenae.)
	23. Apollinar.(26.)	23. Apollinaris ep'i et mar.
		24. Cristinae virg. *Vigilia.
25. Jacobi.		25. Jacobi ap'li et Christoferi mar.
		26. (Annae matris Mariae.)
	(27.) VII Dormientium (27.)	27. VII Dormientium.
28. Samsonis.		28. Pantaleonis mar.
		29. Felicis, Simplicii, Faustini (et) Beatricae.
30. Abdon et Sennen.	30. Abdon et Sennen (31. 32.)	30. Abdon et Sennen.
		31. (Germani ep'i.)

August.	August.	August.
1. Maccabeor.	1. Maccabeor. (33—35.)	1. Ad vincula Petri et Machab. et dep.* Athelwoldi ep'i.
		2. Stephani pp. (et mar.)
		3. Inv. Stephani protomart.
	5. Osunaldi (36.)	5. Osunaldi regis et mar.
6. Xysti.		6. Sixti et Felicissimi et Agapiti.
		7. Donati ep'i *et mar. Autumni init. habet dies XCII.
		8. Ciriaci mar.
		9. Vigilia.
10. Laurentii.		10. Laurentii mar.
		11. Tiburtii mar.
		13. Ypoliti mar.
		14. Eusebii conf. Vigilia.
15. Assumptio Mariae.		15. Assumptio Mariae.
		17. Oct. Laurentii mar.
		18. Agapeti mar. *Sol in Virginem.*
		19. Magni mar.
22. Timothei et Symphoriani.		22. Timothei et Simphoriani.
		23. *(Autumnus oritur.)* Vigilia.
		24. Audoeni conf. Bartholomei ap'li.
25. Bartholomaei.		
		27. Rufi mar.
		28. Augustini ep'i et Hermetis mar.
29. Passio Johann. bapt.		29. Decoll. Johannis bapt. et Sabinae *virg.
		30. Felicis et Adaucti.
		31. (Cuthburge virg.)
September.	September.	September.
		1. Prisci mar.
		4. Transl. Birini et Cutbberhti ep'orum.
		5. Berhtini abbatis.

8. Nativitas Mariae.		7. Vigilia.* 8. Nativitas Mariae et Adriani mar. 9. Gorgonii mar. 10. Transl. Athelwoldi ep'i.* 11. Proti et Iacincti.
14. Cornelii et Cypriani.	14. Exaltatio crucis (37.)	14. Exalt. crucis (et) Cornelii et Cipriani. 15. Nicomedis mar.
16. Euphemiae.		16. Euphemiae virg. Luciae et Geminiani (et dep. Eadgithe virg.) 17. Landberhti mar.* *Sol in Libram.* 20. Vigilia.
21. Matthaei.		21. Matbaei ap'li et evang. *(Equinoctium.)*
22. Mauritii.	22. Mauritii et soc. (38.)	22. Mauricii cum sociis suis. 24. (Conceptio Johann. bapt. *Equinoctium secundum Romanos.*)
27. Cosmae et Damiani.		27. Cosmae et Damiani.
29. Michaelis.		29. (Dedicatio) Michaelis archangeli.
30. Hieronymi.		30. Hieronymi presb.
October.	October.	October. 1. (Germani,) Remigii et Vedasti.
2. Bosae. 3. Ewaldorum geminorum.		2. Leodegarii ep'i et mar. 6. (Fidis et Marci.) 7. Marci papae (et Marcelli et Apulei.). 8. Iwigii conf. 9. Dionisii, Rustici et Eleutherii.
10. Paulini.		10. Paulini ep'i.

der Angelsachsen. 81

	12. Dionysii et soc. (39.)	12. Uulfridi ep'i.
		14. Calesti *pp. et mar.
		16. *Oct. Dionisii sociorumque ejus.
		17. Aetheldrythe virg.
18. Lucae.		18. Luce evang. Justi mar.* (Justini.) *Sol in Scorpionem*.
		21. Hilarionis monachi.
		23. Dep.* Aethelflade virg. (Romani ep'i et conf.)
		25. *Crispini et Crispiniani.
		27. Vigilia.
28. Simonis et Judae.		28. Ap'orum Simonis et Jude.
		30. (Ordinatio Suuithuni ep'i.)
		31. Quintini mar. (Vigilia.)
November.	November.	November.
1. Omnium Sanctorum.		1. Omnium Sanctorum.
	2. Eustachii et soc. (40.)	2. Eustachii cum soc. suis.
		3. (Transl. Eadgyde virg.)
		4. Byrnstani ep'i.
		7. *Hiemis initium habet* *XCI (dies XCII).
		8. IIII Coronatorum.
		9. Theodori mar.
11. Martini.	11. Martini (41.)	11. Martini ep'i et Menne mar.
		13. Bricii ep'i.
		15. Machloni conf.
17. Teclae.		17. Aniani ep'i. *Sol in Sagittarium.*
		18. (Oct. S. Martini.)
	20. Eadmundi (42.)	20. Eadmundi regis et mar.
		21. Oblatio S. Mariae in templ. d'ni cum esset trium annorum.
22. Ceciliae.	22. Ceciliae (44.)	22. Ceciliae virg. (et mar.)
23. Clementis.		23. Clementis pp. et mar.

6

24. Chrysogoni.		24. Crisogoni mar.
		25. (Caterine vir. et mar. *Hiems oritur.*)
		26. Lini *pp. et mar.
	29. Chrysanthi et Dariae (45.)	29. Saturnini mar. Vigilia.
30. Andreae.		30. Andreae ap'li.
December.	December.	December.
		1. Crissanti et Dariae.
		3. Dep. Byrini ep'i.
		4. Benedicti (abb.)
		7. Oct. Andreae ap'li.
		8. Concept.Dei genetr.Mariae.
		10. Eulaliae virg. (Oct.Birini.)
		11. Damasi pp.
		13. Judoci conf. et Luciae virg.
		18. *Sol in Capricornum.*
20. Ignatii.		
21. Thomae.	21. Thomae (46.)	21. Thomae ap'li. *Solstitium brumale (scdm. G. et Egip.)*
		24. Vigilia.*
		25. Nativitas D'ni n'ri IHU. XPI. *(Solstitium s. R.)*
		26. Stephani protomar.
		27. Assumptio* Johann. evang.
		28. Innocentum.
		31. Silvestri pp.

V. Erläuterungen zum angelsächsischen Fest-Kalender.

Wenn wir die Bestandtheile dieser Fest-Kalender näher in's Auge fassen, so findet sich zuvörderst

A. Die Eintheilung des Naturjahrs

in dem *poetischen Menologium* angegeben, das aber über die kalendarische Notiz hinaus auch den Charakter der Jahreszeiten nicht ohne poetische und religiöse Stimmung schildert. Die Hauptstellen dieser Art sind: der Winter wird ausgetrieben aus dem Lande (v. 27). Mit Reif geschmückt, unter Hagelschauer fährt über die Erde der wilde März (v. 35). Der Sommer bringt die sonnenhellen Tage und warmes Wetter; bald erblüht das Feld mit Blumen; dann erhebt sich Freude auf der Erde in allen Reihen der lebenden Geschlechter, den König preisen sie mannichfach, sie feiern den Allmächtigen (v. 88 ff.). Es kommt im Schmuck der Herbst beschwert mit Früchten (v. 140). Der Winter führt gefangen den sonneuhellen Herbst mit einem Heer von Reif und Schnee, nachdem er durch Kälte ihn gebunden, auf Befehl des Herrn (v. 203 ff.). — Was aber die chronologischen Angaben betrifft, so werden aufser der Andeutung der Schaltordnung (v. 32 ff.) und dem Verzeichnifs der Monate, die Jahrpunkte zum Theil und die Jahreszeiten aufgeführt, indem beide, wie allgemein in dieser Zeit, unterschieden werden. Wir ziehn zuerst jene in Betracht.

1. Die Nachtgleichen und Sonnenwenden.

Dieses Menologium giebt nur die Nachtgleichen an, nicht auch die Solstitien, indem nur der höchste Stand der Sonne im Juni berührt wird. Dieselben treffen auf den

21. März und 24. Sept.;

das letztere Datum (welches, und zwar allein, auch in dem Kalendarium von Winchester [No. 4.] aufgenommen ist) noch nach dem Kalender des Julius Cäsar, das erstere nach der christlichen Festrechnung. Beide werden von Beda aufgeführt (De temp. rat. c. 30.), der aber bemerkt, dafs wenn das Frühlings-Aequinoctium gemäfs der kirchlichen Regel auf den 21. (statt des 25.) März gesetzt werde, man auch die andern Jahrpunkte früher annehmen müsse. Dagegen hat das Kalendarium des Aelsinus (No. 5.) nur die beiden Solstitien und zwar am

20. Juni und 21. Dec.

Vollständig die vier Jahrpunkte enthält das poetische Kalendarium (No. 3.) in gleichmäfsigem Ansatz, nehmlich alle am XII. ante kalendas:

21. März Equat umbra diem duodenis (d. i. XII. kal.).
20. Sept. Bis senis aequat umbra volumine lucem.
20. Jun. Solstitium sequitur bis senis atque kalendis.
21. Dec. Solstitium Thomas habitat in cardine sanctus.

Eben so werden in dem Kalendarium aus dem 11. Jahrhundert No. 6. (Cod. Cotton. Vitell. E. XVIII.) das erste Aequinoctium und Solstitium angesetzt; aber die beiden andern doppelt:

21. Sept. Equinoctium [1])   21. Dec. Solstitium sec. G(raecos)
24. Sept. Equinoctium sec. Ro-   et Egip(tios)
  manos   25. Dec. Solstitium sec. Romanos.

---

[1]) Die Stelle ist durch den Brand unleserlich geworden; ohne Zweifel hat hier dasselbe gestanden wie beim 21. Dec. Es sollte aber nicht der 21., sondern der 20. Sept. sein.

Dieser doppelte Ansatz der Jahrpunkte kommt zuweilen in den Kalendarien vor; so für das Frühlings-Aequinoctium auch in dem angelsächsischen Kalender Cod. Arundel. 155. (oben No. 9.); und mit der Unterscheidung secundum Graecos und secundum Latinos in den früher nachgewiesenen Kalendarien aus Rheinau und Mailand.¹) Diese Angaben beziehen sich, die letztern (sec. Latinos) auf den Kalender des Julius Cäsar, die erstern (sec. Graec. et Egipt.) auf die von der alexandrinischen Kirche aus verbreitete Bestimmung des Aequinoctium, welche der Osterrechnung zum Grunde liegt.

2. Die Jahreszeiten.

Auch für deren Eintritt findet sich ein doppelter Ansatz in den angelsächsischen Kalendarien. Erstens nehmlich aus dem poetischen Menologium ergeben sich folgende Data:

7. Febr. Frühlingsanfang
9. Mai . Sommersanfang
7. Aug. Herbstanfang
7. Nov. Wintersanfang,

welches von der bei uns gebräuchlichen Annahme weit sich entfernt, aber so gemeint ist, dafs die Nachtgleichen und Sonnenwenden nicht den Anfang, sondern die Mitte der Jahreszeiten einnehmen; so ist es auch in diesem Menologium ausdrücklich angezeigt, wenn gesetzt wird, v. 119 und v. 2:

24. Juni Johannis Geburt im *Mitt-Sommer*
25. Dec. Christi Geburt im *Mitt-Winter*.²)

Diese Erklärung der Jahreszeiten giebt Beda,³) wie auch den gleichen Ansatz ihres Eintritts. Er beruft sich dafür auf die Griechen und Römer, denen er lieber folgen will, als den Spaniern, aus deren Mitte Isidorus von ihm namhaft gemacht wird mit seiner abweichenden Angabe: dieser nehmlich setzt den Eintritt der Jahreszeiten um 15—17 Tage später.⁴) Beda's griechisch-römische Annahme kommt der im Kalender des Julius Cäsar nahe, weicht jedoch

---

¹) S. oben S. 5; von den Mailänder Kalendarien ist es das erste.
²) Dieser Name (midwinter) ist auch in den Annalen der Angelsachsen beibehalten; s. Bouterwek Note zu Menolog. eccles. anglo-saxon. poet. p. 38.
³) Beda De temp. rat. c. 35.
⁴) Isidor. De nat. rerum c. 7. § 5.

auch etwas davon ab. Die Bestimmungen in dem letztern,[1]) so wie bei Isidorus sind folgende:

	nach Julius Cäsar	nach Isidorus
Frühlingsanfang	7. Febr.	22. Febr.
Sommersanfang	9. Mai	24. Mai
Herbstanfang	11. Aug.	23. Aug.
Wintersanfang	11. Nov.	24. Nov. (23. Nov. bei Beda).

Das Kalendarium aus Winchester (No. 4.) zeigt nur den Anfang des Sommers an, übereinstimmend mit dem poetischen Menologium, in folgender Weise:

9. Mai Aestatis initium; habet dies XCI.

Und der Kalender des Aelsinus (No. 5.) giebt den Anfang aller Jahreszeiten, übereinstimmend mit demselben wie mit Beda; doch hat er für den Frühling auch die andere Angabe nach Isidorus, in folgender Art:

7. Febr. Veris[2]) initium; habet dies XCI.
22. Febr. Ver oritur.

Ganz durchgeführt für alle Jahreszeiten sind die beiderseitigen Angaben sowohl in dem poetischen Kalendarium (No. 3.) als in dem Kalendarium No. 6. Jenes hat dafür folgende Verse:

7. Febr. Incipiunt veris exordia tempore prisco.
22. Febr. Ver oritur[3]) vetus in bis quadris (d. i. VIII. kal.) sede statuta.
9. Mai Incipit aestivus septenis idibus aestus[4]).
24. Mai Aestas hic oritur ardens nonisque kalendis.
7. Aug. Autumnus oritur septenis idibus eque.
23. Aug. Autumnus oritur profulgens tempore denis.
7. Nov. Incipit hiemps gelida septenis idibus algens.
25. Nov. Septenis Petrus oritur hiemps atque kalendis.

Abweichend ist nur das letzte Datum, welches ein sonderbares Schwanken anzeigt: denn nach Beda hätte Isidorus den Wintersanfang auf den 23. Nov. gesetzt; bei Isidorus selbst (a. a. O.) wird gelesen 24. Nov., jedoch erst nach neuerer Herstellung, da es sonst der 25. Nov. hiefs;[5]) aber das Zeugnifs der beiden angelsächsi-

---

[1]) Ideler Handb. d. Chronol. Bd. II. S. 143.
[2]) So ist zu verbessern statt Verus bei Hampson p. 436.
[3]) So ist zu verbessern statt Verontus, ibid. p. 400 nach Anleitung der Leseart in cod. Jul.
[4]) Nach der Leseart des cod. Jul.
[5]) Piper Karl's des Grofsen Kalendarium S. 39. Anm. 2.

schen Kalendarien beweiset, dafs der falschen Leseart doch eine alte Ueberlieferung zur Stütze diente.

Mit dieser Bestimmung der Jahreszeiten hängt noch eine Angabe zusammen, betreffend

3. eine Sternerscheinung,

die ganz vereinzelt dasteht in dem poetischen Kalendarium (No. 3.), nehmlich:

7. Sept. Vergiliana cadunt septenis idibus astra.

Die Vergiliae sind die Plejaden und es ist deren Frühuntergang hier verstanden, der bei den Alten das Zeichen für den Wintersanfang war.[1]) Dessen gedenkt noch Isidorus;[2]) aber in dem Kalender ist der Vers fälschlich zum 7. September gesetzt, da er vielmehr zum 7. November gehört: denn am VII. Idus Novembr. setzten die Alten den Frühuntergang der Plejaden, welches von Beda wiederholt wird.[3]) Und damit stimmt was eben über den Anfang des Winters vorgekommen ist.

Beachten wir sodann

B. Die biblische Chronologie,

welche in diesen Denkmälern angezeigt ist, so treten hier insbesondere dieselben beiden Punkte schon hervor, die vorhin bei der Herrad von Landsperg im Allgemeinen erörtert sind: die Chronologie der Weltschöpfung und des Lebens Jesu.

1. Die Erschaffung der Welt.

Das poetische Menologium zeigt das Datum der Weltschöpfung bei der Frühlingsnachtgleiche (s. S. 72) in folgender Weise an:

21. März. Nachtgleiche, weil Gott der Herr im Anfang Sonne und Mond an dem Tage geschaffen hat.

Diese Annahme ist gerade in der angelsächsischen Kirche vorzüglich einheimisch. Nehmlich Beda hat sie empfohlen;[4]) er bestreitet die Meinung, nach welcher auf die Frühlingsnachtgleiche statt der Erschaffung der Sonne, die Erschaffung des Lichts, das Werk des ersten Tages, treffen sollte. Auch sein Zeitgenosse Ceolfrid in einem Briefe, welcher der Geschichte des Osterstreits ange-

---

[1]) Ideler Handb. d. Chronol. Bd. I. S. 241 f.
[2]) Isidor De nat. rerum c. 26. §. 6.
[3]) Beda De temp. rat. c. 35.
[4]) S. oben S. 3.

hört (um das Jahr 710) bezieht die Erzählung von den beiden grofsen Lichtern, die geschaffen seien, das eine den Tag, das andre die Nacht zu regieren, auf die Epoche der Frühlingsnachtgleiche nebst dem Erscheinen des Mondes in der Gestalt als Vollmond.[1]) Weiter ist dies unter den Angelsachsen durch Abt Aelfrik zu Ende des 10. Jahrhunderts verbreitet, der die chronologischen Schriften Beda's (de temporibus und de anno) angelsächsisch bearbeitete; er hat darin auch diesen Abschnitt von dem ersten Tage der Welt.[2]) Hiernach findet sich die Angabe des ersten Tages der Welt am 18. März:

XV. Kal. Apr. Primus dies seculi

in den Kalendarien von Winchester vom Jahre 1000 und des Aelsinus (oben No. 4. 5. und S. 75), so wie in den vorhin S. 68 f. genannten ungedruckten Kalendarien vor Leofric's Missel vom Jahre 969 in der bodlejanischen Bibliothek und vor einem Psalter aus der Zeit Cnut's im britischen Museum (No. 8. 9.). Ein derselben Zeit angehörendes Kalendarium gleichfalls in einer bodlejanischen Handschrift (oben S. 69 No. 13.) fügt den Tag der Erschaffung Adam's hinzu:

XV. Kal. Apr. Primus dies seculi
X. Kal. Apr. Adam creatus est.

2. Die Chronologie der Sündfluth

ist nur in dem poetischen Kalendarium (No. 3.) berücksichtigt in 3 Versen zum 12. April, 30. April und 27. Mai, welche schon oben S. 11 vorgekommen sind.

3. Die Epochen des Lebens Jesu.

Diese Epochen, abgesehen von den eigentlichen Festen (die hernach zur Sprache kommen) sind:

a) *Jesu Rückkehr aus Aegypten am 11. Januar.*

Die Angaben dieses Ereignisses schwanken, wie wir (S. 14) gesehen haben, zwischen dem 7. und 11. Januar. Aber mit der Mehr-

---

[1]) Ceolfrid Epist. ad Naiton. bei Beda Hist. eccles. gent. Angl. Lib. V. c. 21. p. 213 ed. Smith.

[2]) Diese Schrift von Aelfrik ist angelsächsisch ohne Nennung des Verfassers herausgegeben von Thom. Wright Popular treatises on Seience written during the middle ages. London 1841. 8°. s. daselbst p. 4. Dafs Aelfrik der Verfasser sei, zeigt Dietrich, Abt Aelfrik, an dem oben (S. 60) a. O. 1855. B. IV. S. 194.

zahl der Kalendarien halten auch einige angelsächsische sich zu dem letztern Datum. Das ist das eben genannte poetische Kalendarium mit folgendem Verse:

III. Id. Jan. Memphiticis (ternis) Dominus deducitur arvis;

und das Kalendarium von Winchester No. 4., welches den gewöhnlichen Ansatz hat:

III. Id. Jan. Eductio Domini de Aegypto.

b) Das Ende der Versuchung Jesu am 15. Februar.

Dieser Tag ist sogar als ein gesetzlicher Feiertag angeordnet in der Festordnung, welche König Aelfred in seinen Gesetzen um 887 erliefs (s. oben S. 50 f.). Sonst wird er unter diesen Kalendarien nur in dem von Winchester No. 4. angesetzt:

XV. Kal. Mart. Diabolus a Domino recessit.

c) Jesu Auferstehung am 27. März.

Diese findet sich öfters in den angelsächsischen Kalendarien. So hat eben dieser Kalender von Winchester nebst dem Kalendarium Floriacense (No. 2.):

VI. Kal. Apr. Resurrectio Domini;

desgleichen von ungedruckten Kalendarien der vor Leofric's Missel und vor einem Psalter im britischen Museum (oben No. 8. 9.). Das poetische Kalendarium (No. 3.) hat dazu noch die entsprechenden Data der Himmelfahrt und der Pfingsten in folgenden Versen:

27. März   Senis surrexit Dominus tellure kalendis.
5. Mai   Trinis en dominus coelos conscendit ad altos.
15. Mai   Idibus inluxit sanctis en gratia primo.

Dieselben Tage verzeichnet der Kalender des Aelsinus (No. 5.):

VI. Kal. Apr. Resurrectio Christi.
III. Non. Mai Prima ascensio Domini ad celos.
Id. Mai Prima Pentecostes.

Der Ausdruck *prima* ist aber mifsverständlich und geradezu falsch, wenn damit das früheste Datum der Feste gemeint wird, wie hier aus dem Ansatz zum 13. Juni *ultimum* Pentecosten hervorgeht: das ist der späteste Termin des Pfingstfestes, wenn Ostern auf den 25. April trifft. Aber jene Data entsprechen nicht dem frühesten Termin des Osterfestes am 22. März, sondern dem Eintritt der Auferstehung selbst am 27. März. — Aufserdem hat diese Handschrift eine Erklärung, dafs Christus dreimal im Fleisch dieser Welt aufgegangen sei, wobei das Datum der Auferstehung wieder vorkommt (Bl. 23. a.).[1]) Dieser dreifache Aufgang ist nehmlich die Menschwerdung am 25. März, die Geburt am 25. December; drittens resurrectio, quando excitatus catulus leonis surrexit VI kalendas April. die dominico luna ipso tempore XIIII secundum legem Moysi.

Wir wenden uns nun zu der angelsächsischen Fest-Ordnung, wobei wir unterscheiden das allgemeine Kirchenjahr, wie es volksthümliche Geltung hatte, und die besondern Festzeiten, wie sie in den Klöstern beobachtet wurden.

C. Das allgemeine Kirchenjahr

soll hier aus den Homilien Beda's, dem poetischen Menologium und den katholischen Homilien Aelfrik's abgeleitet werden.

Dasselbe beginnt mit dem Weihnachtsfest (genau genommen mit der Vigilie desselben) nach dem Vorgang des gregorianischen Sacramentariums: diesem hierin zu folgen mufste der angelsächsischen Kirche um so gelegener sein, da mit dem 25. December nach Beda[2]) auch schon das Jahr der heidnischen Angelsachsen angefangen hatte. Doch fangen, abgesehn von dem poetischen Menologium die angelsächsischen Kalendarien mit dem 1. Januar an. Erst nach der Eroberung durch die Normannen (1066) findet sich der Anfang des Kirchenjahres auf den Anfang des Advents verlegt;[3]) woraus sich, wie wir gleich sehen werden, eine abweichende Zählung in den Homilien Beda's zu erklären scheint.

Vor den geschichtlichen Bestandtheilen des Kirchenjahrs, die vor allem dem Evangelium, sodann der Kirchengeschichte entnommen sind, mögen aber im Anschlufs an die vorstehenden chronologischen Angaben

1) die Naturfeste

bemerkt werden, das sind Bettage in Beziehung auf die Feldfrüchte, deren das poetische Menologium zweierlei verzeichnet.

1. Wir haben schon gesehen (S. 42), dafs zwei Betzeiten durch die Synode von Cloveshove im Jahre 747 zur allgemeinen Feier sanctionirt wurden: am 25. April nach *römischem* Gebrauch und an den drei Tagen vor Himmelfahrt nach *einheimischem* (ursprünglich

---

[1]) Diese Stelle, die ich aus der Handschrift abgeschrieben, theilt auch Hampson mit, Medii aevi Kalendar. Vol. II. p. 160. s. v. festum incarnationis verbi.
[2]) Beda De temp. rat. c. 15.
[3]) Dietrich Abt Aelfrik a. a. O. 1855. S. 508.

gallicanischem) Herkommen. Beide Zeiten sind auch anderweit bezeugt.

Der erste Bettag oder die grofse Litanei ist schon früher von Beda bedacht, sowohl in seinem poetischen Kalendarium (s. oben S. 76) durch den Vers:

Septenis (Kal. Mai.) major mundo laetania claret,

als in seinen Homilien, von denen die für diesen Tag bestimmte vom Gebet handelt. Auch die Kalendarien von Winchester und des Aelsinus (No. 4. 5.) zeichnen zum 25. April die Letania major an. Und auf dieselbe bezieht sich das poetische Menologium, wenn es den 25. April[1]) als Bitttag bezeichnet (v. 71. 75), nehmlich um den Erndtesegen, und der Processionen mit Reliquien gedenkt (v. 73), die man in diesen Tagen schon vom 20. April an hielt: wonach sie selbst als Tage der Prozessionen benannt wurden.[2])

Sodann die drei Bettage vor Himmelfahrt, die ursprünglich als Bitttage um den Segen der Felder angesetzt waren, (das ist die sogenannte kleine Litanei) erscheinen in den Homilien Aelfrik's und werden in diesem Sinne von ihm (I. 18—20., II. 21. 22. 23.) charakterisirt.

2. Das andere Fest, welches das poetische Menologium anführt, ist (v. 140):

1. Aug. Tag des Fest-Brodtes (hláfmaessau daeg),

welches Hickes (p. 205) durch „Fest der Erstlinge" übersetzt oder vielmehr erklärt: das ist auch wahrscheinlich darunter verstanden, wie denn derselbe Tag durch „Segnung der neuen Früchte" (Benedictio novorum fructuum) erklärt wird in the Salisbury manuals.[3])

Was sodann die biblischen Feste betrifft, so ist es zuvörderst als eine Eigenthümlichkeit Beda's zu bemerken, dafs auch mehrere *Vigilien* mit Homilien besetzt sind, nehmlich:

24. Dec. Vigilie der Geburt Christi,
23. Juni Vigilie der Geburt Johannes des Täufers,
28. Juni Vigilie des Todes Petri und Pauli;

wie auch in seinem Martyrologium, aufser der Vigilie der Geburt Christi, die des Petrus und Paulus (28. Juni) und des Andreas

---

[1]) Nach der Ergänzung der Zahl 1+19(+6)=25. Apr. durch Bouterwek, in seiner Ausgabe p. 8. Es ist aber +5 zu ergänzen.

[2]) S. Bouterwek Not. zu v. 71. p. 24.

[3]) Brand Observat. on popular antiquities by Ellis. Vol. I. London 1823 p. 277.

(29. Nov.) und selbst die Vigilie des Laurentius (9. Aug.) angemerkt ist. — Uebrigens stimmen alle drei Quellen hinsichtlich

2) der Feste des Herrn

mit Einer Ausnahme vollständig überein. Diese Feste sind:

25. Dec.   Christi Geburt;
1. Jan.   der 8te Tag, Namengebung und Beschneidung des Herrn;
6. Jan.   Taufe Christi, Erscheinung des Herrn;
2. Febr.   Mariä Reinigung, Darstellung Christi im Tempel;
(25. März) }
Advent   } Verkündigung Mariä.

Ausgenommen ist nur die *Verkündigung Mariä*, die bei Beda noch nicht dem 25. März angehört (obwohl sie in seinem Martyrologium unter diesem Datum aufgeführt wird), sondern dem Weihnachtsfest vorangeht. Er behandelt nehmlich in zwei Homilien die Verkündigung Mariä und deren Besuch bei der Elisabeth (No. XLVII. XL. in der Ausgabe von Giles): in der letztern spricht er von dem nahe bevorstehenden Weihnachtsfeste,[1]) auch bezeichnet er in ihr als die vorhergehende Lection die von der Verkündigung Mariä.[2]) Daraus geht hervor, dafs sie unmittelbar auf einander folgen und zwar beide in den Advent treffen. Nur darin deutet sich eine Verschiedenheit in der Stellung des Advents an, dafs in den colbertinischen Handschriften mit diesen beiden Homilien (worauf zwei Homilien über die Taufe und Predigt und über das Zeugnifs des Johannes folgen) die ganze Reihe der Homilien Beda's beginnt, während sie in der Handschrift von Boulogne damit schliefst[3]) (die vielmehr mit

---

[1]) Beda Hom. XL. p. 306 schliefst mit dem Gebet: ut et memoriam b. Mariae congruis veneremur officiis, et ad *celebranda Dominicae nativitatis sollemnia* purioribus animis venire mereamur.

[2]) *Ibid.* p. 295 sq.: Namque sicut *praecedente sancti Evangelii lectione* cognovimus, postquam *angelica visione et allocutione* meruit sublimari,... nequaquam se extulit.

[3]) Zwar kommt in der Handschrift zu Boulogne zum Schlufs (2,25.) noch eine Homilie hinzu über *die Geburt Christi und die Hirten auf dem Felde*. Diese stört aber die Reihenfolge zwischen Ende und Anfang und steht offenbar hier nicht am rechten Ort, sondern gehört zwischen No. 3. und No. 4. dieser Handschrift (s. oben S. 92). Dieselbe Homilie bezeichnet Giles (Opp. Bedae T. V. p. XVI. No. 44.) als die letzte (2, 24.) auch in den Handschriften Mabillon's. Das ist aber ein Irrthum, veranlafst durch

den beiden Homilien über Johannes den Anfang macht), dafs also in dem einen Fall jene Homilien zu dem neuen Kirchenjahr, in dem andern noch zu dem alten gerechnet werden: im erstern Fall ist der Anfang des Kirchenjahres etwas weiter zurückgesetzt. Dies wird folgende Uebersicht über die acht ersten Homilien Beda's deutlicher machen:

	Inhalt der Homilien Beda's	No. in den colbert. Handschr. bei Mabillon	in d. Hdschr. zu Boulogne bei Giles	in der Ausgabe von Giles
Advent	Mariä Verkündigung	1,1	2,23	XLVII
	Besuch bei der Elisabeth	1,2	2,24	XL
	Taufe u. Predigt des Johannes	1,3	1,1	XLVIII
	Zeugnifs des Johannes	1,4	1,2	XLIX
Vigilie der Weihnacht	Verkündigung des Engels an Joseph	1,5	1,3	L
Weihnacht	(Christi Geburt und die Hirten auf dem Felde	—	2,25	XLIV)
	die Hirten bei der Krippe	1,6	1,4	XLV
	der Sohn Gottes von Ewigkeit, Joh. 1.	1,7	1,5	XLVI.

Hier ist die erstere Zählung ohne Zweifel die richtigere, dafs nicht mit Weihnachten selbst der Anfang gemacht wird; da im andern Fall (nach der Zählung in der Handschrift von Boulogne) der Advent, zu welchem Verkündigung Mariä, Besuch bei der Elisabeth nebst Predigt und Zeugnifs des Johannes gehören, durch den Anfang des Kirchenjahres mitten durchschnitten würde.

Weiter ist für die Feier am 1. Januar und 2. Februar nur der Ausdruck verschieden. Und auch in der Auffassung des *Epiphanienfestes* am 6. Januar ist keine innere Verschiedenheit, obwohl das poetische Menologium statt dessen das Fest der *Taufe Christi* nennt und auch Beda[1]) in seiner Homilie davon handelt. Das ist die

---

einen Gleichlaut des Anfangs. Denn die wirklich letzte Homilie bei Mabillon (2, 24.) über den Text Joh. 1, 43—51, welche in seiner ersten Handschrift fehlt, ist dieselbe, welche bei ihm eben aus dieser ersten Handschrift schon unter No. 1, 17. vorkommt und bei Giles unter No. LI. abgedruckt ist.

[1]) Zwar kündigt Beda in einer Homilie am Weihnachtsfest die Geschichte von den Weisen aus dem Morgenlande für Epiphania an (Hom. XLIV. p. 340: verum de magis die sancto Epiphaniae, ipso ad quem venere Domino propitiante, plenius audiemus); eine solche Festbetrachtung findet sich aber unter diesen Homilien nicht vor.

Auffassung der griechischen Kirche, welche durch Erzbischof Theodorus von Canterbury (seit 668), einen geborenen Griechen aus Tarsus in Cilicien, in England aufs Neue hervorgehoben sein konnte. Indessen auch in der lateinischen Kirche hat das Fest diese Bedeutung neben der andern, welche auf die Weisen aus dem Morgenlande sich bezieht, wozu noch als dritter Gegenstand die erste Offenbarung der Wundermacht Christi auf der Hochzeit zu Kana kommt. Und in der That wird in der ersten Homilie Aelfrik's auf dieses Fest zu Anfang[1]) diese dreifache Erklärung für den Namen Epiphania gegeben: worauf er dies erstemal das Evangelium von den Weisen aus dem Morgenlande erklärt; während im zweiten Jahrgang seine Festbetrachtung die Taufe des Herrn zum Gegenstande hat.

Diesen Festen ist allenfalls noch zuzurechnen

3. Mai Kreuzerfindung,

nur dafs es nicht schon in Beda's Homilien vertreten ist, wie es überhaupt zu dessen Zeit noch nicht gefeiert zu sein scheint, wenn auch das Ereignifs in seinem Martyrologium Erwähnung gefunden hat.[2]) Denn die Homilie, die in den Ausgaben seiner Werke, auch noch in der neuesten, diese Ueberschrift trägt (s. oben S. 60), gehört nicht dahin, sondern wie der richtigere Titel in Handschriften[3]) anzeigt, auf den Sonntag nach Pfingsten. Damit stimmt auch der Inhalt, sofern von der Kreuzerfindnng gar nichts darin vorkommt (am Schlufs ist nur von der ehernen Schlange als Vorbild des Gekreuzigten die Rede); wogegen der Text, Christi Gespräch mit Nicodemus (Joh. 3.), sehr passend an das Pfingstfest sich anschliefst: das ist derselbe Text, der auch sonst in Verzeichnissen der evangelischen Lesestücke aus dem 8ten Jahrhundert das Evangelium für die Octave des Pfingstfestes bildet,[4]) und der auch noch bei Protestanten wie bei Katholiken dieselbe Stelle als Evangelium des Trinitatissonntags inne hat.

Mehr Verschiedenheit und Entwickelung ist

---

[1]) T. I. p. 104 ed. Thorpe.

[2]) Die Kreuzerfindung durch die Helena erwähnt er auch Hom. LV. p. 431 ed. Giles und De locis sanctis p. 315 ed. Smith.

[3]) Bei Mabillon s. oben S. 58; desgleichen bei Giles Opp. Bedae Vol. VI. p. 441.

[4]) In dem Kalendarium aus Rom ed. Fronto Epist. et diss. eccles. p. 176 und in dem Capitulare vor einem Evangeliarium in Speier bei Ranke Das kirchl. Pericopensystem App. p. XXXVIII.

3) in den übrigen Festen aus dem Neuen Testament. Ganz übereinstimmend sind nur die Johannesfeste:

24. Juni Johannis des Täufers Geburt,
29. Aug. Johannis des Täufers Enthauptung.[1])

Hinsichtlich der eigentlichen Marienfeste (nehmlich abgesehen von der Verkündigung Mariä, Geburt Christi und Mariä Reinigung, die vielmehr Feste Christi sind) findet der Unterschied statt, dafs Beda gar kein Marienfest hat, obwohl in seinem Martyrologium beide aufgeführt werden:

8. Sept. Mariä Geburt,
15. Aug. Mariä Entschlafen (dormitio), —

dafs das poetische Menologium beide verzeichnet, das letztere mit der Wendung: „die schönste der Jungfrauen ging in's Paradies ein"; hingegen Aelfrik nur Mariä Himmelfahrt, diese aber in beiden Jahrgängen mit einer Homilie versehen hat. Denn für ihren Geburtstag, den er auch namhaft macht am 8. September, wird eine eingehende Festbetrachtung ausdrücklich von ihm abgelehnt;[2]) doch enthält eine Handschrift dieser Homilien in der Bibliothek zu Cambridge[3]) aufser andern Zusätzen eine solche Festbetrachtung, woraus hervorzugehen scheint, dafs der Verfasser dieses Fest nachträglich noch bedacht hat.

Eben so verschieden ist die Auswahl der Feste zwischen Weihnacht und Neujahr:

26. Dec. Stephanus, der erste Märtyrer,
27. Dec. Johannes, Apostel,
28. Dec. Unschuldige Kinder,·

von denen gar keines in dem poetischen Menologium sich findet, die beiden letztern gleicherweise bei Beda und Aelfrik mit Homilien versehen sind, während Stephanus allein von Aelfrik berücksichtigt ist.

---

[1]) Bemerkenswerth ist in der Homilie Beda's auf diesen Tag, gleich zu Anfang, der Gebrauch von natalis dies, in der gewöhnlichen Bedeutung, die aber hier sehr deutlich hervortritt, als Todestag, nemlich als Tag der Geburt in's ewige Leben; Hom. XXIX. p. 209: *natalem beati Joannis diem celebrantes oportet ut non solum constantiam passionis illius recolamus* etc. Erklärt wird diese Bedeutung von ihm Hom. I. p. 5. Vergl. oben S. 44.

[2]) T. II. p. 467. Im ersten Jahrgang ist gar nicht davon die Rede.

[3]) Corp. Christ. S. 7 bei Wauley Catal. p. 124 n. XXXIV. Vergl. Dietrich a. a. O. 1855. S. 512 f.

Auch in der Aufnahme der **Aposteltage** (von denen der des Johannes eben schon erwähnt ist) weichen sie von einander ab, obwohl dieselben im Martyrologium Beda's sämmtlich aufgeführt werden. Es findet sich aber bei allen dreien nur:
    29. Juni Petrus, Paulus,
    25. Juli Jacobus,
    21. Sept. Matthäus,
    30. Nov. Andreas.
Hingegen bei zweien von ihnen, aufser dem Johannes am 28. December bei Beda und Aelfrik, folgende in dem Menologium und bei Aelfrik:
    1. Mai Philippus, Jacobus,
    25. Aug. Bartholomäus,
    28. Oct. Simon, Juda.
Und nur einzeln erscheinen:

in dem Menologium:	bei Aelfrik:
24. Febr. Matthias,	30. Juni Paulus.
21. Dec. Thomas.	

Zwar hat auch Aelfrik das Gedächtnifs des Thomas im Sinne gehabt, es in seinen katholischen Homilien aber geflissentlich übergangen, worüber der zweite Jahrgang derselben (p. 520) eine Erklärung giebt: nehmlich wegen Zweifel an der Aechtheit der Passionsgeschichte dieses Apostels, namentlich einer Erzählung, gegen die schon Augustinus sich ausgesprochen habe. Doch hat er später auch von diesem Apostel in den für Klosterleute bestimmten Homilien gehandelt auf Bitten des Aethelverd, indem er die ihm anstöfsige Erzählung wegliefs.[1])

Was endlich

   4) die Heiligentage aus der Kirche

betrifft, so kommt in den Homilien Beda's nur ein einziger vor:
    12. Jan. Benedictus,
der freilich selbst in seinem Martyrologium keine Stelle hat. Es ist nicht der berühmte Stifter des Benedictinerordens gemeint (den

---

[1]) Er erklärt sich darüber auf lateinisch, bei Wanley Catal. p. 190 n. XLVI.: Dubitabam diu transferre anglice Passionem srti Thomae apostoli ex quibusdam causis et maxime etr. (es ist der schon oben aufgeführte Grund). Et ideo volo hoc praetermittere et cetera interpretari quae in ejus Passione habentur sicut Aethelverdus venerabilis dux obnixe nos precatus est.

die beiden andern Quellen, das Menologium und Aelfrik, an seinem Tag, den 21. März, aufführen), sondern Benedict Biscop, ein berühmter Abt der angelsächsischen Kirche, der fünfmal nach Rom gereist war und im Jahre 674 das Kloster Weremouth gestiftet hat, dem er als erster Abt 16 Jahre lang vorstand: das ist eben das Kloster, in welchem Beda lebte, der in der Geschichte seiner Aebte aus persönlicher Kenntnifs mit grofser Verehrung von diesem Benedictus und seinem Wirken spricht, auch von seinem Tode nähere Nachricht giebt;[1]) er starb den 12. Januar 690. Da nun jene Homilie gehalten ist am Tage seiner assumtio,[2]) der Aufnahme zu dem Herrn, das heifst an seinem Todestage; so ist das Datum derselben dadurch bestimmt. Dafs sie ganz persönlich an die Mönche dieses Klosters sich wendet und damit aus dem allgemeinen Kirchenjahr heraustritt, ist schon vorhin (S. 58) bemerkt.

Hingegen enthalten die beiden andern Quellen, das angelsächsische Menologium und die katholischen Homilien Aelfrik's, eine mäfsige Anzahl von Heiligennamen, in denen sie auch meistens übereinkommen. Nehmlich in folgenden:

12. März Gregorius, röm. Bischof, † 604,
21. März Benedictus, Abt in Monte Cassino, † 543,
10. Aug. Laurentius, Diacon. und Märt. in Rom, † 258,
11. Nov. Martinus, Bischof von Tours, † 400,
23. Nov. Clemens, röm. Bischof, † um 100;

wozu noch kommt:
1. Nov. Aller Heiligen
und 29. Sept. Michaelis Kirchweih.

Unter den genannten fünf Heiligen sind also drei aus Rom. Von diesen ist die Aufnahme des Clemens daraus zu erklären, dafs er einerseits für einen Schüler des Apostels Paulus (nach Phil. 4, 3.), andererseits für den Gehülfen und Nachfolger des Petrus auf dem römischen Stuhl gehalten wurde, wozu er von diesem selbst geweiht sein sollte, — das letztere nach einer Ueberlieferung der pseudoclementinischen Recognitionen und bei Tertullian, welcher Beda in seiner Kirchengeschichte (II, 4.) gefolgt ist; weiter hat ihn sein angebliches Märtyrerthum berühmt gemacht, wovon Gregor von Tours' in seiner Märtyrergeschichte (I, 35.) und Beda in seinem

---

[1]) Beda Vita b. abbatum Wiremuthensium et Girvensium p. 299 ed. Smith; p. 384 T. IV. Opp. Bedae ed. Giles.

[2]) Beda Hom. XXV. p. 182: in patre nostro beato Benedicto, cujus hodie venerandam assumtionis diem debita solennitate recolimus.

Martyrologium (23. Nov.) zeugen, und welches auch das angelsächsische Menologium (v. 211—214. s. oben S. 73) berührt. Sodann Laurentius ist der berühmteste Märtyrer der römischen Kirche, der auch in Beda's Martyrologium dadurch ausgezeichnet wird, dafs aufser seinem Todestage (10. Aug.) sowohl die Vigilie als die Octave desselben (9. und 17. Aug.) angemerkt wird, — was aufserdem nur noch bei den Aposteln Petrus und Paulus (29. Juni) dort geschieht. Und Papst Gregor der Grofse, welcher den Augustinus nach England ausgesendet, gilt selbst auch für den Apostel dieses Landes.

Diesen gesellt sich aus Frankreich Martinus zu, dessen Ansehn in England uralt ist und sogar der Einwanderung der Angelsachsen vorangeht. Es ist eins der wenigen auf uns gekommenen Data aus der kirchlichen Vorgeschichte Englands, dafs als Augustinus im Jahre 597 dorthin kam, er bei der Stadt Canterbury eine Kirche vorfand (worin die Königin Berhte zu beten gewohnt war), „die zu Ehren des Martinus in alter Zeit erbaut war, als noch die Römer Britannien bewohnten".[1]) Wie hoch dann bei den Angelsachsen sein Gedächtnifs in Ehren stand, beweiset die Vervielfältigung desselben im Kalender, dafs aufser dem 11. November, seinem Todestage, noch der 4. Juli ihm geweiht war, und zwar als Kirchweih nach dem poetischen Kalendarium Beda's (s. oben S. 78), wegen Uebertragung seiner Reliquien nach dem Ritual von Durham[2]) und wegen derselben nebst seiner Ordination nach dem Kalendarium aus Winchester vom Jahr 1000 (s. oben S. 67 A. 3.): es treffen nehmlich alle drei Ereignisse auf denselben Monatstag, an welchem sie auch schon in dem Martyrologium Beda's zusammengefafst werden.[3]) Seines Festes wird auch im Leben des Königs Aelfred gedacht, wo von dem Anfang seines Unterrichts durch Asser (im Jahre 887 oder vielmehr 885) die Rede ist; er unternahm, berichtet der letztere selbst,[4]) an einem und demselben Tage sogleich die heilige Schrift zu lesen und in sächsischer Rede auszulegen, um demnächst andere zu unterweisen: das war, wie ausdrücklich bemerkt wird, am Martinstage *(in venerabili Martini solemnitate)*, also am 11. November. —

---

[1]) Beda Hist. eccles. gent. Angl. Lib. I. c. 26.
[2]) Bei Lingard a. a. O. p. 362.
[3]) Bedae Martyrol. d. IV. Non. Jul.: Turonis translatio s. Martini confessoris vel ordinatio episcopatus ejus seu dedicatio basilicae ipsius.
[4]) Asserius De rebus gestis Aelfredi a. 887. p. 492 in Monum. histor. Britann. Vergl. Wilkins Conc. magn. Britann. Vol. I. p. 194 not. Pauli König Aelfred S. 218.

Endlich Benedictus von Nursia war als Stifter des Benedictinerordens zumal in den Klöstern seiner Regel, durch deren Einfluſs aber, da sie in England zahlreich waren, daselbst auch in der ganzen Kirche hochverehrt, — wie denn Aelfrik selbst erst als Mönch, dann als Abt diesem Orden angehört hat.[1])

Das sind also die gemeinsamen Heiligentage. Eigenthümlich ist nur

in dem Menologium:
26. Mai Augustinus, erster Erzbischof von Canterbury, † 605.

Bei Aelfrik:
3. Mai Alexander (röm. Bisch.), Euentius und Theodulus, Märtyrer, † 117.
27. Juli Sieben Schläfer zu Ephesus unter Decius.
20. März Cuthbert, Bischof von Lindisfarn, † 687.

Was die letztern betrifft, so finden sich alle drei Tage sowohl in dem Martyrologium Beda's (jedoch die sieben Schläfer nur in den Zusätzen zu demselben unter dem 27. Juni) als, dem Aelfrik gleichzeitig, in dem Kalendarium aus Winchester vom Jahr 1000. Aber auffallend wäre in seinen Homilien die Auslassung des Augustinus, des Apostels von England, den doch das Menologium nennt: indessen er spricht von ihm und der Gründung der angelsächsischen Kirche in der Homilie am Tage Gregors, des römischen Bischofs, den er als Apostel des englischen Volks bezeichnet.

D. Der Fest-Kalender für die Klöster.

Derselbe hat eine andere entwickeltere Gestalt als die allgemeine Fest-Ordnung, und nimmt im Lauf der Zeit immer mehr Bestandtheile auf. Er ist ebenfalls von Aelfrik dargeboten durch seine Homilien über die Heiligen, als Ergänzung der durch die beiden Jahrgänge katholischer Homilien angedeuteten Festzeiten, die hier im Allgemeinen vorausgesetzt werden. Diese Gestalt des Kirchenjahres, nach der oben (S. 74—82) mitgetheilten Uebersicht, ziehn wir hier zuerst in Betracht; daran knüpft sich die Analyse der beiden daneben stehenden, aus Kalendarien entnommenen Verzeichnisse.

Was zuerst die biblischen Feste betrifft, so wird in den Homilien Aelfrik's über die Heiligen, ungeachtet jener Voraussetzung der allgemeinen Festzeiten, wiederholt bedacht

---

[1]) Dietrich Abt Aelfrik a. a. O. 1856. S. 216 f. 234 f. 239. 243.

1) von Festtagen des Herrn
25. Dec. Christi Geburt.
Es tritt neu hinzu 14. Sept. Kreuzerhöhung.
Und damit ist der Kreis der Feste Christi auch in den beiden andern Verzeichnissen beschlossen. Sodann feiern diese Homilien Aelfrik's, im Unterschied von seinen vorgedachten Homilien, anderweit

2) aus der heiligen Schrift, und zwar

aus dem A. T. 1. Aug. Maccabäer;
aus dem N. T. 22. Febr. Petri Stuhlfeier,
25. April Marcus, Evangelist,
21. Dec. Thomas, Apostel.

Von der Aufnahme des Thomas s. vorhin S. 95. Unter den Maccabäern sind die 7 Söhne mit ihrer Mutter (2. Maccab. 7.) verstanden, deren Märtyrerthum in der alten Kirche sehr gefeiert war, und die schon in den ältesten christlichen Kalendarien aus Rom vom Jahr 448 und aus Carthago vom Ende des 5. Jahrhunderts an demselben Datum aufgeführt werden.[1] Ihr Gedächtnifs ist allmälig durch die Feier von Petri Kettenfest verdrängt worden, welches für die angelsächsische Kirche unter König Offa von Mercien zu Ende des 8. Jahrhunderts bezeugt ist (s. oben S. 45); hier kommt es aber doch im Bereich der Klöster wieder zum Vorschein.

Mehr besetzt sind die beiden prosaischen Kalendarien, in denen erstens noch ein Marientag sich findet, nehmlich:
21. Nov. Mariä Darbringung im Tempel, als sie drei Jahre alt war;
und allein in dem Kalender No. 6.:
26. Juli Anna Mutter der Maria,
19. Apr. Joseph Gemahl der Maria.

Ferner in diesem allein zu den beiden Tagen Johannes des Täufers noch
24. Sept. Johannes des Täufers Empfängnifs.

Endlich von Tagen der Apostel und ihrer Begleiter beiderseits, in dem poetischen und in den beiden prosaischen Kalendarien:
25. Jan. Pauli Bekehrung (ausgenommen der Kal. No. 6.),
10. u. 11. Juni Barnabas,
18. Oct. Lucas;

---

[1] S. meinen Aufsatz über die ältesten christlichen Kalendarien, vor dem Preufs. Staats-Kalender für 1855. S. 19 f. 23.

und nur in den letztern:
1. Aug. Petri Kettenfest, aufser dem Fest der Maccabäer.
Auch ist 3. Aug. Erfindung des Stephanus, ersten Märt.
in denselben angesetzt.

3) Die Heiligentage aus der Kirche.
Diese haben natürlich den gröfsten Zuwachs erhalten. Von Aelfrik sind in dieser Klasse Homilien wiederholt behandelt:
27. Juli Die sieben Schläfer
und 11. Nov. Martinus, Bischof von Tours,
dessen Leben diesmal ausführlich mitgetheilt wird.

Zu diesen kommen bei ihm 21 andere Heiligentage hinzu, von denen 16 fremdher und zwar dem römischen Fest-Kalender entlehnt sind, 5 aber einheimischen Heiligen angehören. Jene 16 sind folgende:

1. Jan. Basilius, Bischof von Cäsarea, † 379,
13. - Julianus und Basilissa zu Antiochien zur Zeit des Diocletian und Maximian,
15. - Maurus, Schüler des Benedictus, Abt in Gallien,
20. - Sebastianus, Hauptm. aus Mailand, Märt. unter Diocletian,
21. - Agnes, Jungfrau in Rom, Märt. unter Diocletian,
5. Febr. Agatha, Jungfrau in Sicilien, Märt. unter Diocletian,
9. März 40 Soldaten in Sebaste in Armenien, Märt. unter Licinius,
23. Apr. Georg in Persien, Märt. unter Diocletian,
23. Juli Apollinaris, Bischof von Ravenna, Märt. unter Vespasian,
30. - Abdon und Sennen aus Persien, Märt. zu Rom unter Decius,
22. Sept. Mauritius und seine Gefährten (die thebaische Legion), Märt. zu Agaunum unter Diocletian,
12. Oct. Dionysius, Bischof, und seine Gefährten, Märt. in Paris, angeblich unter Diocletian, richtiger unter Decius,
2. Nov. Eustachius und seine Gefährten, Märt. zu Rom unter Hadrian,
22. - Cecilia, Märt. zu Rom unter Alexander Severus,
29. - Chrysanthus und Daria, Märt. zu Rom unter Numerian,
25. Dec. Eugenia, Jungfrau aus Alexandrien, Märt. unter Gallienus.

Uebrigens waren die meisten von diesen oder fast alle in der angelsächsischen Kirche seit Jahrhunderten, nehmlich durch das Martyrologium des Beda bekannt, in welchem sie alle bis auf die drei ersten und die vom 2. und 29. November aufgeführt sind. Aber auch diese finden sich sämmtlich in den Zusätzen zu demselben; insbesondere Julianus und Basilissa, so wie Eustachius mit seinen Gefährten und Chrysanthus nebst Daria bei Florus, Diaconus zu Lyon, der in der ersten Hälfte des 9. Jahrhunderts Beda's Martyrologium erweitert hat. — Nur sind einige Verschiedenheiten in der Datirung zu bemerken. Julianus und Basilissa, die hier, wie schon bei Rhabanus Maurus am 13. Januar stehen, sind bei Florus zum 6. Januar angesetzt; Eustachius und seine Gefährten finden sich statt am 2. November, an welchem sie hier stehen, bei Florus am 1. November (obwohl in Einer Handschrift auch am 2. November), während sie anderswo am 20. September angesetzt sind (vergl. Jacobus a Voragine Legenda aurea c. 161. am Schlufs); hingegen Chrysanthus und Daria stehen bei Florus, wie hier, am 29. November, während sie in den Zusätzen zum Beda zum 29. October sich finden. — Für Dionysius wird es statt des 12. Octobers wohl der 9. October (statt IV. Id. Oct., VII. Id. Oct.) heifsen sollen: da dieser Tag allgemein, wie schon im Martyrologium Beda's, für ihn gilt.

Die fünf einheimischen Namen (wobei daran zu erinnern ist, dafs Cuthbert, Bischof von Lindisfarn, schon in den katholischen Homilien Aelfrik's vorkommt, s. oben S. 98) sind folgende:

22. Juni   Albanus, der erste Märt. in Grofsbritannien, unter Diocletian,
23. -   Aetheldrythe, Königin und Aebtissin, † 679,
2. Juli   Swithun, Bischof von Winchester, † 863,
5. Aug.   Oswald, König und Märt., † 642,
20. Nov.   Edmund, König und Märt., † 870.

Von diesen werden die drei älteren, die noch in die Zeit vor Beda treffen, in dessen Kirchengeschichte von England geschildert, auch die beiden erstgenannten in seinem Martyrologium [1]) an den genannten Tagen aufgeführt. Das sind:

---

[1]) Beda's Martyrologium nennt, aufser der Ediltrud, keine andern angelsächsischen Heiligen, als nur noch:
    20. März Cuthbert, Propst von Mailros, nachher Bischof von Lindisfarn † 687
    3. Oct. Die beiden Ewalde, Märt. unter den Sachsen † um 695.
Von den letztern giebt er weitere Nachricht in der Hist. eccles. Lib. V.

Albanus[1]) von denen oben (S. 44. 46) näher die Rede
Oswald   ) gewesen ist,
und Aetheldrythe oder Aedilthryde, eine Tochter des Anna, Königs der Ostangeln, und Gemahlin des Fürsten Tonbrecht, nach dessen Tode des Königs Egfrid von Northumberland, von dem sie sich trennte (wie schon von ihrem ersten Gemahl), um als Aebtissin auf der Insel Ely zu leben, † 679.[2])

Dazu kommen aus dem 9. Jahrhundert:

Swithun, Bischof von Winchester, † 862 oder 863.[3]) Aelfrik hat ihn nach Landferd, den er selbst als Quelle angiebt, und nach der in seinem Bischofssitz fortgepflanzten Ueberlieferung geschildert. Und

Edmund, König von England und Märtyrer, da er von den heidnischen Dänen, in deren Gefangenschaft er gerathen war, ermordet wurde 870. Ein Bericht über dieses Märtyrerthum ist von einem Augenzeugen überliefert.[4])

Hiemit vergleichen wir die Folge einheimischer Heiligen, die in den beiden andern oben mitgetheilten kalendarischen Verzeichnissen (ihre fremdländischen Namen bleiben hier bei Seite) sich finden.

Von den einheimischen Namen bei Aelfrik gehen die drei ältern nebst Cuthbert der Zeit Beda's voran. Doch in seinem poetischen Martyrologium ist von diesen vier nur der letzte aufgenommen.

---

c. 10; von dem erstern in einer eigenen Lebensbeschreibung. Von den *Stiftern der angelsächsischen Kirche* werden in demselben Papst Gregor und die Bischöfe Augustinus, Mellitus und Paulinus aufgeführt, wie schon oben S. 43 Anm. 4. bemerkt ist. Es enthält ferner aus der *altbritischen Kirche* aufser

22. Jun. In Britannia S. Albani martyris

nur noch 17. Sept. In Britanniis Socratis et Stephani;

die Märtyrer Julius und Aaron, die er in der Kirchengeschichte (1, 7.) nach dem Vorgange des Gildas gleich nach dem Albanus erwähnt, sind in das Martyrologium nicht aufgenommen. Endlich finden sich darin, um dies hier noch beizufügen, *aus Irland:*

1. Febr. (In Scotia) natale S. Brigidae virginis.

und 17. März In Scotia S. Patricii confessoris.

[1]) Vergl. über ihn Bouterwek Caedmons biblische Dichtungen S. XVI. Anm.

[2]) S. Beda Hist. eccles. gent. Angl. Lib. IV. c. 19. 20.

[3]) Von ihm s. Mabillon Annal. Bened. T. III. p. 98 und Pinius in den Act. Sanct. Antv. Jul. T. I. p. 321 sqq.

[4]) Vergl. Lappenberg Gesch. von England Bd. 1. S. 306.

Dasselbe enthält aber fünf andere einheimische Namen, nehmlich folgende nach der Ordnung der Zeit:

2. Oct. Bosa, Bischof von York, † 686.
22. März Cuthbert, Bischof von Lindisfarn, † 687.
3. Oct. Die beiden Ewalde, Priester und Märtyrer, † um 695.
24. Apr. Wilfrid der ältere, Bischof von York, † 709.
24. Apr. Egbert, Priester auf der Insel Hy, † 729.
29. Apr. Wilfrid der jüngere, Bischof von York, abdicirte 732.

Von allen diesen ist in Beda's Kirchengeschichte näher die Rede. Den Bosa nennt er einen Mann multae sanctitatis et humilitatis;[1]) dessen Todesjahr geht aus den Angaben über seinen Nachfolger Johannes hervor.[2]) Cuthbert's Lebensbeschreibung ist schon erwähnt. Die drei folgenden sind auch aus der Kirchengeschichte von Deutschland durch beabsichtigte oder ausgeführte Mission bekannt.[3]) Wenn für den ältern Wilfrid der 24. April als Todestag in diesem Martyrologium angegeben wird, so stimmt dies nicht damit, dafs in dessen Leben von Eddius ausdrücklich ein Donnerstag als solcher genannt wird;[4]) denn im Jahre 709 war der 24. April ein Mittwoch; auch weiset Pagi nach, dafs er nicht vor dem Juni dieses Jahres gestorben sei.[5]) Danach möchte auf den 24. April eine Versetzung seiner Gebeine treffen, gleichwie auf den 12. October (s. sogleich S. 106). Und von der streitigen Chronologie des jüngeren Wilfrid ist vorhin (S. 63 f.) die Rede gewesen.

Sehr vermehrt aber zeigt sich die Zahl der einheimischen Heiligen in den späteren Kalendarien, namentlich dem des Aelsinus nebst dem nahe gleichlautenden, wie das obige Verzeichnifs ersehen läfst. Es sind erstens einige Namen der altbritischen, irischen und schottischen Kirche, nehmlich:

22. Juni Albanus, Märt. unter Diocletian.
17. März Patricius, Apostel von Irland, etwa seit 432.
1. Febr. Brigitta, Aebtissin, gründete Kildara u. a. Klöster, † muthmafslich 521 oder 523.
9. Juni Columba aus Irland, Apostel der Picten, auf der Insel Hy, † 596.

---

[1]) Beda H. e. Lib. V. c. 3.
[2]) S. Smith zu Beda H. e. V, 6. p. 187.
[3]) Rettberg Kirchengesch. von Deutschl. Bd. II. S. 397. 511 ff. 513.
[4]) Eddii Stephani Vita Wilfridi, in Mabillon Act. Sanct. ord. Ben. Saec. IV. P. I. p. 719.
[5]) Pagi Crit. ad Annal. Baron. a. 709. n. III. IV.

Der letzte aber nicht bei Aelsinus, sondern nur in dem andern Kalender No. 6.

Unter den angelsächsischen Namen fällt vor allem die Zahl

Königlicher Personen

auf. Es sind erstens vier Könige, von denen die beiden ersten, die schon bei Aelfrik vorkommen, in der That als Märtyrer anzusehen sind, da sie als eifrige und standhafte Christen im Kampf oder in der Gefangenschaft von heidnischen Gegnern den Tod erlitten. Die beiden andern aber sind der Herrschsucht im eigenen Hause zum Opfer gefallen.

5. Aug. Oswald, König von Northumberland, Märt. † 642.
20. Nov. Edmund, König von England, Märt. † 870.
17. Juli Kenelm, Thronerbe, ermordet 819.
         Er war der Sohn des Ceonwulf, Königs von Mercien und wurde nach dessen Tode († 819) im Alter von sieben Jahren auf Anstiften seiner Schwester ermordet.
18. März Edward, König, ermordet 978.[1]

Ferner eine Reihe Königlicher Frauen, die hauptsächlich mönchischen Tugenden ihre Aufnahme unter die Heiligen verdanken. Die drei ersten sind nach einander Aebtissinnen des Klosters Ely gewesen. Die Aedilthryde (s. S. 102), welche dasselbe gründete, im Jahre 673, ihre Schwester Sexburga und deren Tochter Eormenhild, der in derselben Würde, als vierte Aebtissin von Ely ihre Tochter Werburga folgte;[2] der Aedilthryde wird besonders nachgerühmt, dafs sie in zweimaliger Ehe Jungfrau geblieben sei.

---

[1] Aufserdem giebt das dem Kalendarium des Aelsinus beigefügte Necrologium die Todestage einer Anzahl angelsächsischer Könige, vor denen die oben genannten durch das Prädikat *sanctus* ausgezeichnet werden, während bei diesen meist *obitus* steht. Nehmlich aufser Aethelred am 17. Nov. (vielleicht derselbe, der 871 †):

26. Oct. Aelfred † 901.
27. Oct. Aethelstan † 940.
8. Juli Eadgar † 975.
23. Apr. Aethelred II. † 1016.
12. Nov. Cnud † 1035.

[2] Dugdale Monast. anglic. new ed. Vol. I. p. 457.

20. Juni   Aedilthryde, Königin, seit 674 Aebtissin von Ely,
           † 679.
           Versetzung ihrer Gebeine am 17. Oct.
6. Juli   Sexburga, Königin von Kent, zweite Aebtissin
           von Ely, † muthmafslich 699.
13. Febr. Eormenbild, Tochter der Sexburga, Gemahlin
           des Wulfher, Königs von Mercien, Wittwe 675,
           und nach dem Tode der Sexburga dritte Aeb-
           tissin von Ely. Ihr Todesjahr ist nicht bekannt.
31. Aug.   Cuthberga, Schwester des Ina, Königs von Wessex
           und Gemahlin des Aldfrid, Königs von Northum-
           brien, gründete das Kloster Winburn vor 705.[1])
15. Juni   Eadburga, Tochter Edward's des älteren (der
           924 †), Nonne zu Winchester, wo sie begra-
           ben ist.[2])
18. Mai   Aelfgiva, Gemahlin Edmund's I. (der 946 †);
           ihr Todesjahr ist zweifelhaft.[3])
Unter den
                        Bischöfen
bemerken wir zuerst zwei fremde Namen, nehmlich römischer Missio-
nare, die aber unter den Angelsachsen Kirchengründer geworden
und bischöfliche Sitze inne gehabt haben:
26. Mai   Augustinus, Erzbischof von Canterbury, † 605.
3. Dec.   Birinus, Apostel der Westsachsen, von Papst
           Honorius nach Britannien geschickt[4]) 634, erster
           Bischof von Dorchester, † 650.
           Sogar seine Octave am 10. Dec. ist gefeiert.
Die einheimischen Namen nach der Ordnung der Zeiten sind folgende, — wobei zuletzt sich zeigt, dafs das Bisthum Winchester am
reichlichsten vertreten ist, durch drei Namen: und bei dem ersten
derselben, Swithun, sogar noch die ordinatio neben der translatio
vorkommt; worauf aus dem Erzbisthum Canterbury zwei Namen
erscheinen.

---

[1]) Dugdale l. c. Vol. II. p. 88.
[2]) Annal. Winton. bei Dugdale Monast. anglic. Vol. I. p. 206.
[3]) Lappenberg Geschichte von England Bd. I. S. 390 A. 3 und zu
Taf. C. Anm. 27.
[4]) Beda H. e. Lib. III. c. 7. Die Jahre werden in der angelsächsischen Chronik angegeben..

2. März	Ceadda (St. Chad), Bischof von Mercien und Lindisfar in Lichfield seit 669, † 672.
20. März	Cuthbert, Bischof von Lindisfarn, † 687.
30. Apr.	Erkenwald, Bischof von London, † 693. Ihm giebt Beda[1]) das Zeugnifs: in episcopatu et ante episcopatum vita et conversatio (ejus) fertur fuisse sanctissima.
7. Juli	Haedda, Bischof von Dorchester seit 676, von wo er 683 den Sitz nach Winton übertrug, † nicht vor 705.[2])
25. Mai	Aldhelm, Bischof von Sherburn, † 709. Nach dem Tode des Haedda wurde die Diöcese getheilt mit den Sjtzen zu Winton und Scireburna, wo Aldhelm dessen Nachfolger wurde. Beda rühmt seine gelehrte Bildung (H. e. V, 18.): et sermone nitidus et scripturarum tam liberalium quam ecclesiasticarum erat eruditione mirandus; mehrere seiner Schriften sind auf uns gekommen, herausgegeben von Giles, Oxford 1844. Sein Andenken wurde von König Athelstan († 940) besonders geehrt; derselbe liefs sich begraben in der Kirche zu Malmesbury, wo Aldhelm Abt gewesen war.
12. Oct.	Wilfrid der ältere, Bischof von York, † 709. Als seinen Todestag nennt Beda's poetisches Martyrologium den 24. April, was jedoch streitig ist (s. oben S. 103); der 12. October ist der Tag der Versetzung seiner Gebeine unter Lanfranc, wie Eadmer im Leben Wilfrid's anmerkt.[3])
2. Juli	Swithun, Bischof von Winchester, † 863. Dessen Ordination am 30. Oct. Die Versetzung seiner Gebeine am 15. Juli.
4. Nov.	Byrnstan, Bischof von Winchester, † 934.
1. Aug.	Aethelwold, Bischof von Winchester, † 984. Die Versetzung seiner Gebeine am 10. Sept.
19. Mai	Dunstan, Erzbischof von Canterbury, † 988.
19. Apr.	Aelphegus, Erzbischof von Canterbury, Märt., † 1012.

---

[1]) Beda H. e. Lib. IV. c. 6.
[2]) Nach Beda H. e. V, 18; nach der angelsächsischen Chronik im Jahre 703. Vergl. Smith zu Beda H. e. III, 7. p. 110 lin. 12.
[3]) *Acta Sanct.* Antv. d. XXIV. Apr. T. III. p. 312 n. 66.

Eine dritte Reihe bilden
Priester und Abte.
17. Juni   Botulf, Abt, baute das Kloster zu Ivanhoe im Jahre 654.
11. Apr.   Guthlac, Priester und Einsiedler auf der Insel Croyland,¹) † 714.
26. Mai   Beda, Priester, † 735.
8. Juli   Grimbald, aus Gallien, Abt eines Klosters zu Winchester, wozu er bei dessen Stiftung von König Aelfred berufen wurde, † 903 oder 904.

Der angesehenste unter diesen ist Beda, der aber, sammt dem Augustinus, nicht in dem Kalender des Aelsinus, sondern nur in dem Kalender No. 6. vorkommt. — Von dem Botulf ist wenig, von einigen andern, so viel ich sehe, nichts bekannt: 13. Jan. Branualator; 8. Oct. Iwigius. Von dem letztern meinen sogar die Bollandisten, die ihn an diesem Datum inter Praetermissos aufführen, der Name sei falsch und mit Elogius verwechselt. — Noch erscheint am 23. Oct. Aethelfleda, ein Name, der zwar in den angelsächsischen Königsgeschlechtern einigemal sich findet; doch erhellt nicht, dafs eine von diesen gemeint sei.

Schliefslich ist noch ein Fest hier nicht zu übergehen:

4) die Kirchweih,

welches in den Homilien Aelfrik's zwar am Schlufs unter den allgemeinen oder vielmehr unbestimmten Feiertagen behandelt wird (2, 45. in der Ausgabe von Thorpe) und in sofern im Kirchenjahr keine Stelle angewiesen erhält; aber bei Beda weisen zwei Homilien dieses Inhalts (31 und 42 in der Ausgabe von Giles) auf ein festes Datum hin. Die erstere geht aus von dem Feste der Tempelweihe, welches das Volk Gottes nach alter Ueberlieferung der Väter jährlich zu feiern gewohnt war und zu welchem auch Christus gekommen ist (Joh. 10., 22. ff., — das ist der Text dieser Predigt); und knüpft daran die eigene Feier: „ihren Spuren", heifst es da, „nach der Sitte der christlichen Welt heute folgend, sind wir beeifert den Jahrestag der Einweihung unserer Kirche mit dem Lobe Gottes und mit Vigilien festlich zu begehen."²) Damit ist also eine bestimmte Kirchweih und zwar desjenigen Klosters angezeigt, wo diese Homilie gehalten ist. Nun traf die des Klosters Jarrow (wie wir

---

¹) Dugdale Monast. anglic. Vol. II. p. 90.
²) Bedae Opp. ed. Giles. Vol. V. p. 228.

S. 64 gesehen haben) auf den 23. April, — man könnte vermuthen, dafs die Kirchweih, welche in Beda's poetischem Kalendarium ohne alle Erklärung am 27. April angesetzt ist, die des Klosters Weremouth sei: und weiter, dafs einem von diesen Tagen jene Homilien angehören. Damit stimmt jedoch nicht der Ort, den sie in der ganzen Folge der Homilien nach den Handschriften[1]) einnehmen, welche folgende Reihe darbieten:

	No. d. Handschr. bei Mabill.	No. d. Handschr. io Boulogne.	No. der Ausgabe von Giles.
am Todestage Johann. d. Täuf. (29. Aug.)	2,20	2,18	XXIX
an der Kirchweih	2,21[2])	2,19	XXXI
an der Kirchweih	—	2,20	XLII
am Tage des Apost. Matthäus (21. Sept.)	2,22	2,21	XXX;

woraus man schliefsen mufs, dafs die Tempelweihe, der diese Homilien gewidmet sind, zwischen den Tagen des Johannes und Matthäus, also zwischen dem 29. August und 21. September eingetreten ist.

Auch die beiden Kalendarien No. 5. 6. haben besondere Kirchweihen: nehmlich No. 5. am 5. Juni und No. 6. am 10. Juni einer Marienkirche; und dazu No. 5. an dem letztern Datum die Weihe des Klosters Salvatoris mundi. Aufserdem ist das allgemeine Fest des Erzengels Michael am 29. September in No. 6., wie auch in No. 2. (dem Kal. Floriacense) ausdrücklich als Kirchweih bezeichnet: *dedicatio Michaelis archangeli,* wie schon in Beda's Martyrologium die dedicatio ecclesiae s. angeli Michaelis (nehmlich auf dem Berge Garganus) aufgeführt wird.

VI. Die spätere Entwickelung der Fest-Ordnung, seit dem Untergang des angelsächsischen Reichs.

Wir werfen hierauf einen Blick hauptsächlich um die Elemente aus der angelsächsischen Kirche zu ersehen, die sich in der Fest-Ordnung des späteren Mittelalters, so wie in der neuern Zeit bis auf die Gegenwart vorfinden.

---

[1]) Von denen jedoch die beiden Handschriften bei Mabillon nur die erstere enthalten.

[2]) Diese Stelle hat die Homilie nur in der einen Handschrift bei Mabillon; in seiner andern Handschrift wird sie der Homilie auf Matthäus (die in der erstern hier folgt) nachgesetzt.

A. Im Mittelalter.

Ein werthvolles Document aus der ersten normannischen Zeit ist die Verfügung des Lanfranc, Erzbischofs von Canterbury an seine Mönche, worin er unter anderm über die Festfeier eingehende Vorschriften giebt (s. oben S. 54). Er hat darin das Herkommen der Benedictiner-Klöster zum Grunde gelegt; doch einiges geändert, besonders um die Feier ansehnlicher zu machen, wie es der Sitz des Primats zu fordern schien. Die drei Klassen von Festen, die er unterscheidet, sind folgende.[1])

Hohe Feste.

Christi Geburt.   Mariä Himmelfahrt.
Christi Auferstehung.   Festivitas loci.
Pfingsten.

Unter dem letztgenannten Fest ist wohl verstanden das des Localheiligen, *festum sancti loci*, welches durch die Synode zu Exeter im Jahre 1287 (c. 23.) angeordnet ist.[2])

Zweite Klasse.

a. Bezüglich auf Christus.

Aufser den beweglichen Festen: Himelfahrt mit Vigilie so wie Octave des Oster- und Pfingstfestes:

1. Jan. Beschneidung (a. a. O. p. 331).
2. Febr. Mariä Reinigung.
6. Jan. Epiphania.
25. März Mariä Verkündigung.

b. Aus dem N. Testament.

8. Sept. Mariä Geburt.   30. Nov. Andreas.
24. Juni Johannes d. T. Geb. mit Vig.   27. Dec. Johannes, Apostel.
  26. Dec. Stephanus.
29. Juni Petrus und Paulus mit Vig.   28. Dec. Die unschuld. Kinder.
  28. Sept. Michaelis.

c. Aus der Kirche.

1. Nov. Aller Heiligen mit Vig.   11. Juli Benedictus (von Nursia) als am Tage s. translatio.
12. März Gregorius I., Papst.
26. Mai Augustinus, Erzbischof der Engländer.   19. Apr. Aelphegus, Erzbischof von Canterbury.

---

[1]) Lanfranc Constitutiones, in Wilkins Conc. T. I. p. 341. 342 sq. 344; dazu ist hinzuzunehmen, was er zuvor p. 331 über einige Feste der zweiten Klasse angeordnet hat.

[2]) Wilkins Conc. T. II. p. 146.

Dritte Klasse.
Anfser der Octave von Mariä Himmelfahrt, am 22. August:

a. Aus dem N. Testament.

29. Aug. Johannes d. T. Enthpt. 24. Aug. Bartholomäus.
25. Jan. Pauli Bekehrung.   21. Sept. Matthäus.
1. Mai   Philippus, Jacobus.   28. Oct. Simon, Juda.
25. Juli Jacobus.   21. Dec. Thomas.
1. Aug. Petri Kettenfest.

b. Aus der Kirche.

Aufser Kreuzerfindung am 3. Mai und Kreuzerhöhung am 14 Sept., die Heiligentage:

10. Aug. Laurentius, Märt. zu Rom, † 258.
22. Jan. Vincentius, Märt. zu Saragossa, † 304.
11. Nov. Martinus, Bischof von Tours, † 400.
28. Aug. Augustinus, Bischof von Hipporegius, † 430.

Ferner soll (nach p. 331) am 13. Jan. Hilarius nur erwähnt werden als an der Octave von Epiphania, und der 31. December der Tag Sylvesters als eine privata festivitas mit 12 Lectionen begangen werden.

Hier ist also ein einziger angelsächsischer Heiliger, Aelphegus, jedoch unter den Festen zweiter Klasse: zu dessen Aufnahme Lanfranc sich erst nach der beredten und eindringlichen Vertheidigung durch Anselmus entschlofs, wie wir oben (S. 52 f.) gesehen haben.

Zur Ergänzung dieser Fest-Ordnung wird dienen können der Kalender vor einem dreifachen Psalterium zu Cambridge in der Bibliothek des Trinity-College (R. 17. 1.), als dessen Schreiber am Schlufs *Eadwinus* sich nennt. Und zwar ist diese Handschrift im 12. Jahrhundert zu Canterbury geschrieben, demgemäfs zu dem Kalender der Tod mehrerer Erzbischöfe sich augemerkt findet, namentlich noch des Anselm († 1109). Nachricht von dieser Handschrift hat Wanley[1]) und neuerdings nebst dem Facsimile einiger Miniaturen Westwood gegeben.[2])

Das betrifft also die klösterliche Fest-Ordnung. In der volksthümlichen Feier ist vorerst von angelsächsischen Gedächtnifstagen nicht die Rede. Die Synodalerlasse über die kirchlichen Feste aus

---

[1]) Wanley Catal. p. 168 sq.
[2]) Westwood Palaeograph. sacra pictor. Pl. 43.

Exeter vom Jahre 1287 (c. 23.) und aus Mayfield vom Jahre 1332 enthalten gar keine angelsächsischen Heiligen.¹) Erst seit dem Ende des 14. Jahrhunderts kommen deren einige wieder zu Ehren. Ein Erlaſs des Erzbischofs von Canterbury, Roger Walden, vom Jahre 1398, ordnet nach den Beschlüssen einer zu London gehaltenen Convocation folgende Feste an:²)

1. März David, Bischof, begraben in Menevia,
2. März Ceadda, Bischof und Bekenner, begraben in Lichf.,
3. Nov. Wenefrida, begraben in der Klosterkirche S. Thoma auſserhalb der Stadt Salopia (Shrewsbury).

Kurz darauf, im Jahre 1400 verfügte Arundel, Erzbischof von Canterbury, mit Auslassung des David, die Feier:³)

im Mai Augustinus, Apostel der Angelsachsen,
im Juni Winefrida, Jungfrau,
im März Ceadda, Bischof von Lichfield.

Demnächst erneuerte im Jahre 1415 Erzbischof Chiceley nach den Beschlüssen eines Provinzialconcils die erstgenannte Fest-Ordnung, welche von Clerus und Volk zu beobachten sei.⁴) Endlich wurde eine neue Anordnung getroffen von einer Convocation zu London im Jahre 1480 hinsichtlich der Feier dreier Personen, nachdem sie vom Papst heilig gesprochen worden; darunter sind zwei Angelsachsen:⁵)

19. Oct. Frideswida, Jungfrau,
17. Oct. Ethelreda, Königin und Aebtissin.

Der älteste von diesen, Bischof David, geht der angelsächsischen Zeit voran: er soll Erzbischof von Menevia in Wales gewesen sein (welches nach ihm den Namen St. David erhalten), und die Pelagianer

---

¹) *Synod. Exon.* bei Wilkins Conc. T. II. p. 145. *Conc. Mayhfeld* ibid. p. 560.
²) Wilkins l. c. T. III. p. 235.
³) *Ibid.* p. 252. — Beide Ausschreiben ordneten auch das Fest des *Thomas Becket* (ermordet 1170) an; das erstere sogar sein wöchentliches Gedächtnifs.
⁴) *Ibid.* p. 376. Auſserdem setzte er auf Anregung des Königs und der Unterthanen das Fest des Märtyrers *Georg*, des speciellen Patrons der englischen Nation, als ein Doppelfest ein.
⁵) *Ibid.* p. 613. Der dritte ist *Osmund*, Bischof von Sarum, † 1099 (um dessen Canonisation K. Heinrich VI. und die Bischöfe der Provinz Canterbury im J. 1424 den Papst angegangen hatten). Auſserdem wurde Mariä Heimsuchung als Doppelfest eingesetzt.

bekämpft haben, um die Mitte des 5. Jahrhunderts. Aber seine Existenz ist sagenhaft.

Die übrigen hier genannten sind Angelsachsen. Von ihnen ist Ceadda, Bischof von Lichfield († 672), von Alters her berühmt gewesen und vorhin schon vorgekommen. Ebenso die Ethelreda, das ist die Königin Aediltbryde († 679), zu deren Fest hier der Tag der Versetzung ihrer Gebeine gewählt ist (s. oben S. 105). Von den beiden andern lebte die Frideswida im zweiten Viertel des 8. Jahrhunderts (die näheren Nachrichten über ihre Zeit sind unsicher und widersprechend): sie stammte aus Oxford und galt für die Patronin der Stadt, wo in der Christkirche noch gegenwärtig ihr Grabmal, aber aus neuerer Zeit, etwa dem Ende des 15. Jahrhunderts steht.[1]) Noch weniger erhellt von der Wenefrid a: sie soll von dem Cadoc, Sohn des Königs Alanus, dessen unzüchtigem Begehren sie widerstanden, getödtet, aber wieder aufgelebt sein und Wunder gethan haben; ihre Gebeine sind im Jahre 1138 nach dem Kloster Shrewsbury gebracht. — Alle drei Frauen (die Ethelreda unter dem Namen Ediltrud an ihrem eigentlichen Tage, dem 23. Juni) sind im römischen Martyrologium aufgenommen.

B. Seit der Reformation.

Die Gottesdienst-Ordnung der reformirten Kirche in England ist enthalten in dem Common-Prayer-Book, welches auch den Kalender in sich schliefst: dasselbe ist zuerst unter Eduard VI. im Jahre 1548 aufgestellt. Ein neuer Kalender erschien im Jahre 1561, hervorgegangen aus den Berathungen einer Commission, an deren Spitze der Erzbischof von Canterbury stand: sie war berufen die Auswahl der biblischen Lectionen zu verbessern, auch hinsichtlich der Heiligennamen den Kalender zu revidiren. Jenes Gebetbuch erhielt im Wesentlichen seine schliefsliche Gestalt im Jahre 1662. Die Einführung des verbesserten Kalenders im Jahre 1752 betraf nur die Zeit- und Fest-Rechnung, nicht aber die Namen. Zwar haben die neuesten Ausgaben des Common-Prayer-Book (zu Oxford, Cambridge und bei den Queen's Printers seit 1847) die Heiligen-Namen, aufser den biblischen, fortgelassen. Diese Willkür und selbst Ungesetzlichkeit (welche durch die Akte von 1662 vorgesehen ist) ist mit Recht gerügt [2]) in der von der Ecclesiastical History

---

[1]) Bossue in den Act. Sanct. Antv. d. XIX. Oct. T. VIII. p. 558 sq.
[2]) Stephens The book of common prayer. Vol. I. p. CCXXII. Er stellt den Fest- und Heiligen-Kalender dieses Gebetbuchs nach den

Society veranstalteten Ausgabe, welche von Mr. Stephens besorgt und auf Vergleichung legalisirter Exemplare gegründet ist (London 1849, in drei Bänden).¹)

Der Kalender des Common-Prayer-Book enthält eine Anzahl Heiligen-Namen sowohl aus dem ältern römischen Kalender als auch von einheimischer Abkunft: die letztern fassen wir hier in's Auge.

Es sind erstens zwei Namen aus der altbritischen Kirche:
17. Juni   S. Alban Martyr.
 1. März   David, Archb. of Menevia.

Aber das Datum des Albanus ist irrig angesetzt; es müfste der 22. Juni sein (s. oben S. 46). Von der unsichern Existenz des David ist eben die Rede gewesen.

Die angelsächsischen Namen sind folgende:

2. März	Cedde or Chad, B. of Litch.	27. Mai	Ven. Bede Pr.
		20. Jun.	Transl. of Edward K. of the W. Sax.
18. -	Edw. K. of the West-Sax.		
19. Apr.	Alphege Archb. of Cant.	15. Jul.	Swithun. B. Winch. Transl.
19. Mai	Dunstan Archb. of Cant.	13. Oct.	Transl. of K. Edward Conf.
26. -	Augustin, first Archbish. of Cant.	17. -	Etheldred Virg.
		20. Nov.	Edmund King et Martyr.

Also nach der Folge der Zeiten, mit Unterscheidung des Standes:

1. Bischöfe und Priester.

26. Mai   Augustinus, erster Erzbischof von Canterbury, † 605.
 2. März   Cedda, Bischof von Lichfeld, † 672.
15. Juni   Versetzung des Swithun, Bischofs von Winchester, † 863.
19. Mai   Dunstan, Erzbischof von Canterbury, † 988.
19. Apr.   Alphegus, Erzbischof von Canterbury, † 1012.
und 27. Mai   Beda, Priester, † 735.

2. Könige und aus Königlichem Geschlecht.

17. Oct.   Etheldred (Aedilthryde), zuletzt Aebtissin von Ely, † 679.
20. Nov.   Edmund, König, ermordet 870 (s. S. 102).

Ausgaben von Oxford 1796, Cambridge 1816, King's Printers 1821; von Oxford 1848, Cambridge 1847, Queen's Printers 1848 zusammen, p. CCXXII—CCXXVI. und p. 281—292; wo denn diese Abweichung der drei letzten von den erstern in die Augen fällt.

¹) Sie enthält the Kalendar with the Table of Lessons mit Anmerkungen Vol. I. p. 185—263.

18. März Edward, König, ermordet 978.
Versetzung seiner Gebeine (nach Shaftesbury) am 20. Juni.
13. Oct. Versetzung Edward's des Bekenners, † 1066.

Sonderbar ist, dafs Edward der Märtyrer zweimal vorkommt, am Tage seines Todes und der Versetzung seiner Gebeine; und dafs zwei andere, Switbun und Edward der Bekenner am Tage ihrer Versetzung, nicht am Todestage aufgeführt sind.

Von den heiligen Frauen der Vorzeit ist aber allein die altberühmte Etheldred aufgenommen.[1])

Es wird schliefslich nicht ohne Interesse sein auf

die angelsächsischen Namen in den deutschen Kalendern, wie sie gegenwärtig in Gebrauch sind, zu achten; da sie Zeugnifs geben, wie das Gedächtnifs hervorragender Glieder der Kirche, auch des Staats der Angelsachsen in Deutschland vor wie nach der Reformation Eingang gefunden und sich erhalten hat.

Einige Namen von *kirchlichen Personen* kommen nur vereinzelt vor, wie

26. Mai Augustinus, Erzbischof von Canterbury, † 605
im protestantischen Kalender von Wien.

3. Oct. Ewald, Märt. unter den Sachsen, † um 695
in den Normal-Kalendern aller preufsischen Provinzen, ausgenommen Schlesien (wo statt dessen Franz Borromäus steht), demgemäfs in den *katholischen* Kalendern von Trier und Coblenz; ferner in den *protestantischen* Kalendern von Kassel und Heidelberg (im letztern wird Lewald gelesen). Sonst haben meist am 3. Oct. die protestantischen Kalender Jairus, die katholischen Candidus.

12. Oct. Wilfrid oder Walfrid, Bischof von York, † 709
in den *protestantischen* Kalendern von Coblenz und Heidelberg.

Dieser Walfrid steht auch im römischen Martyrologium und Baronius (zum Martyr. Rom. 12. Oct.) erklärt ihn für (den zweiten) Wilfrid, Bischof von York, der 732 gestorben sein soll. Es ist aber vielmehr der ältere Wilfrid, † 709, dessen Gebeine am 12. Oct. versetzt sind.

---

[1]) Der nachfolgenden normannischen Zeit gehören in diesem Kalender nur zwei Namen an:
17. Nov. Hugh, Kartheuser Mönch und Bischof von Lincoln, † 1200
3. April Richard, Bischof von Chicester, † 1253;
eine Auswahl, die manches Auffallende hat.

Allgemeinen Eingang aber hat gefunden einer der gröfsten Männer der angelsächsischen Kirche:

26. Mai Heda, Presbyter, † 735

nur dafs die *protestantischen* Normal-Kalender der Provinzen Brandenburg, Pommern und Sachsen, sowie von Ost- und Westpreufsen ihn am 27. Mai ansetzen; aber am 26. steht er in den protestantischen Kalendern von Cöln, Trier, Braunschweig, Kassel, Fulda und Hanau, Weimar, Leipzig, Pforzheim (der Heidelberger Kalender weicht hier ab), Stuttgart, München, Nürnberg, Sulzbach, Würzburg; und in den *katholischen* Kalendern von Arnsberg, Paderborn, Leipzig, Stuttgart. Sonst haben die katholischen Kalender meist Philipp Neri.

Ferner folgende *Königsnamen:*

23. Juni Edeltrud, † 679

auf *protestantischer* Seite in dem Normal-Kalender von Ost- und Westpreufsen, so wie in den Kalendern von Dresden, Jena, Pforzheim; und in den meisten *katholischen* Kalendern, namentlich von Preufsen im Normal-Kalender von Westphalen, so wie in den katholischen Kalendern von Coblenz, Bonn, Emmerich.

5. Aug. Oswald, † 642

in fast allen *protestantischen* Kalendern von Deutschland mit Ausnahme des Normal-Kalenders der Provinzen Brandenburg, Sachsen und Pommern (wo statt dessen Dominicus steht); doch steht Oswald in den protestantischen Kalendern von Trier, Coblenz, Cöln und Stolberg (die sonst mit diesem Normal-Kalender übereinzustimmen pflegen), so wie im Normal-Kalender von Schlesien und Posen; und in vielen *katholischen* Kalendern, namentlich aus Preufsen im Normal-Kalender von Westphalen so wie in den Kalendern von Essen, Wesel, Münster; während in andern „Maria Schnee" diese Stelle einnimmt.

20. Nov. Edmund, † 870 [1])

in einigen *protestantischen* Kalendern: dem Normal-Kalender von Brandenburg, Sachsen, Pommern und von Ost- und Westpreufsen, und den Kalendern von Jena und Heidelberg.

18. März Edward der Märtyrer, † 978

in dem *katholischen* Normal-Kalender von Westphalen und in den katholischen Kalendern von Braunschweig und Wien.

---

[1]) Von ihm bemerkt Lappenberg an dem oben (S. 102) angeführten Ort: in der langen Reihe Königlicher Heiligen ist kaum einer, der so lange eine über Europa verbreitete Verehrung genossen hat.

13. Oct. Edward der Bekenner, † 1066
steht an diesem Datum als am Tage der Versetzung seiner Gebeine in den *protestantischen* Kalendern von Coblenz, Dresden, Pforzheim, Heidelberg, Wien;
und in den *katholischen* Kalendern von Arnsberg, Braunschweig, Kassel, Fulda, Weimar, München, Nürnberg, Sulzbach.

Die altbritische Kirche dagegen ist in den deutschen Kalendern nicht vertreten. Zwar enthalten nicht wenige derselben den Namen

Albanus am 21. Juni

namentlich die *protestantischen* Kalender von Trier, Braunschweig, Fulda und Hanau, Jena, München, Nürnberg, Sulzbach, Würzburg;
auf *katholischer* Seite der Normal-Kalender der preufsischen Rheinprovinz, die Kalender von Cöln, Emmerich, Wesel, Leipzig, Dresden, Weimar;
aber dieser Albanus gehört nach Mainz, wo er im Gartenfelde enthauptet und in der Albanskirche bestattet sein soll:[1]) er ist also verschieden von dem gleichnamigen britischen Heiligen, dessen Gedächtnifs am folgenden Tage, den 22. Juni, ansteht, — obwohl beide zuweilen verwechselt sind. Von beiden ist wiederum Albinus zu unterscheiden, den von deutschen Kalendern ein protestantischer aus Pforzheim am 21. Juni aufführt.

---

[1]) S. *Acta Sanct.* Antv. Jun. T. IV. p. 87. Rettberg Kirchengesch. Deutschlands Bd. I. S. 211 f.

Dritter Theil.

Annalen der Jahre 1859 und 1860.

Diese beiden Jahre gehören zu den denkwürdigsten der neuern Geschichte. Indem wir suchen einen Ueberblick über die Ereignisse zu gewinnen, wenden wir uns zuerst zu dem engern Vaterlande; worauf die Begebenheiten auf dem weitern Schauplatz der Geschichte aufgeführt werden sollen.

I. Territoriale Uebersicht.

Preufsen.

König Friedrich Wilhelm IV.

Der Anfang des Jahres 1861 brachte die Erlösung des Königs von langem Leiden: sein Tod erfolgte am 2. Januar.[1])

Die Königliche Proclamation vom 7. Januar 1861 sagt zu seinem Gedächtnifs:

> Niemals hat eines Königs Herz treuer für seines Volkes Wohl geschlagen ... Ueberall gewährte Er edlen Kräften Anregung und förderte deren Entfaltung. Mit freier Königlicher Hand gab Er dem Lande Institutionen, in deren Ausbau sich die Hoffnungen desselben erfüllen sollten. Mit treuem Eifer war Er bemüht, dem gesammten deutschen Vaterlande höhere Ehre und festere Einigung zu gewinnen. Als eine unheilvolle Bewegung der Geister alle Grundlagen des Rechts erschüttert hatte, wufste Er die Verwirrung zu enden, durch eine neue politische Schöpfung die unterbrochene Entwickelung herzustellen und ihrem Fortgange feste Bahnen anzuweisen. Dem Könige, der so Grofses zu begründen wufste, dessen unvergefsliches Wort: „Ich und Mein Haus, Wir wollen dem Herrn dienen" auch Meine Seele erfüllt, gebührt ein hervorragender Platz in der glorreichen Reihe der Monarchen, welchen Preufsen seine Gröfse verdankt, welche es zum Träger des deutschen Geistes machten.

---

[1]) Weiteres s. in den Annalen des Jahres 1861 im Preufs. Staats-Kalender für 1862, S. 19 f.

Königliches Haus.

Kurz zuvor war das Königshaus in Trauer versetzt durch das Ableben der Kaiserin von Rufsland († 31. Oct. 1860), Schwester des Königs und des Prinz-Regenten. Se. K. Hoheit hat es ausgesprochen, dafs „seinem Herzen noch im Besonderen in der geliebten Schwester die treueste Freundin entrissen worden, ein Band, welches frohe wie trübe Ereignisse nur immer fester geschlungen hatten", in der Antwort (vom 6. Nov.) an die städtischen Behörden von Berlin, welche ihrerseits bezeugt hatten, wie alle treuen Preufsenherzen mit ihrem Königshause die gleiche Trauer verbindet. Nicht minder allgemeine Theilnahme, erhöht durch die besonderen Umstände, hat das unerwartete Hinscheiden der jugendlichen Fürstin gefunden, welche unlängst erst dem Könige von Portugal vermählt, den Thron bestiegen hatte, geborne Prinzessin von Hohenzollern-Sigmaringen († 16. Juli 1859).

Ein neues Pfand der Verbindung des Königshauses mit dem Lande ist gegeben durch die Geburt eines dereinstigen Thronerben, Sohnes des Prinzen Friedrich Wilhelm (geb. 27. Jan. 1859).

Durch Gesetz vom 30. April 1859 ist die Krondotation erhöht worden.

Der Prinz-Regent.

Durch Erlafs vom 23. October 1857 hatte der König nach seiner Erkrankung zum erstenmal den Prinzen von Preufsen mit seiner Vertretung in den Regierungsgeschäften beauftragt, welches von Vierteljahr zu Vierteljahr durch die Königlichen Erlasse vom 6. Januar, 9. April und 25. Juni 1858 erneuert wurde: dem entsprechend ist von dem Prinzen durch die Erlasse vom folgenden Tage die Stellvertretung übernommen. Nachdem darauf beim Ablauf des Jahres, am 7. Oct. 1858, der König in Erwägung der fortdauernden Verbinderung, selbst die Regierung zu führen, die Aufforderung zur Uebernahme der Regentschaft an den Prinzen gerichtet hatte, hat Derselbe am 9. Oct. die Regentschaft übernommen und zugleich nach Art. 56 der Verfassung die beiden Häuser des Landtags berufen. Diese haben auch ihrerseits die Nothwendigkeit der Regentschaft einstimmig anerkannt (am 25. Oct.) und Zeugnifs abgelegt von dem herzlichen Vertrauen des ganzen Landes, welches in so schwerer Zeit dem allverehrten Prinz-Regenten entgegengekommen ist und seitdem sich noch befestigt hat. Am folgenden Tage legte Derselbe den Eid auf die Verfassung ab.

Es erfolgte alsbald die Neubildung des Staatsministeriums, dessen Präsidium dem Fürsten zu Hohenzollern-Sigmaringen am 5. Nov.

übertragen worden: ein allerh. Erlafs vom folgenden Tage genehmigte dessen Zusammensetzung.

Hierauf hielt der Prinz-Regent im Staatsministerium am 8. Nov. (an welchem Tage auch der Prinz Friedrich Wilhelm in dasselbe eingetreten ist) jene denkwürdige Ansprache, welche bald darauf durch die öffentlichen Blätter (in Berlin am 25. Nov.) bekannt geworden ist. Dieselbe ist nicht allein das Programm der Regentschaft, sondern auch nach der Thronbesteigung von dem Könige Wilhelm als solches anerkannt sowohl in der Ansprache an die Deputation der Stadt Berlin vom 4. Jan. 1861,[1]) als durch das Circularschreiben des Ministers des Innern, Grafen v. Schwerin, vom 5. Nov. 1861, worin es heifst: „Dem Lande sind die Normen bekannt, welche des Königs Majestät am 8. Nov. 1858 als diejenigen Allerhöchstihrer Regierung kundgegeben haben. Allerhöchstdieselben haben noch in jüngster Zeit dem Staatsministerium ausdrücklich auszusprechen geruht, dafs auf diesen Normen fest beharrt werden soll, verlangen aber auch, dafs dieselben vor Mifsdeutungen gewahrt werden." Um so mehr wird der Text derselben hier willkommen sein.

„Nachdem wir durch eine eroste Krisis gegangen sind, sehe ich Sie, die Mein Vertrauen zu den ersten Räthen der Krone berufen hat, zum ersten Male um Mich versammelt. Augenblicke der Art gehören zu den schwersten im Leben des Monarchen, und Ich als Regent habe sie nur noch tiefer empfunden, weil ein unglückliches Verhältnifs Mich in Meine Stellung berufen hat. Die Pietät gegen Meinen schwer heimgesuchten König und Herrn liefs mich lange schwanken, wie manche Erlebnisse, die Ich unter Seiner Regierung wahrnahm, in eine bessere Bahn wieder überzuleiten seien, ohne Meinen brüderlichen Gefühlen und der Liebe, Sorgfalt und Treue, mit welcher unser allergnädigster König Seine Regierung führte, zu nahe zu treten.

Wenn Ich Mich jetzt entschliefsen konnte, einen Wechsel in den Räthen der Krone eintreten zu lassen, so geschah es, weil Ich bei allen von Mir erwählten dieselbe Ansicht traf, welche die Meinige ist: Dafs nehmlich von einem Bruche mit der Vergangenheit nun und nimmermehr die Rede sein soll. Es soll nur die sorgliche und bessernde Hand angelegt werden, wo sich Willkürliches oder gegen die Bedürfnisse der Zeit Laufendes zeigt. Sie Alle erkennen es an, dafs das Wohl der Krone und des Landes unzertrennlich ist, dafs die Wohlfahrt beider auf gesunden, kräftigen, conservativen Grundlagen beruht. Diese Bedürfnisse richtig zu erkennen, zu erwägen und in's Leben zu rufen, das ist das Geheimnifs der Staatsweisheit, wobei von allen Extremen sich fern zu halten ist. Unsere Aufgabe wird in dieser Beziehung keine leichte sein,

---

[1]) S. in den angef. Annalen des Jahres 1861, S. 21.

denn im öffentlichen Leben zeigt sich seit Kurzem eine Bewegung, die, wenn sie theilweise erklärlich ist, doch andererseits bereits Spuren von absichtlich überspannten Ideen zeigt, denen durch unser eben so besonnenes als gesetzliches und selbst energisches Handeln entgegen getreten werden muſs. Versprochenes muſs man treu halten, ohne sich der bessernden Hand dabei zu entschlagen, Nicht-Versprochenes muſs man muthig verhindern. Vor Allem warne Ich vor der stereotypen Phrase, daſs die Regierung sich fort und fort treiben lassen müsse, liberale Ideen zu entwickeln, weil sie sich sonst von selbst Bahn brächen. Gerade hierauf bezieht sich, was Ich vorhin Staatsweisheit nannte. Wenn in allen Regierungshandlungen sich Wahrheit, Gesetzlichkeit und Consequenz ausspricht, so ist ein Gouvernement stark, weil es ein reines Gewissen hat, und mit diesem hat man ein Recht, allem Bösen kräftig zu widerstehen.

In der Handhabung unserer inneren Verhältnisse, die zunächst vom Ministerium des Innern und der Landwirthschaft ressortiren, sind wir von einem Extreme zum anderen seit 1848 geworfen worden. — Von einer Communalordnung, die ganz unvorbereitet Selfgovernment einführen sollte, sind wir zu den alten Verhältnissen zurückgedrängt worden, ohne den Forderungen der Zeit Rechnung zu tragen, was sonst ein richtiges Mittehalten bewirkt haben würde. Hieran die bessernde Hand dereinst zu legen, wird erforderlich sein; aber vorerst müssen wir bestehen lassen, was eben erst wieder hergestellt ist, um nicht neue Unsicherheit und Unruhe zu erzeugen, die nur bedenklich sein würde.

Die Finanzen haben sich in acht Jahren von einem sehr unglücklichen Stande so gehoben, daſs nicht nur das Budget gut balancirt, sondern Ueberschüsse sich ergeben. Aber noch kann bei Weitem nicht allen Bedürfnissen entsprochen werden, die sich in allen Branchen und Administrationen kund geben. Hätte man vor zwei Jahren in den Steuer-Vorlagen richtiger operirt, so würden wir durch Bewilligung derselben jetzt auf viele Jahre hinaus drängenden Bedürfnissen haben gerecht werden können. Wie zu diesen Bedürfnissen die Mittel zu beschaffen sein werden, wird eine Hauptaufgabe der Zukunft sein. Die wahre Besteuerungsfähigkeit des Landes ist dabei vor Allem in's Auge zu fassen.

Handel, Gewerbe und die damit eng verbundenen Communicationsmittel haben einen nie geahnten Aufschwung genommen, doch muſs auch hier Maaſs und Ziel gehalten werden, damit nicht der Schwindelgeist uns Wunden schlage. Den Communicationswegen müssen, nach wie vor, bedeutende Mittel zu Gebote gestellt werden; aber sie dürfen nur mit Rücksicht auf alle Staatsbedürfnisse bemessen und dann müssen die Etats inne gehalten werden.

Die Justiz hat sich in Preuſsen immer Achtung zu erhalten gewuſst. Aber wir werden bemüht sein müssen, bei den veränderten Principien der Rechtspflege das Gefühl der Wahrheit und der Billigkeit in alle Klassen der Bevölkerung eindringen zu lassen, damit Gerechtigkeit auch durch Geschworene wirklich gehandhabt werden kann.

Eine der schwierigsten und zugleich zartesten Fragen, die in's Auge gefafst werden mufs, ist die kirchliche, da auf diesem Gebiete in der letzten Zeit viel vergriffen worden ist. Zunächst mufs zwischen beiden christlichen Confessionen eine möglichste Parität obwalten. In beiden Kirchen mufs aber mit allem Ernste den Bestrebungen entgegen getreten werden, die dahin abzielen, die Religion zum Deckmantel politischer Bestrebungen zu machen. In der evangelischen Kirche, wir können es nicht leugnen, ist eine Orthodoxie eingekehrt, die mit ihrer Grund-Anschauung nicht verträglich ist und die sofort in ihrem Gefolge Heuchler hat. Diese Orthodoxie ist dem segensreichen Wirken der evangelischen Union hinderlich in den Weg getreten, und wir sind nahe daran gewesen, sie zerfallen zu sehen. Die Aufrechterhaltung derselben und ihre Weiterbeförderung ist Mein fester Wille und Entschlufs, mit aller billigen Berücksichtigung des confessionellen Standpunktes, wie dies die dahin einschlagenden Decrete vorschreiben. Um diese Aufgabe lösen zu können, müssen die Organe zu deren Durchführung sorgfältig gewählt und theilweise gewechselt werden. Alle Heuchelei, Scheinheiligkeit, kurzum alles Kirchenwesen als Mittel zu eguistischen Zwecken ist zu entlarven wo es nur möglich ist. Die wahre Religiosität zeigt sich im ganzen Verhalten des Menschen; dies ist immer in's Auge zu fassen und von äufseren Gebahren und Schaustellungen zu unterscheiden. Nichtsdestoweniger hoffe Ich, dafs, je höher man im Staate steht, man auch das Beispiel des Kirchenbesuchs geben wird. — Der katholischen Kirche sind ihre Rechte verfassungsmäfsig festgestellt. Uebergriffe über diese hinaus sind nicht zu dulden. — Das Unterrichtswesen mufs in dem Bewufstsein geleitet werden, dafs Preufsen durch seine höheren Lehranstalten an der Spitze geistiger Intelligenz stehen soll, und durch seine Schulen die den verschiedenen Klassen der Bevölkerung nöthige Bildung gewähren, ohne diese Klassen über ihre Sphären zu heben. Gröfsere Mittel werden hierzu nöthig werden.

Die Armee hat Preufsens Gröfse geschaffen, und dessen Wachsthum erkämpft; ihre Vernachlässigung hat eine Katastrophe über sie und dadurch über den Staat gebracht, die glorreich verwischt worden ist durch die zeitgemäfse Reorganisation des Heeres, welche die Siege des Befreiungskrieges bezeichneten. Eine vierzigjährige Erfahrung und zwei kurze Kriegs-Episoden haben uns indess auch jetzt aufmerksam gemacht, dafs Manches, was sich nicht bewährt hat, zu Aenderungen Veranlassung geben wird. Dazu gehören ruhige politische Zustände und — Geld, und es wäre ein schwer sich bestrafender Fehler, wollte man mit einer wohlfeilen Heeresverfassung prangen, die deshalb im Momente der Entscheidung den Erwartungen nicht entspräche. Preufsens Heer mufs mächtig und angesehen sein, um, wenn es gilt, ein schwer wiegendes politisches Gewicht in die Waagschale legen zu können.

Und so kommen wir zu Preufsens politischer Stellung nach aufsen. — Preufsen mufs mit allen Grofsmächten im freundschaftlichsten Vernehmen stehen, ohne sich fremden Einflüssen hinzugeben und ohne sich die Hände frühzeitig durch Tractate zu binden. Mit allen übrigen Mächten ist das freundliche Verhältnifs gleichfalls geboten. In Deutschland mufs Preufsen moralische Eroberungen machen, durch eine weise Gesetzgebung bei sich, durch Hebung aller sittlichen Elemente und durch Ergreifung von Einigungs-Elementen, wie der Zollverband es ist, der indefs einer Reform wird unterworfen werden müssen. — Die Welt mufs wissen, dafs Preufsen überall das Recht zu schützen bereit ist. Ein festes, consequentes und, wenn es sein mufs, energisches Verhalten in der Politik, gepaart mit Klugheit und Besonnenheit, mufs Preufsen das politische Ansehen und die Machtstellung verschaffen, die es durch seine materielle Macht allein nicht zu erreichen im Stande ist.

Auf dieser Bahn Mir zu folgen, um sie mit Ehren gehen zu können, dazu bedarf Ich Ihres Beistandes, Ihres Rathes, den Sie Mir nicht versagen werden. — Mögen wir uns immer verstehen zum Wohle des Vaterlandes und des Königthums von Gottes Gnaden."

Zu den persönlichen Begegnissen von hoher politischer Bedeutung zählen demnächst vor allem die Zusammenkünfte, welche im Lauf weniger Monate der Prinz-Regent mit den regierenden Häuptern aller übrigen Grofsmächte gehabt hat, nehmlich

15 — 17. Juni in Baden-Baden mit dem Kaiser der Franzosen,
26. Juli in Teplitz mit dem Kaiser von Oesterreich,
11 — 13. Oct. in Coblenz mit der Königin von England,
21 — 26. Oct. in Warschau mit dem Kaiser von Rufsland
und mit dem Kaiser von Oesterreich.

In diesen sich drängenden Zusammenkünften giebt sich wohl eben so sehr die Spannung der allgemeinen Lage Europa's zu erkennen, als das Verlangen, einen Zusammenstofs zu vermeiden und die Gegensätze auszugleichen. Es ist bekannt, dafs die erstgenannten beiden Zusammenkünfte nicht von preufsischer Seite gesucht sind. Die zu Baden-Baden war herbeigeführt von Seiten des Kaisers der Franzosen, um, wie es hiefs, das in den Cabinetten und Völkern verbreitete Mifstrauen durch persönliche Erklärungen zu beseitigen. In der Zusammenkunft zu Teplitz, wie sie von österreichischer Seite herbeigeführt worden, darf vor allem eine Zurücknahme der grundlosen Beschuldigung erkannt werden, die aus Anlafs des Friedens von Villafranca von Oesterreich erhoben worden, als sei es von seinen nächsten Verbündeten in Stich gelassen. Und doch war von Preufsen zuvor offen erklärt, dafs es in eine Kriegsgemeinschaft nicht eintreten könne, ohne Gemeinschaft der Ziele: das österreichische Ziel aber bei dem Angriff auf Sardinien war zunächst der Sturz des constitutionellen Systems daselbst und weiterhin eine Staatsveränderung in Frankreich. Andrerseits wurde von Frankreich deutlich erklärt, dafs es zum Frieden mit Oesterreich die Hand geboten grade wegen der kriegerischen Haltung Preufsens, nm nicht den Krieg am Rhein aufnehmen zu müssen. Also waren die Opfer, die Preufsen gebracht, für Oesterreich nicht ohne Frucht gewesen. Im Uebrigen hat bereits die Folgezeit thatsächlich gelehrt, was die auswärtige Politik Preufsens betrifft, dafs es zu Teplitz keine Verbindlichkeit übernommen, welche der freien Selbstbestimmung Italiens über seine eigenen Geschicke entgegenträte. Ebenso in der innern deutschen Politik, dafs es zu Baden-Baden dem Verlangen deutscher Fürsten gegenüber nicht eingewilligt hat, der deutschen Reformbewegung durch Maafsregelung zu steuern, sondern auf dem gesetzlichen Wege verharrt.

Die Summe dieser Politik zeigt ein Wort des Prinz-Regenten an, welches an den Grenzmarken Deutschlands ausgesprochen über seine Grenzen hinaus gehört und verstanden ist:

25. Mai 1860 auf dem Bahnhof von St. Johann und Saarbrücken (aus Anlafs der Eröffnung der Saarbrücken-Trierer Bahn): Preufsen werde niemals zugeben, dafs auch nur ein Fufsbreit deutschen Landes verloren gehe.

Was aber die ächte Wehrhaftigkeit des Vaterlandes zusammen mit den höchsten geistigen Interessen desselben betrifft, so ist darüber eine Erklärung des Prinz-Regenten aus Anlafs der Jubelfeier der Universität zu Berlin vor einer Deputation des Senats und den Abgeordneten der fremden Universitäten gehört. Se. K. Hoheit hat zu dem Rector Boeckh gewendet seine volle Zustimmung zu dem Inhalt der Festrede desselben ausgesprochen:

16. Oct. 1860, insbesondere zu demjenigen Theile der Rede, welcher die wissenschaftliche Forschung als Gotteserkenntnifs und Gottesverehrung bewiesen hatte, und ausdrücklich zu den Worten, dafs die Kraft des Landes nicht blos auf der Macht der Waffen, sondern auf dem geistigen Leben der Nation beruhe;

welche der Minister Hr. v. Bethmann-Hollweg bei dem Festmahl desselben Tages wiederholte.

Als eine indirecte Erklärung endlich des Trägers der Krone von entscheidender Bedeutung in der innern Politik, welche aber auch die Stellung nach aufsen bestimmt, erscheint die Maafsregel:

29. Sept. 1860 Berufung neuer Mitglieder des Herrenhauses und Bestellung neuer Kronsyndici.

Da zwischen der Regierung und dem Hause der Abgeordneten einerseits und der Mehrheit des Herrenhauses ein ausgesprochener Gegensatz bestand, in Folge dessen die Gesetzgebung durch zwei

Sessionen in wichtigen Vorlagen zum Stillstand gelangte; so kann diese Ausübung der Kronprärogative, welche im Herrenhause der Ansicht der Regierung eine stärkere Vertretung schafft, nicht mifsverstanden werden. Indessen ist die Berufung neuer Mitglieder nicht in solcher Ausdehnung erfolgt, dafs allein dadurch die Majorität in eine Minorität verwandelt wäre. Es scheint also in dieser Maafsregel zugleich die Erwartung angedeutet, dafs die Gründe, welche in der allseitigern Discussion sich geltend machen können, nebst der Autorität der Krone, welche in jener Berufung sich ausspricht, Eingang finden und einen umbildenden Einfluss üben werden.

Staatsministerium.

Seit Eintritt der Regentschaft ist in den Ressortverhältnissen Eine Aenderung eingetreten, nehmlich die Münzverwaltung, welche mit der Verwaltung des Staatsschatzes vereinigt war, dem Finanzministerium überwiesen (3. Jan. 1859).

Und in persönlicher Hinsicht ein dreifacher Wechsel: im Ministerium des Innern, welches von Herrn Flottwell auf den Grafen v. Schwerin übergegangen ist (3. Juli 1859); im Kriegsministerium, da an die Stelle des Generals v. Bonin Generallieutenant v. Roon getreten ist (5. Dec. 1859); so wie im Justizministerium, da Herr Simons Herrn v. Bernuth zum Nachfolger erhalten hat (17. Dec. 1860).

Auch hat der Chef der Marineverwaltung, die am 14. März 1859 eingesetzt worden, Vice-Admiral Schroeder, den Abschied erhalten (14. Dec. 1860); und es ist ein Marineministerium gebildet, welches dem Kriegsminister v. Roon übertragen ist (s. S. 128).

Kirchenregierung.

Vor allem ist zu bemerken, dafs durch die Neubildung des Ministeriums vom 6. Nov. 1858 auch zwischen den beiden obersten Behörden für die evangelische Kirche, dem Ministerium der geistlichen Angelegenheiten und dem Evangelischen Oberkirchenrath, eine Uebereinstimmung herbeigeführt ist, an der es lange Zeit gebrach. Es ist kein Geheimnifs, dafs zum Schaden der Kirche zwischen dem Ministerium des Herrn v. Raumer und dem Oberkirchenrath ein principieller Gegensatz bestand, derselbe Gegensatz, in welchem dieser Minister selbst gegen den König sich verhielt: wie dies offenkundig geworden ist zumal bei der von Sr. Majestät veranlafsten Versammlung evangelischer Christen aller Länder zu Berlin im Jahre 1857, überhaupt aber in der Gegenwirkung gegen die bestehende Union der Kirchen sich gezeigt hat. Nun hat auch der Prinz-Regent die Union schützen zu wollen erklärt.

Dies geschieht, wie in der Ansprache an das Staatsministerium vom 8. Nov. 1858 (s. oben S. 121), so in dem ersten der beiden Erlasse, welche von Wichtigkeit für den innern Aufbau der Kirche, in dieser Zeit ergangen sind. Es ist der Bescheid vom 4. Jan. 1860 auf die von Dr. Jonas verfafste Immediateingabe, worin um Berufung einer Verfassung gebenden Synode gebeten war. Derselbe lautet also:

Auf die Vorstellung vom 5. Mai v. J., in welcher Sie Mir Ihre Ansichten und Wünsche in Betreff der Verfassung der evangelischen Kirche des Landes vorgetragen haben, eröffne Ich Ihnen, dafs Ich es mit Ihnen für eine eben so wichtige als dringende Aufgabe halte, der evangelischen Kirche zu der ihr gebührenden Selbstständigkeit zu verhelfen, und dafs Ich die Lösung dieser Aufgabe mit aller Kraft zu fördern entschlossen bin. Das von Ihnen zu diesem Behufe Mir vorgeschlagne Mittel anzuwenden, mufs Ich jedoch Anstand nehmen. Ich kann vielmehr im Hinblicke auf die obwaltenden rechtlichen und thatsächlichen Verhältnisse nur ein allmähliges, wenn schon energisches Vorschreiten für zulässig und rathsam halten. In diesem Sinne werde Ich demnächst in Betreff der Gemeinde-Verfassung und der auf dieselbe zu gründenden Kreissynoden weitere Anregung ergehen lassen, welcher Sie, wie Ich erwarte, bereitwillig entgegenkommen werden. So viel die Beschwerden über die frühere Verwaltung der Angelegenheiten der evangelischen Landeskirche anlangt, welche in der Ihrer Vorstellung beigefügten Denkschrift enthalten sind, so beruhen dieselben zum Theil auf nicht haltbaren rechtlichen Voraussetzungen oder auf unvollständiger Kenntnifs der Thatsachen. Eine specielle Erörterung der einzelnen Punkte habe Ich nicht für nothwendig erachten können. Ich will Sie jedoch in Beziehung auf diejenigen Beschwerden, welche die Gefährdung der Union zum Gegenstande haben, durch die Versicherung beruhigen, dafs dieses Meiner Pflicht anvertraute theure Vermächtnifs Meines in Gott ruhenden Vaters Majestät von Mir treu bewahrt werden wird.

Berlin, 4. Jan. 1860.

(gez.) Wilhelm, Prinz-Regent.
* (gegengez.) v. Bethmann-Hollweg.

An Prediger Dr. Sydow und Genossen.

Der andere Erlafs ist vom
27. Febr. 1860, betreffend die Fortbildung der Kirchenverfassung in den östlichen Provinzen der Monarchie.

Inneres.

Die Gesetzgebung dieser beiden Jahre im Einzelnen wird weiterhin nachgewiesen. Hier mögen nur zwei Gesetze hervorge-

hoben werden, welche den Charakter der innern Politik überhaupt bezeichnen:
12. Mai 1860, Gesetz betreffend die Declaration des §. 54. des Gesetzes über die Presse vom 12. Mai 1851;
27. Juni 1860, Gesetz, die Wahlbezirke für das Haus der Abgeordneten betreffend.

Durch beides ist eine *gesetzliche* Regelung an die Stelle der Möglichkeit getreten, von Verwaltungs wegen durch Aenderung der Wahlbezirke auf die Wahlen und durch Concessions-Entziehung oder Bedrohung damit auf die Presse einzuwirken.

Dazu kommt
30. Aug. 1860, Staatsministerialerlaſs betreffend die Erhebung des Competenz-Conflicts,
wodurch die Befugniſs der Verwaltungsbehörden gegenüber dem *richterlichen* Erkennen auf ein engeres Maaſs zurückgeführt wird.

Justiz.

Das Ehegesetz, welches bestimmt war, einen gefährlichen Conflict zwischen den Ansprüchen der Kirche und der bisherigen bürgerlichen Gesetzgebung zu lösen, um jenen gerecht zu werden, ohne dem Recht des Staats in der ihm eigenen Sphäre etwas zu vergeben, ist auf den beiden Landtagen dieser Jahre zwar berathen, aber nicht zu Stande gekommen.

Hingegen ist
30. Mai 1859 ein Gesetz wegen Abänderung einiger Bestimmungen des Strafgesetzbuchs
ergangen.

Finanzen.

Eine Reihe Finanzgesetze sind erschienen, welche die Beschaffung der Geldmittel theils für den erhöhten Militairbedarf, theils für Eisenbahnbauten betreffen.
Und zwar in ersterer Beziehung:
21. Mai 1859, Gesetz betreffend den auſserordentlichen Geldbedarf der Militair- und Marineverwaltung;
dasselbe ermächtigt die Chefs derselben zu den auſserordentlichen Ausgaben, welche durch die angeordnete Kriegsbereitschaft und die etwa erforderlichen weiteren militairischen Maaſsregeln veranlaſst werden; den Finanzminister aber für dies Erforderniſs zu einer Auleihe im Betrage bis zu 40 Millionen Thalern: demzufolge verfügte

28. Mai 1859 ein allerh. Erlafs die Aufnahme einer Staatsanleibe von 30 Millionen Thalern. —

27. Juni 1860, Gesetz betreffend die Verwendung des Restbestandes von den durch das Gesetz vom 21. Mai 1859 zu den aufserordentlichen Ausgaben der Militair- und Marineverwaltung bewilligten Geldmitteln:

der Finanzminister wird ermächtigt, dem Kriegsminister die zur Deckung der aufserordentlichen Bedürfnisse der Militairverwaltung in der Zeit vom 1. Jan. bis 1. Mai d. J. erforderliche Summe bis zum Betrage von 1½ Millionen Thalern zu überweisen. Und

27. Juni 1860, Gesetz betreffend den aufserordentlichen Geldbedarf der Militairverwaltung für die Zeit vom 1. Mai 1860 bis zum 30. Juni 1861:

der Kriegsminister wird ermächtigt zur einstweiligen Aufrechterhaltung und Vervollständigung derjenigen Maafsnahmen, welche für die fernere Kriegsbereitschaft und erhöhte Streitbarkeit des Heeres erforderlich und auf den bisherigen gesetzlichen Grundlagen thunlich sind, aufser den im gewöhnlichen Budget bewilligten Mitteln vom 1. Mai d. J. bis zum 30. Juni k. J. 9 Millionen Thaler zu verwenden.

Auf diese Ausgaben bezieht sich auch eine Erhöhung der Steuern, welche durch die gleichzeitig ergangenen Gesetze vom 21. Mai 1859 und 27. Juni 1860 angeordnet ist: nehmlich die Erhebung resp. Forterhebung eines Zuschlags zur klassificirten Einkommensteuer, zur Klassensteuer und zur Mahl- und Schlachtsteuer (diese Forterhebung ist bis zum 30. Juni 1861 festgesetzt).

Für den Eisenbahnbau verfügt der allerh. Erlafs vom 21. Aug. 1859 (in Gemäfsheit der Gesetze vom 10. Mai 1858 und 2. Juni 1859) die Aufnahme einer Staatsanleihe von zusammen 18,400,000 Thlrn. Und das Gesetz vom 16. April 1860 gewährt die Zinsgarantie des Staats für eine Prioritätsanleihe der Rhein-Nahe-Eisenbahngesellschaft zum Betrage von 6 Millionen Thalern.

Andererseits ist unterm 21. Mai 1859 der §. 6. des Gesetzes vom 30. Mai 1853, welcher die von den Eisenbahnen zu entrichtende Abgabe betrifft, aufgehoben.

Heer und Flotte.

Im Laufe des Jahres 1860 ist die Reorganisation der Armee durchgeführt.

Als einzelnes Ereignifs unter den militairischen Uebungen verdient hervorgehoben zu werden:

25. Sept. 1860, die mit Belagerungsübung verbundene Demolirung der Festung Jülich in Gegenwart des Prinz-Regenten (s. Cöln. Zeit. vom 29. Sept. 1860, Beil.).

Auch in der Kriegs-Marine ist eine Reorganisation eingetreten. Zuerst durch Erlafs vom

14. März 1859, betreffend die Reorganisation der Admiralität, demzufolge dieselbe fortan aus zwei von einander getrennten Behörden besteht, der Marineverwaltung, die von einem Chef mit den Befugnissen und der Verantwortlichkeit eines Ministers geleitet wird, und dem Oberkommando der Marine, welches, wie bisher, dem Oberbefehlshaber der Marine zusteht. Diese Ordre ist aber durch K. Erlafs vom 16. April 1861 aufser Wirksamkeit gesetzt: die Admiralität als Verwaltungsbehörde ist aufgehoben und an deren Stelle die Bildung eines Marineministeriums angeordnet. — Zur Organisation der Marine gehört auch der Erlafs vom

11. Juni 1859, betreffend das Ersatzwesen der Marine.

Eine ansehnliche Vermehrung der Seestreitkräfte ist erfolgt auf Grund folgender Cabinetsordres:

vom 2. Juni 1859, betreffend den Bau von 19 Schrauben-Kanonenbooten;

und vom 28. Juni 1860, betreffend die Herstellung von 2 Schrauben-Corvetten.

Eine wichtige Aufgabe hat ein Theil der Marine ausgeführt durch die Expedition nach Japan, welche bestimmt war, die preufsische Flagge in den fernen Gewässern zu zeigen und Handelsverträge abzuschliefsen. Den Anfang bezeichnet

11. Dec. 1859 der Abgang der Corvette Arcona, Capitain Sundewall, Chef des Geschwaders, von Danzig. Und am

4. Sept. 1860 ist dieselbe in Yeddo-Bay angekommen.

Die beabsichtigten Verträge sind geschlossen mit Japan zu Yeddo am 24. Januar, mit China zu Tientsin am 2. Sept. 1861.

Handel und Eisenbahnen.

Einige Hauptlinien des preufsischen Eisenbahnsystems sind in dieser Zeit vollendet: und es hat deren Eröffnung ihre Weihe erhalten durch die Gegenwart des Prinz-Regenten; nachdem ebenso auch in der pommerschen Bahn die Strecke von Stargard nach Colberg und Cöslin (am 30. Mai 1859) eröffnet war. Darauf folgt im Jahre 1860:

25. Mai die Eröffnung der Rhein-Nahe- und der Saarbrücken-Trierer Bahn, und

4. Juni die Eröffnung der Eisenbahn von Königsberg nach der russischen Grenze bei Stallupönen; worauf die preußische Ostbahn vollendet ist am 15. Aug. durch Eröffnung der Strecke Stallupönen-Eydtkuhnen. — Außerdem gehört noch dem Jahre 1859 an:
 1. Febr., die Eröffnung der Strecke der Berlin-Anhaltischen Bahn von Bitterfeld nach Halle und Leipzig,
 20. Juli, die Vollendung der neuen Rheinbrücke bei Cöln.
Ferner ist angeordnet durch Gesetz vom
 2. Juli 1859 der Bau einer Eisenbahn von Bromberg über Thorn zur Landesgrenze in der Richtung auf Lowicz.

 Mehrere Verträge sind abgeschlossen mit benachbarten deutschen Staaten über gemeinsame Eisenbahnlinien. Nehmlich:
 10. Mai 1859 mit dem Großherzogth. Hessen, den Anschluß der Eisenbahn bei Bingen betreffend,
 8. Febr. 1860 mit dem Herzogth. Nassau über die zwischen Cöln und Gießen und zwischen Coblenz und Wetzlar zu erbauenden Eisenbahnen,
 7. Juli 1860 mit dem Großherzogth. Hessen über die zwischen Cöln und Gießen zu erbauende Eisenbahn.
Und 18. Aug. 1860 Vertrag des deutschen Postvereins zu Frankfurt a. M.

 Im Interesse des Handels sind vier Verträge abgeschlossen. Drei von Seiten des Zollvereins, wovon zwei mit überseeischen Staaten:
 19. Sept. 1857 (ratificirt 3. Juni 1859) mit der argentinischen Conföderation,
 28. Oct. 1859 mit Sardinien,
 1. Aug. 1860 mit dem südamerikanischen Freistaat Paraguay.
Desgl. 12. Dec. Vereinbarung der Rheinuferstaaten zu Carlsruhe zur Ermäßigung der Rheinzölle.

Auswärtiges.

 Zu den erwähnten Handels-, Post- und Eisenbahn-Verträgen kommen noch, um dies gleich hier anzumerken, zwei Staatsverträge:
 3. Mai 1859 mit dem Königreich Sachsen zur Regelung der gegenseitigen Gerichtsbarkeitsverhältnisse,
 5. Jan. 1860 mit Spanien wegen Auslieferung flüchtiger Verbrecher.
Auch ist
 12. März 1859 die Wiederanknüpfung der diplomatischen Verbindung mit der Schweiz erfolgt.

Was im Uebrigen zuvörderst Preufsen als deutsche Bundesmacht betrifft; so hat es seine Politik in der Hauptfrage, hinsichtlich der Bundesverfassung und des Verlangens nach einer Reform derselben, rückhaltslos dargelegt zuerst auf die stettiner Adresse an den Prinz-Regenten vom 8. Aug. 1859:
    12. Sept. 1859 durch Rescript des Ministers des Innern an die Unterzeichner der Adresse.
Und auf's neue:
    6. Juni 1860 durch Circulardepesche des Ministers der auswärtigen Angelegenheiten an die preufsischen Gesandten und Geschäftsträger an den deutschen Höfen.
Jene Adresse hatte die Ueberzeugung ausgesprochen, dafs es einer Reform der Bundesverfassung, insbesondere einer einheitlichen Centralgewalt bedürfe (s. unten S. 136). Die erwähnte Antwort des Herrn Ministers Grafen v. Schwerin (welche damals auch bekannt geworden ist) lautet nach einer authentischen Abschrift folgendermaafsen.

Seine Königliche Hoheit der Regent Prinz von Preufsen haben auf den Antrag des Staatsministeriums geruht, die Allerhöchstdemselben von Ihnen überreichte Adresse mir zugehen zu lassen, um Sie darauf mit einer Bescheidung zu versehen.

Indem ich demgemäfs auf allerhöchsten Befehl es Ihnen auszusprechen habe, dafs Seiner K. H. die sich in der Adresse ausdrückende Gesinnung der Treue und des Vertrauens zu Ihm, so wie der Liebe und Hingebung für das Preufsische und für das Deutsche Vaterland erfreulich gewesen, füge ich in Betreff der Gesichtspunkte, welche die Preufsische Regierung den Bestrebungen auf eine Reform der Deutschen Bundesverfassung gegenüber festhalten zu müssen glaubt, Folgendes hinzu.

Die durch die letzten Ereignisse und Erfahrungen in weiten Kreisen, bei aller Verschiedenheit der Ansichten, lebendig gewordene Ueberzeugung, dafs die Unabhängigkeit und Macht Deutschlands nach aufsen und die Entwickelung seiner geistigen und materiellen Kräfte im Innern ein festes und energisches Zusammenfassen dieser Kräfte und eine Umgestaltung der Bundesverfassung in diesem Sinne voraussetze, erkennt auch die Preufsische Regierung in ihrer vollen Berechtigung an. Aber sie darf sich weder durch die Kundgebungen, welche dieses nationale Bewufstsein hervorruft, noch durch ihre eigene Ueberzeugung von dem, was an sich als das Heilsamste erscheinen möchte, bestimmen lassen, von dem Wege abzuweichen, welchen ihr die gewissenhafte Achtung vor fremdem Rechte und die Rücksicht auf das zur Zeit Mögliche und Erreichbare vorzeichnen. Dieselbe Achtung vor Recht und Gesetz, welche unsere inneren Zustände kennzeichnet, mufs auch unsere Beziehungen zu Deutschland und unsern Deutschen Bundesgenossen regeln.

Durch die Förderung der gemeinsamen Deutschen Interessen auf Gebieten, auf welchen sich practische Erfolge hoffen lassen; durch die Stärkung der Wehrkraft des Vaterlandes, durch die Befestigung gesicherter Rechtszustände auf dem ganzen Bundesgebiete, wird sie Deutschland im gegenwärtigen Augenblick mehr zu nützen glauben, als durch verfrühte Anträge auf Aenderungen der Bundesverfassung.

Entschlossen, diesen Zwecken unausgesetzt ihre Bemühungen zu widmen, glaubt sie dann aber auch bei allen, welchen wie ihr eine heilsame Entwickelung der Deutschen Dinge am Herzen liegt, für sich selbst das Vertrauen in Anspruch nehmen zu dürfen, dafs sie zu rechter Zeit die Wege zu finden wissen werde, auf denen die Interessen Deutschlands und Preufsens sich mit den Geboten der Pflicht und Gewissenhaftigkeit vereinen.

Berlin, den 12. September 1860.

Der Minister des Innern.
(gez.) Graf von Schwerin.

An den Stadtschulrath Herrn Alberti Wohlgeboren
und die übrigen Herren Unterzeichner der Adresse
zu Stettin.

Die Pietät für das deutsche Vaterland ist auch bekundet durch die Cabinetsordre vom

> 21. März 1860, welche bestimmt, dafs ein Gebet für das gemeinsame deutsche Vaterland in das allgemeine Kirchengebet aufgenommen werde.

Zu gleicher Zeit ist die Regierung *zum Schutz des innern deutschen Rechts* am Bundestage eingetreten:

> 29. März 1860, durch die Verwahrung in der Verfassungsangelegenheit des Kurfürstenthums Hessen,

gegen den Beschlufs einer Mehrheit der Bundesversammlung, welcher deren Competenz überschreitet und der zu Recht bestehenden Verfassung Gewalt anthut. Die Regierung hat hierin die nachdrückliche Unterstützung des Hauses der Abgeordneten erhalten, welches auf den Antrag des Abgeordneten v. Vincke folgenden Beschlufs mit 207 gegen 68 Stimmen angenommen hat:

> 21. Apr. 1860. Das Haus ist den Schritten der K. Staats-Regierung — der Kurhessischen Verfassung von 1831 rechtliche Anerkennung zu sichern — mit lebhafter Zustimmung gefolgt, und hegt das Vertrauen, dafs die K. Staats-Regierung den von ihr eingenommenen Standpunkt — auch den von der Mehrheit der deutschen Regierungen am 24. März d. J. zu Frankfurt gefafsten Beschlüssen gegenüber — mit Energie festhalten werde.

Thatsächlich aber hat die auswärtige deutsche Politik Preußens dadurch sich ausgesprochen, daß es im Jahre 1859 zur Aufrechterhaltung des europäischen Gleichgewichts wie *zum Schutz der deutschen Grenzen* grofse Rüstungen machte, als Oesterreich in Italien gegen die Rathschläge Preufsens und der übrigen Grofsmächte den Krieg begann; demnächst, ohne voreiligen Anträgen am Bundestage Raum zu geben (s. den Antrag Hannovers vom 13. Mai, unten S. 159), als der Krieg in Folge der österreichischen Niederlagen den deutschen Grenzen sich näherte, mit Anträgen am Bundestage vorging: über die letzten Anträge aber, insbesondere über den Oberbefehl der Bundesarmee, wurde in Frankfurt noch verhandelt, als plötzlich der Friede von Villafranca dazwischen trat Es sind dies folgende Acte:

20. April, der Prinz-Regent verordnet die Kriegsbereitschaft von drei Armeecorps,

30. April, desgleichen sämmtlicher Armeecorps,

28. Mai, desgleichen die Aufnahme einer Staatsanleihe von 30 Millionen Thalern,

14. Juni, desgleichen die Mobilmachung von sechs Armeecorps.

23. April, auf den Antrag Preufsens beschliefst die deutsche Bundesversammlung die Marschbereitschaft der Hauptcontingente,

2. Juli, auf den Antrag Preufsens beschliefst die deutsche Bundesversammlung, das 7. und 8. Bundes-Armeecorps am Oberrhein unter bayerisches Commando zu stellen,

4. Juli, Antrag Preufsens am Bundestage wegen Mobilisirung des 7. und 8. deutschen Armeecorps und Stellung der vier nichtpreufsischen und nichtösterreichischen Bundes-Armeecorps unter die obere Leitung Preufsens,

7. Juli, Gegenantrag Oesterreichs am Bundestage (s. unten S. 160),

[8. Juli, Waffenstillstand zu Villafranca,

11. Juli, Friedenspräliminarien zu Villafranca,]

20. Juli, Demobilmachung des mobilen Theils der preufsischen Armee.

In diese Action trat Preufsen zugleich als **europäische Grofsmacht** ein. Ein anderer Act, an welchem es in dieser Eigenschaft Theil genommen hat, ist

3. Aug. 1860, Protocoll⎫ zu Paris, betreffend die europäische
5. Sept. — Vertrag ⎭ Intervention in Syrien.

Die preufsische Politik in der italienischen Frage ist zuletzt ausgesprochen durch die öffentlich gewordene Depesche des Ministers der auswärtigen Angelegenheiten vom

13. October 1860 an den preufsischen Gesandten in Turin, welche einerseits die Mifsbilligung der Politik des sardinischen Cabinets ausdrückt, gleichwie dies von Frankreich und Rufsland geschehen ist selbst durch Abberufung ihrer Gesandtschaften, von denen sich aber Preufsen dadurch unterscheidet, dafs es seinen Gesandten in Turin verbleiben liefs, wie auch zu Anfang eben jener Depesche hervorgehoben ist, welchen Werth Preufsen auf ein freundliches Verhältnifs zu Sardinien legt.

Neben gröfseren Dingen mag auch eine bescheidene Stelle hier finden

12. Sept. 1860 die Eisenbahn-Contravention des Engländers Macdonald auf dem Bahnhofe zu Bonn

und die milde Strafe, die ihn dafür getroffen hat, — ein Vorfall, der an sich so unbedeutend, durch gröbliche Entstellung und maafslose Leidenschaft englischer Blätter fast eine internationale Bedeutung erlangt hat.[1]) Einen gesetzlichen Abschlufs erlangte dieselbe in Folge der Veröffentlichung eines Protestes von Seiten mehrerer Engländer in Bonn und deren Anklage:

24. Dec. 1860 durch das Urtheil der Zuchtpolizei-Kammer des K. Landgerichts in Bonn gegen die Unterzeichner des Protestes,

wodurch dieselben in Strafe genommen wurden. In der Unparteilichkeit gerichtlicher Debatten trat die Gesetzmäfsigkeit wie die Billigkeit in dem Verfahren gegen den englischen Capitain von Seiten der preufsischen Beamten in volles Licht. Gleichwohl hat ein langwieriger Depeschenwechsel zwischen dem auswärtigen Amt in London und dem preufsischen Ministerium der auswärtigen Angelegenheiten noch fortgedauert, von dessen Schlufs in den Annalen des Jahres 1861 (Preufs. Staats-Kal. für 1862, S. 34) berichtet wird.

Deutschland.

Unter den Ereignissen in den andern rein deutschen Staaten sind die wichtigern erstens der Ministerwechsel in Bayern im April 1859. Da das Ministerium v. d. Pfordten-Reigersberg in der That

---

[1]) S. darüber eine authentische Darlegung in der Preufsischen Zeitung (vom 10. Nov. 1860), die mit eben so viel Würde als Nachdruck das gute Recht wahrt und fremde Anmaafsung abwehrt.

das ganze Land gegen sich hatte, wie die Haltung beider Kammern bewies, und zuletzt noch in dem Prozefs gegen den Redacteur des Volksboten, Zander am 2. April eine empfindliche Niederlage erlitten, erfolgte:
7—13. April 1859 die Entlassung dieses Ministeriums und die Bildung eines neuen;
er wolle Frieden haben mit seinem Volke, hat der König erklärt. An die Stelle des Ministers des Innern, Grafen v. Reigersberg kam Herr v. Neumayr; an die Stelle des Frh. v. d. Pfordten in der Leitung des auswärtigen Ministeriums der bisherige Bundestagsgesandte Frh. v. Schrenk, hingegen Frh. v. d. Pfordten trat nun als Bundestagsgesandter ein. Also hat zwar die innere Politik Bayerns eine Aenderung erfahren, die deutsche Politik aber (in welcher grade in den brennenden Fragen, Kurhessen und Holstein gegenüber, dieser Minister compromittirt war), ist dieselbe geblieben.

Sodann der Wechsel des Ministeriums in Baden in Folge der Niederlage der Concordatspolitik; die Data sind:
28. Juni 1859, Concordat zwischen Baden und dem päpstlichen Stuhl,
5. Dec., Publication der päpstlichen Bulle Aeterni Pastoris vicaria (v. 10. Oct. 1859) durch grofsherzogl. Verordnung,
30. März 1860, die zweite badische Kammer bittet den Grofsherzog, das Concordat aufser Wirksamkeit zu setzen,
2. April, Entlassung des Ministeriums v. Meysenbug: Dr. Stabel und Lamey in's Ministerium berufen,
16. Oct., Aufhebung des Concordats: Publication der kirchlichen Gesetze.

Ebenso ist es im folgenden Jahre (um das hier schon zu erwähnen) mit dem Concordat in Württemberg ergangen; die entscheidenden Akte sind:
16. März 1861, die Kammer der Abgeordneten in Stuttgart erklärt, dafs sie die mit dem päpstlichen Stuhl abgeschlossene Vereinbarung als unverbindlich betrachte, und legt Verwahrung ein gegen deren Vollzug;
13. Juni, Erlafs des Königs, worin er erklärt: dafs er hiernach den abgeschlossenen Vertrag als gescheitert betrachte.
Aber dazwischen liegt nicht ein Wechsel des ganzen Ministeriums und eine Aenderung der Politik überhaupt, sondern nur ein Wechsel im Ministerium des Cultus.

Ferner für den Handel die Einleitung zur Aufhebung des Sader Zolls: der Vorschlag Englands vom 2. Juni 1860 hinsichtlich der

Ablösung (s. unten S. 165) ist von Seiten der hannoverschen Regierung angenommen. Die Verhandlungen mit allen betheiligten Mächten haben dann zu dem gewünschten Ergebnifs geführt:
    22. Juni 1861, Vertrag zu Hannover, betreffend die Ablösung des stader Zolls.

Aus den würzburger Conferenzen ist die Anregung folgender Maafsregeln am Bundestage im Verfolg der am 17. Dec. 1859 daselbst gestellten Anträge hervorgegangen:
    26. Juni 1860, Beschlufs der deutschen Bundesversammlung, betreffend die Küstenbefestigung,

worüber aber schon Preufsen mit den Küstenstaaten am 9. Jan. eine Conferenz zu Berlin eröffnet hatte;
    28. Juli, Einsetzung einer technischen Commission am Bundestage wegen Einführung gleichen Maafses und Gewichtes,

bei der aber Preufsen sich nicht betheiligen zu können erklärt hat. Schon erwähnt ist der verhängnifsvolle Beschlufs einer Mehrheit der Bundesversammlung vom
    24. März in der kurhessischen Verfassungssache,

gegen welchen Preufsen protestirt hat. Dazu kommt
    11. Sept. Entwurf einer modificirten Bundeskriegsverfassung,

über den die beiden deutschen Grofsmächte berathen haben, ohne zu einem Resultat zu gelangen.

Während am Bundestage die Dinge nicht vorrücken, zeigt sich im deutschen Volk eine nationale Bewegung, welche den innigern Zusammenschlufs der deutschen Stämme und eine festere Organisation der Bundesverfassung zur Sicherung der Unabhängigkeit und Selbständigkeit Deutschlands erstrebt. Als Aeufserungen dieser Bewegung sind zu bemerken:
    10. Nov. 1859, die 100jährige Jubelfeier des Geburtstages Schiller's

nicht allein in Deutschland, sondern weit über seine Grenzen hinaus, überall wo die deutsche Zunge verbreitet ist. Unzweifelhaft hat daran, aufser der Verehrung für den grofsen Dichter, das Verlangen seinen Antheil, der erhöhten nationalen Stimmung, welche durch den an den Grenzen Deutschlands geführten Krieg besonders angeregt worden, einen Ausdruck zu geben. Und es wurde dadurch dem erstaunten Auslande, ja den Deutschen selbst zum ersteumal ein in solcher Stimmung geeinigtes deutsches Volk gezeigt. Einen anmuthigen Abschlufs hat jene Feier noch nach Jahresfrist an zwei denkwürdigen Punkten erhalten:

21. Oct. 1860, Enthüllung des Schillerdenkmals am Mythenstein (gegenüber dem Rütli) in der Schweiz;
11. Nov. 1860, Einweihung der Glocke zu Marbach, welche aus Moskau zum Jubelfeste Schiller's seinem Geburtsorte geschenkt worden.

Nach der praktischen Seite, für die Sphäre des Rechts, hatte das Verlangen nach deutscher Einigung zum erstenmal eine Bethätigung erlangt durch den Erlaſs der allgemeinen deutschen Wechselordnung vom 27. November 1848. Darauf folgt nun die Herstellung eines allgemeinen deutschen Handelsgesetzbuchs, welches nach den zu Nürnberg und Hamburg gepflogenen Berathungen in Nürnberg (vom 19. Nov. 1860 bis zum 9. Febr. 1861) zum Abschluſs gelangt ist. Eine Erweiterung dieses Strebens zu dem Ziele, das gleiche Recht und die gleiche Rechtsordnung in den deutschen Bundesstaaten herbeizuführen, bekundet neben so vielen Jahresversammlungen, welche wissenschaftlichen oder praktischen Zwecken gewidmet sind, der zum erstenmal zusammen getretene Juristentag:

27—30. Aug. 1860, Versammlung deutscher Juristen zu Berlin, an welcher sowohl die Männer der Wissenschaft als der Geschäfte, nicht minder mehrere Regierungen sich betheiligt haben.

Einen politischen Ausdruck aber während des Krieges in Oberitalien und seit demselben hat die nationale Bewegung erhalten in folgenden Kundgebungen:

21. Juni 1859, Erklärung nassauischer Staatsbürger, welche verlangt, daſs die diplomatische und militairische Führung des ganzen nichtösterreichischen Deutschlands vor und in dem Kriege Preuſsen in die Hand gegeben werde; worauf aus vielen andern Orten Erklärungen gleichen Inhalts gefolgt sind. Sodann

8. Aug. 1859, Adresse aus Stettin an den Prinz-Regenten, welche erklärt: „Die Vorgänge beim Bundestage haben es nur zu deutlich herausgestellt, wie die deutsche Bundesverfassung einer Reform durchaus bedürfe, wenn die Selbständigkeit und Unabhängigkeit der Nation gesichert und Deutschland nicht im Falle eines Krieges dem Feinde zur Beute werden soll. Insbesondere ist zur Gründung der Einheit Deutschlands eine einheitliche Centralgewalt dasjenige, dessen wir nicht länger entrathen können. Nur wenn sie die Bürgschaft darbietet für eine einheitliche starke Leitung, darf, unserer Ueberzeugung nach, Preuſsen als europäische Groſsmacht dem deutschen Bunde länger ohne Gefahr für sich selbst angehören u. s. w." — Die Antwort der preuſsischen Regierung hierauf s. oben S. 130.

28. Aug. 1859, Adresse gothaer Bürger und Antwort des Herzogs von Coburg-Gotha darauf.
Ferner 16. Juli 1859, erste eisenacher Versammlung,
14. Aug., zweite eisenacher Versammlung,
15. 16. Sept., Versammlung zu Frankfurt a. M.,
welche die Gründung eines nationalen Vereins beschliefst.
3—5. Sept. 1860, erste Generalversammlung der Mitglieder des deutschen Nationalvereins zu Coburg.
(Das Nähere über den Gang dieser Sache s. in der Süddeutschen Zeitung, 27—29. Oct. 1860.)

Und dafs mit dem Anspruch an eine erhöhte oder vielmehr nur ebenbürtige Machtstellung unter den Völkern auch das Bewufstsein der Verpflichtung verknüpft ist, sich dazu wehrhaft zu machen, beweiset die gleichzeitige Ausbreitung des Turnwesens unter Aufmunterung der Regierungen, besonders in Preufsen und Württemberg. Eine Reihe gröfserer Turnfeste ist daraus hervorgegangen:
17. Juni 1860 in Coburg,
5. und 6. Aug. in Offenbach,
2. Sept. in Berlin.

Die übrigen Grofsmächte.

Oesterreich hat diese beiden Jahre die tiefste Erschütterung erfahren: einerseits durch den unglücklichen Krieg und den Verlust der schönen Provinz, woran sich der Verlust des Uebergewichts und des Einflusses überhaupt in Italien knüpft; vielmehr noch durch die Zerrüttung der Finanzen und andere innere Schäden, als deren furchtbare Symptome zwei Selbstmorde auf der höchsten Stufe des Militair- und Civilstandes: des Feldm.-Lieut. Frhrn. v. Eynatten († 8. März 1860) und des Finanzministers Frhrn. v. Bruck († 23. April 1860), so wie die verschiedenen Bestechungs- und Unterschleifsprozesse in Wien und Venedig erscheinen. Dazu kam eine allgemeine Gährung unter der Bevölkerung mit dem Verlangen nach politischer Reform, besonders in Ungarn. Dem zufolge ist das bisherige System der Centralisation und büreaukratischen Bevormundung als unhaltbar erkannt und der Kaiserstaat in einer Umbildung begriffen, die selbst natürlich nicht ohne Gefahr ist. Der Weg, welcher in dieser Hinsicht neuerdings zurückgelegt ist, wird durch folgende Acte aus dem Jahre 1860 bezeichnet:
5. März, Kaiserl. Patent wegen Berufung des verstärkten Reichsraths,

19. April, Kaiserl. Erlafs wegen Vereinigung der Statthalterei-Abtheilungen von Ungarn in Eine Statthalterei mit dem Sitz in Ofen;
1. Juni, Eröffnung des verstärkten Reichsraths,
17. Juli, Erweiterung der Befugnisse des Reichsraths,
27. Sept., Schlufs der Sitzungen des Reichsraths,
20. Oct., Kaiserl. Diplom zur Regelung der inneren staatsrechtlichen Verhältnisse der Monarchie,
14. Dec., Entlassung des Ministers des Innern, Grafen Goluchowsky und Ernennung des Hrn. v. Schmerling zum Staatsminister.

Einen vorläufigen Abschlufs hat dies System im folgenden Jahr erlangt, 26. Februar 1861 durch das Grundgesetz über die Reichsvertretung.

Es hat seitdem was Ungarn betrifft, bereits eine Rückbildung Platz gegriffen.

Rufsland, welches in seinem Innern durch die fortschreitende Bauernemancipation einer mächtigen Umwandlung entgegen geht, jedoch mit finanziellen Schwierigkeiten noch zu kämpfen hat, hat nach aufsen einen Erfolg erlangt:

13. April 1859, Erstürmung der Festung Weden, der vierzehnjährigen Residenz Schamyl's,
7. Sept. 1859, Eroberung der Veste Gunib durch den Fürsten Barjatinsky; Gefangennahme Schamyl's.

Während es selbst aber am Kaukasus erfolgreich wie am Amur eine Vergröfserungspolitik befolgt, hat es gegen die Annexionspolitik Sardiniens protestirt:

10. Oct. 1860, Abberufung der russischen Gesandtschaft in Turin.

„Es handelt sich, heifst es in der Depesche des Fürsten Gortschakoff von diesem Datum (s. dieselbe aus den Times in der Cöln. Zeit. vom 28. Oct.), nicht blofs um italienische Interessen, sondern um ein allen Regierungen gemeinsames Interesse. Es handelt sich um jene ewigen Gesetze, ohne welche keine gesellschaftliche Ordnung, kein Friede und keine Sicherheit in Europa bestehen können."
Doch auch in Europa hatte Rufsland, als es über den Pruth (1853) ging, dem „kranken Manne" gegenüber solche Bedenken nicht gehabt.

Im Uebrigen ist Rufsland aus der zurückhaltenden Stellung, die es seit dem Krimkrieg beobachtet, herausgetreten zuvörderst durch Anregung der türkischen Frage:

4. Mai 1860, der Minister der auswärtigen Angelegenheiten, Fürst Gortschakoff, hält eine Conferenz mit den Gesandten der Grofsmächte über den Zustand der Christen in der Türkei,

5. Mai (23. April a. St.), Depesche des Fürsten Gortschakoff über den Zustand der Christen in der Türkei und das Bedürfnifs des Einschreitens von Seiten der Grofsmächte;

doch wurde diese Frage einstweilen wieder zur Ruhe gebracht. Anderntheils hat die italienische Frage und die Lage der europäischen Angelegenheiten überhaupt, wie es scheint, auf Oesterreichs Verlangen

21—26. Oct. 1860 die Zusammenkunft zu Warschau des russischen Kaisers mit dem österreichischen Kaiser und dem Prinz-Regenten von Preufsen

hervorgerufen, von der noch weiterhin, bei Italien, die Rede sein wird.

Frankreich hat nach dem siegreichen Kriege gegen Oesterreich in Italien, durch Vertrag mit Sardinien

24. März 1860 die Abtretung von Savoyen und Nizza erlangt. Woran sich anschliefst:

2. Febr. 1861, der Vertrag mit dem Fürstenthum Monaco, wodurch die Städte Mentone und Roquebrun an Frankreich abgetreten werden. Und

8. März 1861, der Grenzvertrag zwischen Frankreich und Sardinien.

Es hat in Gemäfsheit des pariser Protocolls vom

3. Aug. 1860, welches die europäische Intervention in Syrien regelt und in den Vertrag zu Paris vom 5. Sept. aufgenommen ist, Truppen nach Syrien geschickt; und gemeinschaftlich mit England in China Krieg geführt, welcher siegreich beendigt worden

24. und 25. Oct. 1860 durch den Frieden zu Peking.

Dasselbe hat sich Spanien verpflichtet durch Anregung der Frage in der Depesche vom

1. Juni 1860, Spanien als Grofsmacht anzuerkennen.

Auch hat es die Geschäfte des Friedens und friedliche Beziehungen zu pflegen gesucht:

23. Jan. 1860 durch den Handelsvertrag mit England, welcher

16. Nov. zur völligen Durchführung gelangt ist;

wie auch die Einleitung zu einem Handelsvertrag mit dem deutschen Zollverein getroffen ist.

Eine Wendung seiner innern Politik zeigt an:

24. Nov. 1860 das Kaiserl. Decret wegen Erweiterung der Befugnisse der grofsen Staatskörper, und
10. Dec. die Prefs-Amnestie.

Aber die Annexionspolitik Frankreichs an der Grenze nach Italien hat ringsumher ein Mifstrauen erweckt, welches bei seinen nördlichen Nachbarn imposante Maafsregeln zum Schutz ihrer Grenzen hervorgerufen hat. Es ist in

Belgien

20. Aug. 1859 die Befestigung von Antwerpen
nach dem Antrage der Regierung von der Repräsentantenkammer angenommen.

Und England, von dessen Ministern im offenen Parlament jene Politik nachdrücklich gemifsbilligt ist (am 26. März u. 24. Aug. 1860, s. unten S. 164, 167), hat ein umfassendes Befestigungs- und Vertheidigungssystem angenommen, wofür der Antrag im Unterhause am

23. Juli 1860 von Lord Palmerston eingebracht worden,
und ungeachtet des friedlichen Briefes des Kaisers Napoleon vom 25. Juli an seinen Gesandten, Grafen v. Persigny, am 2. Aug. mit ungeheurer Majorität angenommen ist. Mit dieser Stimmung des Landes und dessen Verlangen, auf seine eigenen Kräfte unter allen Umständen sich verlassen zu können, hängt die dortige Freiwilligen-Bewegung zusammen, welche von der Regierung ermuntert wird und grofse Dimensionen angenommen hat. Ein Zeichen derselben ist:

23. Juni 1860 die Revue der Freiwilligen-Corps vor der Königin im Hyde-Park.

Seiner italienischen Politik hat England einen Ausdruck gegeben durch zwei Depeschen von Lord J. Russell an den englischen Gesandten in Turin, von denen die eine

31. Aug. 1860 Sardinien vom Angriff auf Venetien abmahnt, die andere

27. Oct. die italienische Politik Sardiniens grundsätzlich billigt.

Die Schweiz, zunächst berührt von dem an ihren Grenzen im Jahre 1859 geführten Krieg zwischen Oesterreich und Sardinien nebst Frankreich, hat dabei mit Kraft und Umsicht ihre Neutralität gewahrt, nachdem sie rechtzeitig beim Drohen desselben die entsprechenden Beschlüsse gefafst und kund gethan hat:

5. März 1859, Beschlufs des schweizerischen Bundesraths wegen Aufrechterhaltung der Neutralität,

14. März, Note des schweizerischen Bundesraths an die Garanten der wiener Verträge bezüglich der Neutralität der Schweiz.

Minder glücklich ist sie mit ihrem Einspruch gegen die Gebietsveränderung gewesen, welche an ihren Grenzen sich zugetragen und ihren von den europäischen Mächten garantirten Vertheidigungsstand zum Nachtheil verändert hat. Denn wenn auch Frankreich (zufolge Vertrags mit Sardinien vom 24. März 1860) das neutralisirte Gebiet von Savoyen unter denselben Bedingungen wie zuvor Sardinien besitzt, so bedeutet es doch in der Hand Frankreichs etwas anderes. Es sind folgende Proteste, welche der bevorstehenden Abtretung vorangingen:

14. März 1860, Protest des schweizerischen Gesandten Tourte in Turin gegen jede Abstimmung oder einen andern Schritt, dessen Ergebnifs eine Veränderung des dermaligen Standes der Dinge in Savoyen sein könnte;

19. März, Protest-Note der Schweiz an die Garanten der wiener Verträge, betreffend Savoyen;

(abgedruckt in der Cöln. Zeit. vom 20. März)

denen noch manche Schritte gefolgt sind. Aber ohne thatsächlichen Erfolg. Die Schweiz, da sie den von ihrem Bundespräsidenten Stämpfli selbst angedeuteten, vielleicht erfolgreichen Moment des Einschreitens während des Krieges hat vorübergehen lassen, war durch die nur leicht verhüllte Uneinigkeit ihrer Räthe über die zu ergreifenden Maafsregeln geschwächt. Und von den angerufenen Garanten der wiener Verträge haben nur zwei, wie es scheint, der Ansprüche der Schweiz sich ernstlich angenommen.

Den Standpunkt der Bundesregierung und die Lage der Sache hat 17. Dec. 1860 der Bundespräsident Frey-Herose im Ständerath

in folgender Erklärung dargelegt: „Der Bundesrath hielt nun die zuerst aufgestellte Meinung fest, dafs einzig und allein eine Gebiets-Abtretung bis zu einer bestimmten militairischen Grenze als Gegengewähr für die bisherigen Rechte in Savoyen angesehen werden könne, und dafs die Schweiz dadurch in den Stand gesetzt werde, die im europäischen wie in ihrem eigenen Interesse liegende und so anerkannte Neutralität zweckentsprechend zu vertheidigen und zu handhaben. Frankreich wollte in eine solche Gebiets-Abtretung nicht eintreten; kleine Grenz-Berichtigungen genügten hierseits nicht, und bei dem weitern Auseinandergehen der Ideen konnte eine Verständigung um so weniger Platz greifen. Directe Anerbietungen oder Bedingungen zu directen Verhandlungen wurden übrigens von keinem der beiden Theile gemacht."

(Bund vom 18. Dec. National-Zeit. vom 21. Dec. No. 599.)

Italien.

In Italien haben sich in diesem Zeitraum die aufserordentlichsten Ereignisse begeben: man hat gesagt, dafs das Unmögliche dort wirklich geworden sei. Es sind auch die folgenreichsten: denn die einheitliche Constituirung dieses Landes, wenn sie Bestand hat, kann nicht ohne tief greifenden Einflufs auf das ganze europäische Staatensystem sein; wie auch die europäische Cultur, die zweimal von Italien aus begründet ist, von dem dortigen nationalen Aufschwung, wenn er sich läutert und bewährt, auf's neue mächtige Einwirkungen zu gewärtigen hat. Bei dem besondern Interesse also, welches an die Ereignisse sich knüpft, wird es angemessen sein, die Vorgänge übersichtlich hier zusammenzufassen.

1. *Der Krieg zwischen Oesterreich und Sardinien nebst Frankreich.*

Das Verhältnifs zwischen Oesterreich und Sardinien war seit länger gespannt: schon im Jahre 1857 war die diplomatische Verbindung abgebrochen, (der österreichische Geschäftsträger zu Turin am 23. März, demzufolge der sardinische Geschäftsträger zu Wien am 30. März abberufen). Es lag dies, selbst unabhängig von Stimmung und Absicht der leitenden Personen, in dem Zusammentreffen unvereinbarer Principien. Die blofse Existenz des constitutionellen Systems und einer nationalen Politik in Sardinien war eine Bedrohung der Stellung Oesterreichs in Italien, dessen Unterthanen davon angezogen wurden. Nun hatte Oesterreich über die Festsetzungen der wiener Verträge hinaus in dem übrigen Italien einen herrschenden Einflufs erlangt, welchen es nicht aufgeben mochte: es hatte mit den Herzögen Verträge geschlossen, selbst Besatzungsrechte sich ausbedungen, auf welche gestützt diese die Anforderungen einer nationalen Politik im eigenen Lande aufser Acht lassen konnten; es hatte früher sogar mit Neapel einen Vertrag geschlossen, wodurch dies sich verpflichtete, keine andere Staatsordnung als die in Oesterreich bestehende (der absoluten Monarchie) bei sich einzuführen. Die Folge davon war, dafs die sardinische Politik unter den italienischen Regierungen isolirt stand. Und dies gab für Sardinien einen formellen Beschwerdepunkt, der auch bei den andern Grofsmächten Eingang fand und bei ihren Verhandlungen mit Oesterreich in den Vordergrund tritt. Andererseits hatte Sardinien durch Aufnahme von Flüchtlingen aus dem lombardisch-venetianischen Königreich unter seine Fahnen Oesterreich einen formellen Beschwerdepunkt dargeboten. Ueberdies drängte bei Oesterreich die Kostspieligkeit und erschöpfende Last eines bewaffneten Friedens, der kaum mehr als ein Waffenstillstand schien, zu einer Entscheidung, welche durch die Bemühungen der Grofsmächte, dem Kriege vorzubeugen, nur wenig aufgehalten wurde. Doch bestand im österreichischen Cabinet, wie der bald darauf erfolgte Abgang des Ministers Grafen Buol beweiset, eine Verschiedenheit der Ansichten in der Kriegsfrage; aber die Kriegspartei erhielt die Oberhand.

a) Vorzeichen des Krieges und Vorverhandlungen.

1. Jan. 1859. Der Kaiser der Franzosen in seiner Neujahrsrede an den österreichischen Botschafter spricht von den minder guten Beziehungen zwischen den beiderseitigen Regierungen.

10. Jan. Der König von Sardinien in seiner Thronrede spricht von dem Schmerzensschrei Italiens, der ihn nicht unempfindlich lasse.

23. Febr. Sendung Lord Cowley's nach Wien.

1. März. Memorandum des Grafen Cavour an das englische Cabinet.
(Augsb. Allg. Zeit. vom 14. April Beil.)

16. März. Lord Cowley kehrt nach Paris zurück.

20. März. England schlägt Rufsland vier Punkte als Basis für einen Congrefs vor.

21. März. Rufsland (Fürst Gortschakoff) macht telegraphisch dem wiener Cabinet den Vorschlag zu einem Congrefs, um durch eine äufserste Anstrengung einen Conflict zu verhindern und die italienischen Verwickelungen auszugleichen.

22. März. Der russische Gesandte in London, Baron Brunnow, legt den amtlichen Vorschlag zu einem Congresse vor und willigt ein, dafs die von England vorgeschlagenen vier Punkte als Grundlage des Congresses angenommen werden.

23. März. Note des österreichischen Ministers Grafen Buol, wodurch der Vorschlag des petersburger Cabinets angenommen wird.
(Abdruck der französ. Note in der Augsb. Allg. Zeit. vom 13. April.)

28. März. Note des englischen Gesandten in Wien, Lord Loftus, mit den Bedingungen, unter denen England bereit ist, an dem Congresse Theil zu nehmen.

31. März. Antwort des österreichischen Ministers Grafen Buol, welche die österreichischen Bedingungen formulirt.
(Abdruck der französ. Note in der Augsb. Allg. Zeit. a. a. O.)

23. April. Uebergabe der österreichischen Sommation vom 19. April an den sardinischen Minister Grafen Cavour durch den Adjutanten v. Kellersberg.

25. April. Letzter Vermittelungsvorschlag des englischen Cabinets in Wien und Paris: dafs auf Grund der Verhandlungen Lord Cowley's England allein die Vermittelung übernehme.

26. April. Oesterreich willigt in den Vorschlag Englands und macht an Frankreich den Vorschlag einer directen Verständigung über die Differenz.
— Frankreich ertheilt eine ablehnende Antwort.
— Nachdem Sardinien den Beistand Frankreichs angerufen, treffen die ersten französischen Truppen in Genua und Turin ein.
  b) Der Krieg und seine Folgen.
29. April 1859. Die österreichischen Truppen unter Graf Gyulai überschreiten den Ticino.
3. Mai. Proclamation des Kaisers Napoleon an das französische Volk, worin gesagt wird: Italien werde frei sein bis an's adriatische Meer.
13. Mai. Der österreichische Minister Graf Buol nimmt seinen Abschied; Graf Rechberg tritt an seine Stelle.
18. Mai. Beginn der Blokade Venedigs durch den französischen Contre-Admiral.
20. Mai. Gefecht bei Montebello.
  Ein österreichisches Corps unter General Stadion gegen die sardinische Cavallerie-Brigade unter General Sonnaz und die französische Division unter General Forey.
23. Mai. Garibaldi geht über den Ticino.
25. Mai. Gefecht bei Varese.
  Garibaldi mit seinen Alpenjägern gegen Feldm.-Lieut. Urban; Fürst Belgiojoso aus Mailand † an der Seite Garibaldi's.
27. Mai. Garibaldi's Einzug in Como.
29. Mai. Der Kaiser von Oesterreich begiebt sich von Wien auf den Kriegsschauplatz nach Verona.
30. Mai. Gefecht bei Palestro.
  Die sardin. Armee unter K. V. Emanuel, nachdem sie über die Sesia gegangen, vertreibt die Oesterreicher aus ihren festen Stellungen.
31. Mai. Zweites Gefecht bei Palestro.
  Gegenangriff der Oesterreicher, welcher zurückgeschlagen wird.
1. Juni. Die Oesterreicher beginnen die allgemeine Rückzugsbewegung.
3. Juni. Gefecht bei Turbigo.
4. Juni. Schlacht bei Magenta.
5. Juni. Die Oesterreicher räumen Mailand.
— Adresse der Municipalität von Mailand an den König von Sardinien, welche die Einverleibung der Lombardei in Piemont verlangt (übergeben am 6. Juni).
8. Juni. Einzug des Königs von Sardinien und des Kaisers der Franzosen in Mailand.

8. Juni. Gefecht bei Marignano oder Melegnano.
9. Juni. Decret des Kön. von Sardinien Victor Emanuel aus Mailand in Betreff der provisorischen Civilverwaltung der Lombardei.
9 — 10. Juni. Die Oesterreicher räumen Piacenza.
9. Juni. Die Herzogin von Parma verläfst Parma.
11. Juni. Der Herzog von Modena mit einem Theil seiner Truppen verläfst Modena.
— Die Oesterreicher räumen Pizzighettone.
11. auf 12. Juni Nachts. Die Oestereicher räumen Bologna (wie auch Ferrara und Ancona). Mit ihnen verläfst der päpstliche Cardinal-Legat die Stadt, worauf die Municipalität die Dictatur Victor Emanuel's proclamirt.
24. Juni. Schlacht bei Solferino und S. Martino.
3. Juli. Die Franzosen besetzen den Hafen von Lussin piccolo.
6. Juli. Graf Schuwaloff überbringt dem Kaiser der Franzosen im Lager von Valeggio ein Schreiben des Kaisers von Rufsland.
   (Eine Analyse des Schreibens in den Turiner Briefen über die geheime Geschichte der jüngsten Zeit in der Cöln. Zeit. vom 30. Oct. 1861.)
6. Juli. Der Kaiser der Franzosen bietet dem Kaiser von Oesterreich durch ein Schreiben, welches General Fleury überbringt, einen Waffenstillstand an.
8. Juli. Waffenstillstand bis zum 15. Aug. zwischen Frankreich und Sardinien einerseits und Oesterreich andererseits, geschlossen zu Villafranca von dem Marschall Vaillant und dem Feldzeugmeister Hefs.
11. Juli. Zusammenkunft der Kaiser von Frankreich und Oesterreich: Friedenspräliminarien zu Villafranca.
13. Juli. Der sardinische Minister Graf Cavour nimmt seinen Abschied; Ratazzi tritt an seine Stelle.
17. Oct. Friede zu Zürich zwischen Frankreich, Sardinien und Oesterreich.

2. *Der Aufstand in den Herzogthümern und ihre Annexion an Sardinien.*

27. April 1859. Aufstand in Toscana: der Grofsherzog verläfst Florenz.
— Aufstand in Massa und Carrara.
25. Juli. Leopold II., Grofsherzog von Toscana, dankt ab zu Gunsten seines Sohnes Ferdinand IV.
16. Aug. Beschlufs der Nationalversammlung von Toscana wegen Ausschliefsung der lothringischen Dynastie.
20. Aug. Die Nationalversammlung von Toscana beschliefst einstimmig die Einverleibung in Piemont.

20. Aug. Die Nationalversammlung von Modena erklärt die Dynastie Este des Throns verlustig und die Verbannung jedes Fürsten aus dem Hause Habsburg-Lothringen.
— Vertheidigungs-Bündnifs zwischen den mittelitalienischen Staaten: Parma, Modena, Toscana und der Romagna.
7. und 9. Nov. Beschlufs der Nationalversammlungen Mittelitaliens dem Prinzen von Carignan die Regentschaft im Namen des Kön. V. Emanuel zu übertragen.
13. Nov. Der Prinz von Carignan lehnt (in Folge des Einspruchs des französ. Kaisers) die ihm von den Nationalversammlungen angetragene Regentschaft ab und bezeichnet als Regenten den Comthur Buoncampagni.
21. Jan. 1860. Graf Cavour tritt wieder in das sardinische Ministerium.
25. Jan. Publication der sardinischen Verfassung in Toscana.
18. März. Der König von Sardinien erklärt den Anschlufs der Provinzen der Aemilia an den sardinischen Staat.
22. März. Desgleichen den Anschlufs von Toscana.
24. März. Vertrag zwischen Sardinien und Frankreich wegen Abtretung von Savoyen und Nizza.
25. März. Manifest des Königs V. Emanuel an die Völker Mittelitaliens.

3. Der Kampf des Kirchenstaats mit Piemont.

31. Dec. 1859. Brief des Kaisers Napoleon an den Papst mit dem Rath, auf die Romagna zu verzichten.
19. Jan. 1860. Encyclischer Brief des Papstes.
26. März. Päpstliches Breve (publicirt zu Rom den 29. März), welches den grofsen Kirchenbann verhängt gegen die Anstifter, Beförderer, Mithelfer, Rathgeber und Anhänger der Rebellion, Usurpation und Invasion in den Kirchenstaat.
7. April. Ernennung des Generals Lamoricière zum Chef der päpstlichen Truppen.
7. Sept. Note der sardinischen Regierung an die päpstliche wegen Entlassung der fremden Söldlinge (übergeben am 10. Sept.).
8. Sept. Aufstand in Umbrien (Orvieto) und den Marken.
10. Sept. Graf della Minerva, Ueberbringer der Note der sardinischen Regierung an die päpstliche vom 7. Sept., in Civitavecchia zurückgehalten, übermittelt sie dem französischen Consulat.
— Einmarsch der sardinischen Truppen in die Marken.
11. Sept. Abschlägige Antwort des Cardinals Antonelli auf die von der sardinischen Regierung gestellte Forderung.
(Abdruck der Depeschen v. 7. u. 11. Sept. im Giornale di Roma v. 12. Sept.)

12. Sept. Sardinisches Memorandum an die Vertreter Sardiniens bei den verschiedenen Mächten Europa's, welches den Einmarsch sardinischer Truppen in den Kirchenstaat rechtfertigt.
14. Sept. General Fanti zieht in Perugia ein und macht die Besatzung mit dem General Schmidt zu Gefangenen.
18. Sept. Treffen bei Castel Fidardo: Sieg Cialdini's über Lamoricière; der päpstl. Gen. Pimodan tödtlich verwundet, † in der folg. Nacht.
29. Sept. Capitulation von Ancona: General Lamoricière und die ganze Besatzung gerathen in sardinische Kriegsgefangenschaft.
4. und 5. Nov. Volksabstimmung in Umbrien und den Marken über die Einverleibung in das italienische Königreich.

4. *Der Aufstand in Sicilien.*

4. Apr. 1860. Anfang der sicilischen Insurrection: zu Palermo Sturmläuten der Glocke des Klosters della Gancia.

<small>Garibaldi macht später der Kirche der Madonna degli Angeli in diesem Kloster eine Glocke zum Geschenk, welche alljährlich am 4. April geläutet werden soll.</small>

6. Mai, Nachts. Abfahrt Garibaldi's mit seinen Freiwilligen von der Küste von Genua.
11. Mai. Garibaldi mit seinen Freiwilligen und vier Geschützen landet in Marsala.
14. Mai. Garibaldi's Proclamation zu Salemi, worin er im Namen Victor Emanuel's, Königs von Italien, die Dictatur von Sicilien übernimmt.
15. Mai. Treffen bei Calatafimi: die Garibaldischen siegen über die Neapolitaner unter General Landi.
27. Mai. Aufstand in Palermo und Bombardement der Stadt: Garibaldi dringt an der Spitze der Alpenjäger in dieselbe ein.
30. Mai. Waffenstillstand zu Palermo zwischen General Garibaldi und General Letizia geschlossen am Bord des englischen Admiralschiffs Hannibal.
6. Juni. Capitulation zu Palermo zwischen General Letizia und General Garibaldi: die Königlichen Truppen verlassen die Stadt.
20. Juli. Treffen bei Milazzo: Sieg Garibaldi's über die K. neapolitanischen Truppen unter Bosco.
21. Juli. König Franz II. befiehlt die Räumung Siciliens von den Königlichen Truppen, welches aber nicht zur Ausführung kommt.
28. Juli. Militair-Convention zwischen dem Garibaldischen General Medici und dem Grafen Clary, Höchst-Commandirendem der Truppen in Messina.

5. Der neapolitanische Aufstand und die Intervention Sardiniens.

Voran gehen folgende Ereignisse:

5. Apr. 1860. (Angeblicher) Brief des Königs von Sardinien aus Florenz an den König von Neapel, worin er ihm die Aenderung seiner Politik anräth. Sollte der Rath verworfen werden, so lasse sich die Zeit voraussehn, wo Victor Emanuel in die traurige Nothwendigkeit versetzt werde, entweder die Interessen seiner eignen Krone zu gefährden, oder das Werkzeug zum Sturz des Königs von Neapel zu werden.
(Aus den Daily News in der Cöln. Zeit. vom 31. Dec.)

17. Mai. Conferenz zu Aranjuez zwischen O'Donnell, Herzog von Tetuan, und dem neapolitanischen Gesandten, Grafen Griffeo: dieser dringt auf die Sendung eines spanischen Heeres nach Italien zum Schutz des Königs Franz und des Papstes, welches der spanische Minister ablehnt.
(Protocoll der Conferenz vorgelegt dem spanischen Congrefs im Dec. 1860.)

25. Juni. Der König beider Sicilien führt durch souverainen Act eine Verfassung ein.

28. Juni. In Neapel Bildung eines neuen Ministeriums unter dem Präsidium Spinelli's.

8. Aug. Erste Landung Garibaldischer Freiwilligen unter Major Missori an der Küste von Calabrien zwischen den Forts Scylla und del Cavallo: Missori nimmt seinen Standort in Aspromonte.

12. Aug. Verschwörung des Prinzen Luigi, Grafen von Aquila, in Neapel: Verbannung desselben.

14. Aug. Erklärung des Belagerungszustandes zu Neapel.

19. Aug. Garibaldi landet auf dem Festlande von Calabrien, in Mileto.

20. Aug. König Franz stellt im Ministerrath die Fragen: 1) ob er definitiv das Königreich verlassen; 2) ob er sich anderswohin flüchten; 3) ob er den Widerstand länger fortsetzen solle. Es wird beschlossen, dafs gegenüber der vom Volk angenommenen einmüthigen und energischen Haltung jeder Widerstand nutzlos sei.
(Aus einem Schreiben des Marchese Villamarina in der Opinione, Cöln. Zeit. vom 4. Mai 1861.)

21. Aug. Capitulation des Forts von Reggio an Garibaldi.

23. Aug. Gefecht bei Piale.

24. Aug. Gefecht bei Scylla: de Flotte †.

25. Aug. Meuterei der K. neapolitanischen Truppen in Mileto: Ermordung des Generals Briganti.

6. Sept. König Franz II. schifft sich von Neapel nach Gaeta ein.

7. Sept. Proclamation Garibaldi's aus Salerno, worin es heifst: „Indem wir das Haus des Nachbars respectiren, wollen wir in dem unserigen Herr sein, mögen die Allmächtigen der Erde es wollen oder nicht wollen."
- Einzug Garibaldi's in Neapel: Einsetzung eines neuen Ministeriums daselbst.
— Decret Garibaldi's im officiellen Journal von Neapel, welches Victor Emanuel zum König von Neapel ausruft.
1. Oct. Treffen am Volturno (bei Maddaloni und Caserta): Sieg Garibaldi's über die Königlichen Truppen.
2. Oct. Eröffnung der Kammern zu Turin: Gesetzvorlage wegen Annexion der mittleren und südlichen Provinzen Italiens an den Staat. (Annahme des Gesetzes von der zweiten Kammer am 11. Oct. mit 290 gegen 6 Stimmen, vom Senat am 16. Oct.)
9. Oct. Proclamation des Königs von Sardinien aus Ancona an die Völker Süditaliens beim Einmarsch seiner Truppen in das Königreich beider Sicilien.
17. Oct. Treffen bei Isernia: Sieg der Piemontesen unter Cialdini über die K. neapolitanischen Truppen.
20. Oct. Gefecht bei Macerone: Sieg der Piemontesen unter Cialdini über die K. neapolitanischen Truppen. (General Scotti gefangen.)
21. Oct. Abstimmung im Königreich beider Sicilien auf die Frage: wollt Ihr ein einiges, untheilbares Italien unter der constitutionellen Regierung des K. V. Emanuel und seiner legitimen Nachkommen?
26. Oct. Gefecht bei Teano.
29. Oct. Schreiben Garibaldi's aus Caserta an den König Victor Emanuel, wodurch er seine Macht dessen Händen übergiebt.
(Cöln. Zeit. vom 22. Dec.)
31. Oct. Gefecht am Garigliano zum Nachtheil der Piemontesen (auf der K. neapolitanischen Seite † General Negri).
2. Nov. Capitulation von Capua an den piemontesischen General della Rocca.
3. Nov. Schlacht am Garigliano: Sieg der sardinischen Truppen unter K. Victor Emanuel über die K. neapolitanischen Truppen.
— Der Cassationshof in Neapel verkündet als Ergebnifs der Abstimmung vom 21. Oct., dafs Süditalien in dem neuen Königreich Italien aufgehen wolle.
7. Nov. Einzug des K. Victor Emanuel in Neapel: derselbe übernimmt die Souverainität über beide Sicilien.
8. Nov. Tagesbefehl Garibaldi's, worin er von den Truppen Abschied nimmt.

9. Nov. Garibaldi verabschiedet sich vom Könige und reiset nach der Insel Caprera ab.
22. Nov. K. Victor Emanuel in Neapel nimmt von Deputationen aus Umbrien und den Marken das Resultat der Abstimmung vom 4. und 5. Nov. an und erklärt die Aufnahme dieser Provinzen in das italienische Königreich.
12. Jan. 1861. Der Prinz von Carignan als Statthalter des Königs Victor Emanuel hält seinen Einzug in Neapel.

6. Die Nichtintervention der Grofsmächte.

Bevor die Ereignisse in Süditalien so weit vorschritten, als aber der Untergang des bourbonischen Thrones schon in Aussicht stand, kam in Frage, ob Oesterreich mit Gewalt einschreiten werde, um in Mittel- und Süditalien die alten Zustände zu stützen und herzustellen, also Bundesgenossen sich zu erhalten, andererseits ob die nationale Bewegung zu einem Angriff auf Venetien vorschreiten werde. Das eine wie das andere und damit die Gefahr eines allgemeinen Krieges schien zu drohen; aber die Haltung der Grofsmächte hat darauf eingewirkt beides zu verhüten, insbesondere die Erklärungen Frankreichs und Englands: und aus der Conferenz der drei östlichen Mächte zu Warschau ging die Fortdauer der Nichtintervention hervor. Die Einleitung dazu bietet:

31. Aug. 1860. Depesche von Lord John Russell nach Turin, die vom Angriff auf Venetien abmahnt.
17. Sept. Depesche des französischen Gesandten, Herzogs v. Montebello nach Paris des Inhalts: dafs der Kaiser von Rufsland seine freundliche Stimmung gegen Frankreich zu erkennen gegeben und erklärt habe, er wolle in Warschau keine Coalition stiften, sondern eine Versöhnung.
25. Sept. K. französisches Memorandum, in Petersburg überreicht, welches einzig in der Voraussicht eines Angriffs Seitens Italiens auf Venetien über die Haltung Frankreichs sich ausspricht. Die beiden ersten Punkte sind:

1. In dem Falle, dafs Oesterreich in Venetien angegriffen wird, ist Frankreich entschlossen, Piemont keine Unterstützung zu leihen. Dafs diese bestimmte Verbindlichkeit bis an's Ende verpflichtend Geltung behalte, ist vorausgesetzt, dafs die deutschen Mächte sich zurückhalten und in dieser Haltung streng verharren.

2. Es ist abgemacht, dafs der Stand der Dinge, welcher der eigentliche Anlafs des letzten Krieges gewesen, nicht

wieder hergestellt werden kann. Die Bürgschaft für die Nichtwiederkehr jener Zustände würde die Aufrechterhaltung der in Villafranca vereinbarten und in Zürich festgestellten Grundlagen sein. Die Abtretung der Lombardei würde folglich nicht in Frage gestellt werden können.

(Das Memorandum ist mit andem Actenstücken der französischen gesetzgebenden Versammlung im Februar 1861 vorgelegt; abgedruckt in der Cöln. Zeit. vom 9. Febr. 1861.)

Es folgt:

21.—26. Oct. 1860. Zusammenkunft in Warschau (s. S. 139 u. 169), auf welcher dies Memorandum in Berathung gezogen ist.

Die französische Darlegung der Lage des Kaiserreichs im Februar 1861 (im Moniteur) sagt über den Ausgang der Conferenz: „Im Ganzen bleibt nach den Ereignissen in Süditalien und der warschauer Zusammenkunft die Lage der Großmächte zu einander dieselbe. Ihre Beziehungen sind nicht verändert und alle Mächte scheinen, wie wir, überzeugt, daß von der Beobachtung des Princips der Nichtintervention der allgemeine Friede abhängt, und alle scheinen nach dieser Erkenntnifs ihr Betragen einzurichten entschlossen zu sein. Oesterreich hat die erneuerte Versicherung gegeben, daß seine Absicht nicht sei, aus seiner abwartenden Haltung, es sei denn bei einem Angriff auf sein Gebiet, hervorzutreten."

Indessen hatte Frankreich seinen Gesandten von Turin abberufen (14. Sept.), und die französische Flotte vor Gaeta hinderte vorerst die Belagerung der Festung von der Seeseite.

7. *Die Eroberung der drei letzten neapolitanischen Festungen durch die Sardinier.*

14. Jan. 1861. Ein Theil der französischen Flotte verläfst Gaeta; Einstellung der Feindseligkeiten von beiden Seiten.

19. Jan. Abzug der französischen Flotte von Gaeta; Fortsetzung der Belagerung.

5. 6. Febr. Explosionen in Gaeta.

13. Febr. Capitulation von Gaeta.

14. Febr. König Franz II. schifft sich zu Gaeta nach Terracina ein zur Reise nach Rom. General Cialdini besetzt den Platz.

13. März. Die Citadelle von Messina unter Marschall Fergola ergiebt sich dem General Cialdini auf Gnade und Ungnade.

20. März. Die Festung Civitella del Tronto ergiebt sich dem General Mezzacapo.

152 Annalen der Jahre 1859 und 1860.

8. Constituirung des Königreichs Italien.

17. Dec. 1860. Decrete K. Victor Emanuel's aus Neapel, durch welche die Provinzen von Neapel und Sicilien, so wie Umbrien und die Marken zu integrirenden Bestandtheilen des italienischen Reichs erklärt werden.

Publicirt in der Gazetta uffiz. zu Turin vom 26. Dec.

18. Febr. 1861. Eröffnung des ersten italienischen Parlaments zu Turin.

7. März. Endgültige Bestimmungen der Grenzen zwischen Frankreich und Sardinien, ratificirt zu Turin am 16. März, publicirt im Moniteur vom 7. April.

17. März. Bekanntmachung des Gesetzes, wodurch K. Victor Emanuel für sich und seine Nachkommen den Titel König von Italien annimmt.

20. März. Das sardinische Ministerium nimmt seine Entlassung. Graf Cavour wird mit der Neubildung des italienischen Ministeriums beauftragt.

23. März. Neubildung des italienischen Ministeriums durch den Grafen Cavour.

9. Die Waldenser und Protestanten in Italien.

Inmitten dieser militairischen und politischen Bewegungen in Italien hat das Evangelium seinen stillen Fortgang, da durch den neu durchgeführten Grundsatz der Gewissensfreiheit die Hindernisse, welche bis dahin gewaltsam ihm in den Weg traten, beseitigt sind. So ist schon am

15. Dec. 1853 die Einweihung der waldensischen Kirche in Turin erfolgt. Daran reiht sich

14. Oct. 1858 die Einweihung der waldensischen Kirche in Genua, und

1. Oct. 1860 die Verlegung der waldensischen theol. Facultät aus den Thälern von Piemont (Latour) nach Florenz.

29. Oct. Decret Garibaldi's, welches in Neapel den Bau einer evangelischen Kirche befiehlt und den Engländern zum Bau einer anglicanischen Kirche den Bauplatz unentgeltlich abläfst.

Von diesem Fortgang giebt der Papst selbst Zeugnifs

17. Dec. 1860 in seiner Allocution,

worin er klagt, dafs in mehreren Städten Italiens protestantische Kirchen erbaut und öffentliche Schulen gegründet werden, um darin ungestraft Lehren vorzutragen, welche der katholischen Religion widersprechen.

(Cöln. Zeit. vom 31. Dec. 1860.)

Und von einer andern Seite Earl of Shaftesbury
1. Mai 1861 in der Jahresversammlung der britischen und ausländischen Bibelgesellschaft,
worin er erklärt: Gott habe dem Verein das Königreich Italien erschlossen, und auf der ganzen Halbinsel werde nun das volle und ganze Wort Gottes in der Volkssprache ohne Hemmnifs und Hindernifs verbreitet.

Unter den

aufsereuropäischen Ereignissen,

woran europäische Staaten Theil haben, sind einige besonders bedeutungsvoll, bei denen es nicht fehlen kann, dafs sie im Lauf der Zeit auf die europäischen Verhältnisse zurückwirken.

Das sind (aufser dem Frieden zu Tetuan vom 25. April 1860 zwischen Spanien und Marocco):

In Syrien
   9. Juli 1860, das Blutbad unter den Christen in Damaskus und in Folge dessen die europäische Intervention daselbst, s. den Bericht des preufsischen Consuls Weber in Beirut an das Ministerium der auswärtigen Angelegenheiten vom 5. Nov. im Auszuge in der National-Zeit. vom 14. Dec. Morgen-Ausgabe.

In China
   21. April 1860, Besetz. der Ins. Chusan ⎫
   21. Aug. — Erober. der Takuforts   ⎬ durch die Engländer und Franzosen,
   13. Oct. — Besetzung Pekings   ⎭
   24. Oct. Zu Peking Austausch der Ratificationen des Friedens von Tientsin (vom 26. Juni 1858).
   — Vertrag zwischen England und China.
   25. Oct. Vertrag zwischen Frankreich und China.

In Nordamerika
   6. Nov. 1860, die Entscheidung der Präsidentenwahl
so wie   5. Dec., die Wahl Lincoln's zum Präsidenten der vereinigten Staaten,
mit dem die sogenannte republikanische Parthei an's Ruder kommt — ein Ereignifs, welches als Niederlage der Parthei der Sklavenhalter einer Umwälzung gleich kommt und weit über die Grenzen jenes Landes hinaus der Menschheit zur Ehre gereichen mag.

Nächst den politischen Ereignissen verdienen zwei Punkte hervorgehoben zu werden, welche dem gegenwärtigen Zeitalter eigen sind und nicht ohne Bedeutung für den Charakter desselben: die Entwickelung der Land- und Wasserstrafsen, besonders der Eisenbahnlinien, und die Errichtung von Denkmälern. Die wichtigern mögen hier namhaft gemacht werden.

Eröffnung von Land- und Wasserstrafsen.

1859.
24. Jan. Eröffnung der Eisenbahnstrecke der Werrabahn von Coburg bis Lichtenfels.
1. Febr. Eröffnung der Strecken der Berlin-Anhaltischen Eisenbahn von Bitterfeld nach Halle und Leipzig.
23. März. Eröffnung der Eisenbahnstrecke von Verona nach Trient.
14. April. Eröffnung der Eisenbahn von Rom nach Civitavecchia.
25. April. Eröffnung der Arbeiten zur Durchstechung des Isthmus von Suez.
1. Mai. Eröffnung des Berlin-Spandauer Schiffahrtskanals.
16. Mai. Eröffnung der südtyrolischen Eisenbahn von Botzen nach Trient. Vergl. 23. März.
30. Mai. Eröffnung der Eisenbahn von Stargard nach Colberg und Cöslin in Gegenwart des Prinz-Regenten.
31. Mai. Eröffnung der Eisenbahn von Marseille nach Toulon.
14. Juli. Eröffnung der ersten Section der italienischen Eisenbahn durch den Mont-Cenis von Bouverel nach Martigny.
20. Juli. Vollendung der neuen Rheinbrücke bei Cöln.
1. Aug. Eröffnung der Eisenbahnstrecke von Frascati nach der Cecchina unter Albano.
16. Aug. Eröffnung der Waldshut-Thurgi Eisenbahn.
24. Aug. Eröffnung der Eisenbahn von Kattowitz nach Zombkowitz.

1860.
18. Jan. Eröffnung der letzten Strecke der Eisenbahn von der Trebbia nach Piacenza; dadurch Herstellung der directen Eisenbahnverbindung von Turin und Genua über Alessandria nach Bologna.
25. Mai. Eröffnung der Rhein-Nahe und der Saarbrücken-Trierer Bahn in Gegenwart des Prinz-Regenten.
4. Juni. Einweihung der Eisenbahn von Königsberg nach der russischen Grenze bei Stallupönen in Gegenwart des Prinz-Regenten.
12. Aug. Eröffnung der Wien-Salzburg-Münchener Eisenbahn in Gegenwart des Kaisers von Oesterreich und des Königs von Baiern.

25. Aug. Eröffnung der Victoria-Brücke über den St. Lorenz-Strom bei Montreal mit einer Länge von über 9000 Fufs.
3. Oct. Eröffnung der Eisenbahnstrecke von Udine nach Nabresina.
4. Oct. Eröffnung der Eisenbahn von Kustendsche nach Tschernawoda.

Errichtung von öffentlichen Denkmälern.

10. April 1859. Enthüllung des Denkmals zu Turin, welches die Mailänder der sardinischen Armee gewidmet.

> Enthüllung der Inschrift erst nach Ausbruch des Krieges am 8. Juni 1859: „Die Mailänder der sardinischen Armee am 15. Jan. 1857." Das ist der Tag, an dem der Kaiser von Oesterreich in Mailand eingezogen war.

10. Mai. Enthüllung des Grabdenkmals von P. Hebel in Schwetzingen.
12. Mai. Enthüllung des Denkmals für Suitbertus in Elberfeld.
(Cöln. Zeit. vom 14. Mai.)
1. Juli. Enthüllung des Händel-Denkmals in Halle.
16. Oct. Einweihung des Denkmals für Fr. Ludw. Jahn († 15. Oct. 1852) zu Freiburg a. d. Unstrut.
18. Oct. Enthüllung des Denkmals für Winckelmann in Stendal.
10. Dec. Enthüllung des Standbilds des Herzogs Eberhard im Bart in Stuttgart.
25. Aug. 1860. Enthüllung des Denkmals für General v. Seydlitz an seinem Geburtsort Calcar (bei Cleve).
29. Sept. Enthüllung des Monuments für Gustav Wasa in Utmeland.
11. Oct. Enthüllung des Denkmals für Karl Maria v. Weber in Dresden.
21. Oct. Enthüllung des Denkmals für Friedrich Schiller am Mythenstein (gegenüber dem Rütli) in der Schweiz.
5. Nov. Enthüllung des Denkmals für Albrecht Thaer († 1828) in Berlin.
— Enthüllung des Denkmals (von Steinhäuser) für Bürgermeister Smidt in Bremen.
(Augsburger Allgem. Zeitung vom 9. Nov.)
11. Nov. Einweihung der Glocke in Marbach, welche aus Moskau zur 100jährigen Jubelfeier von Schiller's Geburtstag geschenkt worden.

II. Chronologische Uebersicht.

Es folgt nun die chronologische Uebersicht der Ereignisse, die nach den einzelnen Ländern in der Hauptsache schon angezeigt sind. Sodann das Verzeichnifs der Todesfälle, welches manche berühmte Namen umfafst: unter den abgeschiedenen Staatsmännern ragt hervor Fürst Metternich, dem gegenüber als ein Mann deutscher Gesinnung Ernst Moritz Arndt genannt werden mag. Dazu kommen mehrere Männer von der höchsten Stufe der Verwaltung in Preufsen, wie Feldmarschall Graf Dohna, Oberstkämmerer, der Obermarschall Freiherr v. Werther, der Hausminister v. Massow, Graf Hatzfeldt, Gesandter in Paris, General-Baudirector Mellin, Dieterici, Director des statistischen Büreaus und der Appellationsgerichts-Präsident Wentzel. Desgleichen von der höchsten Stufe des Militairdienstes die Generale v. Luck, v. Brünneck, v. Hirschfeld, v. Hedemann, v. Selasinsky, Encke, v. Möllendorff. Und aus der Kirchenleitung: Sartorius, Schmidtborn, Ribbeck. Ferner unter den Männern der Wissenschaft: Alexander v. Humboldt, Carl Ritter, Wilhelm Grimm in Berlin, Lobeck in Königsberg, Bunsen und Dahlmann in Bonn, Fr. Thiersch und Schubert in München, Baur in Tübingen; und im Auslande: Lord Macaulay in London, Lenormant in Paris, Marchi in Rom, Borghesi in San Marino. Und als Meister der Kunst Spohr und Reissiger.

Von den Ereignissen sind aber die Acte der preufsischen Gesetzgebung, sofern sie nicht eine allgemeinere politische Beziehung haben, ausgeschieden und in eine besondere Uebersicht gebracht.

1. Ereignisse.
1857.
19. Sept. Freundschafts-, Handels- und Schiffahrtsvertrag zwischen Preufsen und den übrigen Staaten des Zollvereins einerseits und der argentinischen Conföderation andererseits. (Auswechselung der Ratifications-Urkunden zu Parana am 3. Juni 1859.)
1858.
7. Aug. Vertrag über das Münzwesen des süddeutschen Münzvereins.
14. Aug. England kündigt in Hannover den Vertrag wegen des stader Zolls.
22. Dec. Die serbische National-Skuptschina in Belgrad fordert den Fürsten Alexander zur Abdankung auf.
23. Dec. Dieselbe setzt den Fürsten Milosch in die Würde eines serbischen Fürsten wieder ein.
— Beschlufs der deutschen Bundesversammlung in der holstein-lauenburgischen Sache: das weitere Vorgehen auf dem Wege im Executionsverfahren wird ausgesetzt und die vereinigten Ausschüsse werden beauftragt, über das Ergebnifs der bevorstehenden Verhandlungen Dänemarks mit den holsteinischen Ständen weiteren Bericht zu erstatten. (Vergl. 12. Aug. 1858 und 9. März 1859.)
— Revolution in Hayti: Proclamation der Republik.

1859.

1. Jan. Die Anrede des Kaisers der Franzosen an den österreichischen Botschafter spricht von den minder guten Beziehungen zwischen den beiderseitigen Regierungen.
2. Jan. Abdankung des Fürsten Alexander von Serbien.
3. Jan. Eröffnung der holsteinischen Ständeversammlung zu Itzehoe.
12. Jan. Eröffnung des preufsischen Landtags durch den Prinz-Regenten.
15. Jan. Rechtsverwahrung des Erbprinzen von Schleswig-Holstein, Friedrich Christian, Sohnes des Herzogs von Augustenburg, gerichtet an den König von Dänemark.
  (Berliner Voss. Zeit. 9. Sept. 1860. S. 4.)
— Investitur des Fürsten Milosch als Hospodar von Serbien durch die Pforte.
17. Jan. Zu Jassy Wahl Alexander Cuza's zum Hospodaren der Moldau. (Vergl. 5. Febr.)
27. Jan. Friedrich Wilhelm Victor Albert, Prinz von Preufsen, Sohn des Prinzen Friedrich Wilhelm, geb. (Getauft 5. März.)
5. Febr. Kaiserl. österreichische Circulardepesche an die deutschen Regierungen.
— Wahl Alexander Cuza's, des Hospodaren der Moldau, auch zum Hospodaren der Wallachei. (Vergl. 17. Jan.)
11. Febr. K. preufsische Circulardepesche an die deutschen Regierungen.
17. Febr. Einnahme der Citadelle von Saigun durch das französisch-spanische Expeditionscorps.
22. Febr. Aufforderung der päpstlichen Regierung an Frankreich und Oesterreich wegen Räumung des Kirchenstaats.
27. Febr. K. preufsische Circulardepesche.
5. März. Beschlufs des schweizerischen Bundesraths wegen Aufrechterhaltung der Neutralität.
— Additional-Acte der Donau-Uferstaaten zu Wien zu der Convention wegen der Donauschiffahrt vom 7. Nov. 1857.
6. März. K. österreichische Depesche an die deutschen Regierungen, welche zu Vorbereitungen für die Kriegsbereitschaft räth.
7. März. Demission des Prinzen Napoleon, als Ministers der Colonieen.
9. März. Mittheilungen des K. preufsischen Ministeriums in beiden Häusern des Landtags über die politische Lage.
— Die holsteinische Ständeversammlung zu Itzehoe nimmt sämmtliche Anträge des Verfassungsausschusses an. Der K. Commissarius weiset die Anträge der Ständeversammlung zurück.
12. März. Der K. preufsische Gesandte in Bern übergiebt seine Creditive dem Bundespräsidenten.
— Schlufs der holsteinischen Ständeversammlung.
14. März. K. preufsische Erlafs, betreffend die Reorganisation der Admiralität.
— Note des schweizerischen Bundesraths an die Garanten der wiener Verträge bezüglich der Neutralität der Schweiz.

20. März. England schlägt Rufsland vier Puukte als Basis für einen Congrefs vor.
21. März. Vorschlag des petersburger Cabinets an das wiener Cabinet zu einem Congresse.
22. März. Der russische Gesandte in London, Baron Brunnow, legt den amtlichen Vorschlag zu einem Congresse vor und willigt ein, dafs die von England vorgeschlagenen vier Puukte als Grundlage des Congresses angenommen werden.
23. März. Note des Grafen Buol, wodurch der Vorschlag des petersburger Cabinets angenommen wird.
— Zerstörung Quito's durch Erdbeben.
31. März. Note des Grafen Buol an den englischen Gesandten in Wien, welche die österreichischen Bedingungen für den Congrefs formulirt.
7. April. Eröffnung der pariser Conferenz, die Frage der Donaufürstenthümer betreffend.
7—13. April. Ministerwechsel in Bayern.
13. April. Die Festung Weden, die 14jährige Residenz Schamyl's, von den Russen erstürmt.
19. April. Erlafs der österreichischen Sommation an Sardinien, s. 23. April.
20. April. Preufsen ordnet die Kriegsbereitschaft von drei Armeecorps an.
23. April. Beschlufs der deutschen Bundesversammlung auf den Antrag Preufsens bezüglich der Marschbereitschaft der Hauptcontingente und der Armirung der Bundesfestungen.
— Uebergabe der österreichischen Sommation vom 19. April an den Grafen Cavour durch den Adjutanten v. Kellersberg.
25. April. Letzter Vermittelungsvorschlag des englischen Cabinets in Wien und Paris: dafs auf Grund der Verhandlungen Lord Cowley's England allein die Vermittelung übernehme.
26. April. Oesterreich willigt in den Vorschlag Englands und macht an Frankreich den Vorschlag einer directen Verständigung über die Differenz.
— Frankreich ertheilt eine ablehnende Antwort.
— Eintreffen französischer Truppen in Genua und Turin.
27. April. Aufstand in Toscana: der Grofsherzog verläfst Florenz.
— Aufstand in Massa und Carrara.
29. April. Die österreichischen Truppen überschreiten den Ticino und rücken in sardinisches Gebiet ein.
30. April. Anordnung der Kriegsbereitschaft sämmtlicher preufs. Armeecorps.
— Preufsisches Gesetz, betreffend die Erhöhung der Krondotation.
2. Mai. Vertrag zwischen Preufsen und Sachsen zur Regelung der gegenseitigen Gerichtsbarkeitsverhältnisse.
— Der französische Gesandte verläfst Wien.
3. Mai. Proclamation des Kaisers Napoleon an das französische Volk, worin gesagt wird: „Italien werde frei sein bis an's adriatische Meer."
4. Mai. Der österreichische Gesandte verläfst Paris.

10. Mai. Vertrag zwischen Preufsen und dem Grofsherzogthum Hessen, den Anschlufs der Eisenbahnen bei Bingen betreffend.

13. Mai. Die deutsche Bundesversammlung beschliefst, in die Bundesfestungen Kriegsbesatzung zu legen.

— Antrag Hannovers, am Oberrhein ein Observationscorps aufzustellen; Protest Preufsens gegen diesen Antrag.

— Der österreichische Minister Graf Buol nimmt seine Entlassung; Graf Rechberg tritt an seine Stelle.

14. Mai. Schlufs des preufsischen Landtags durch den Prinz-Regenten.

18. Mai. Beginn der Blokade Venedigs.

20. Mai. Gefecht bei Montebello.

21. Mai. Preufsisches Gesetz, betreffend den aufserordentlichen Geldbedarf der Militair- und der Marine-Verwaltung.

23. Mai. Garibaldi geht über den Ticino.

25. und 26. Mai. Gefechte bei Varese.

27. Mai. Garibaldi's Einzug in Como.

28. Mai. K. preufs. Erlafs, betreffend die in Gemäfsheit des Gesetzes vom 21. Mai 1859 aufzunehmende Staatsanleihe von 30 Millionen Thalern.

29. 30. Mai. Gefechte bei Palestro.

2. Juni. K. preufs. Cabinetsordre, betreffend den Bau von 19 Schrauben-Kanonenbooten.

3. Juni. Gefecht bei Turbigo.

4. Juni. Schlacht bei Magenta: die französischen Generale Espinasse und le Clerc †.

5. Juni. Die Oesterreicher räumen Mailand.

— 300jähriges Jubileum der Academie zu Genf.

8. Juni. Einzug des Königs von Sardinien und des Kaisers der Franzosen in Mailand.

— Gefecht bei Marignano oder Melegnano.

9. Juni. Die Herzogin von Parma verläfst Parma.

9. 10. Juni. Die Oesterreicher räumen Piacenza.

11. Juni. Der Herzog von Modena verläfst mit einem Theil seiner Truppen Modena.

— Die Oesterreicher räumen Pizzighettone.

11. 12. Juni. Die Oesterreicher räumen Bologna und die andern festen Punkte im Kirchenstaat.

11. Juni. K. preufs. Erlafs, betreffend das Ersatzwesen der Marine.

14. Juni. Anordnung der Mobilmachung von sechs preufsischen Armeecorps.

16. Juni zu Cleve ⎫ Jubelfest der 250jährigen Regierung des Hauses Hohenzollern
18. Juni zu Ham ⎭ im Herzogthum Cleve und in der Grafschaft Mark.

18. Juni. Bildung des Ministeriums Palmerston.

20. Juni. Perugia wird der päpstlichen Autorität wieder unterworfen durch Oberst Schmidt, Commandanten des päpstlichen Schweizerregiments.

21. Juni. Erklärung nassauischer Staatsbürger, welche verlangt, dafs die diplomatische und militairische Führung des ganzen nichtösterreichischen Deutschlands vor und in dem Kriege Preufsen in die Hand gegeben werde.

24. Juni. Schlacht bei Solferino und S. Martino.
25. Juni. Gefecht der englischen und französischen See-Streitkräfte an der Mündung des Peiho.
28. Juni. Vereinbarung (Concordat) zwischen Baden und dem päpstlichen Stuhl. (Vergl. 5. Dec. 1859.)
— In Indien allgemeines kirchliches Dankfest wegen Wiederherstellung des Friedens.
2. Juli. Beschlufs der deutschen Bundesversammlung auf den Antrag Preufsens, das 7. und 8. Bundes-Armeecorps am Oberrhein unter bayerisches Commando zu stellen.
3. Juli. Die Franzosen besetzen den Hafen von Lussin piccolo.
4. Juli. Antrag Preufsens am Bundestage, wegen Mobilisirung des 7. und 8. deutschen Armeecorps und Stellung der vier nicht preufsischen und nicht österreichischen Bundes-Armeecorps unter die obere Leitung Preufsens.
7. Juli. Gegenantrag Oesterreichs am Bundestage: 1) alle Contingente des Bundesheeres mobil zu machen; 2) auf Grund des §. 45 der Bundeskriegsverfassung Se. K. H. den Prinz-Regenten zu ersuchen, den Oberbefehl über das gesammte Bundesheer zu übernehmen.
8. Juli. Waffenstillstand bis zum 15. August zwischen Frankreich und Sardinien einerseits und Oesterreich andererseits, geschlossen zu Villafranca von dem Marschall Vaillant und dem Feldzeugmeister Hefs.
9. Juli. Vertrag zwischen Preufsen, Hannover und Braunschweig über die Regulirung der Aller und Ohre (Austausch der Ratifications-Urkunden am 7. Jan. 1860).
11. Juli. Zusammenkunft der Kaiser von Frankreich und Oesterreich: Friedens-Präliminarien zu Villafranca zwischen Frankreich und Oesterreich.
13. Juli. Der sardinische Minister Graf Cavour nimmt seinen Abschied (vergl. 21. Jan. 1860).
16. Juli. Erste eisenacher Versammlung.
25. Juli. K. preufs. Erlafs, betr. die Demobilmachung des mobilen Theils der Armee.
— Leopold II., Grofsherzog von Toscana, legt die Krone nieder zu Gunsten seines Sohnes Ferdinand IV.
30. Juli. Die schweizerische Bundesversammlung nimmt ein Gesetz an, betr. die Werbungen für fremde Dienste: der Eintritt in andere als nationale Truppen des Auslandes ist fortan verboten.
1. Aug. Zu Braunschweig 50jährige Gedächtnifsfeier des Gefechts bei Oelper (Herzog Friedrich Wilhelm von Braunschweig bahnte sich durch die Franzosen den Weg nach England).
8. Aug. Eröffnung der Friedensconferenzen in Zürich.
11. Aug. Beschlufs der deutschen Bundesversammlung auf die am 28. Juli von Oesterreich, Preufsen und Baden gemeinschaftlich gestellten Anträge, bezüglich der Regelung der Besatzungs-Verhältnisse der Bundesfestung Rastatt.
— Ernennung des Cardinals di Pietro zum Präsidenten des Staatsraths in Rom.

14. Aug. Zweite eisenacher Versammlung.
16. Aug. Beschlufs der National-Versammlung zu Florenz wegen Ausschliefsung der lothringischen Dynastie.
17. Aug. K. französisches Decret wegen einer vollständigen und unbeschränkten Amnestie für politische Verbrechen und Vergehen.
20. Aug. Die National-Versammlung von Modena erklärt die Dynastie Este des Thrones verlustig und die Verbannung jedes Fürsten aus dem Hause Habsburg-Lothringen.
— Die National-Versammlung von Toscana beschliefst einstimmig die Einverleibung in Piemont.
— Abschlufs des Vertheidigungsbündnisses zwischen den mittelitalienischen Staaten.
— Die Vorlage in Betreff der Befestigung Antwerpens wird von der belgischen Repräsentantenkammer angenommen.
22. Aug. Aenderung des österreichischen Ministeriums.
28. auf 29. Aug. Nachts. Grofses Nordlicht, beobachtet in Deutschland, Belgien und an der Südküste von England.
1. Sept. K. österreichisches Patent, betreffend die Regulirung der Verhältnisse der protestantischen Kirche in den deutsch-slavischen Kronländern.
6. Sept. K. österreichische Circulardepesche an alle deutschen Regierungen mit Ausnahme der preufsischen gegen die deutsche Reformbewegung.
7. Sept. Eroberung von Gunib durch den Fürsten Bacjatinsky; Gefangennahme Schamyl's.
15. und 16. Sept. Versammlung zu Frankfurt a. M.: Gründung des nationalen Vereins.
15. Sept. Brand des Doms zu Salzburg.
16. Sept. Zu Wesel Gedächtnifsfeier des 50. Jahrestages der Erschiefsung der Schill'schen Officiere.
16. Oct. Einweihung des neuen Stiftsgebäudes für das Dom-Kandidatenstift zu Berlin.
17. Oct. Friede zu Zürich zwischen Oesterreich und Frankreich nebst Sardinien.
19. Oct. Grundsteinlegung der Lucaskirche in Berlin in Gegenwart des Prinz-Regenten.
— Einweihung der Waisen-Erziehungsanstalt zu Rummelsburg bei Berlin.
28. Oct. Additional-Convention zu dem Handels- und Schiffahrts-Vertrage vom 23. Juni 1845 zwischen den Staaten des deutschen Zoll- und Handels-Vereins einerseits und Sardinien andererseits.
29. Oct. K. preufs. Verordnung wegen Abänderung des Vereins-Zolltarifs.
30. Oct. Feier der vor 250 Jahren erfolgten Vereinigung der Grafschaft Ravensberg mit der Krone Preufsens, als an dem Tage, an welchem im Jahre 1609 der erste Landtag der Grafschaft Ravensberg nach Besitznahme durch das Kurhaus Brandenburg zu Jöllenbeck eröffnet worden war.
2. Nov. Schiffbruch des K. Postdampfschiffes Nagler in den Scheeren von Westerwick.

9. Nov. K. preufsisches Patent, betreffend einen aus Anlafs der 100jährigen Geburtstagsfeier Schiller's ausgesetzten von 3 zu 3 Jahren zu ertheilenden Preis von 1000 Thalern Gold nebst einer goldenen Denkmünze für das beste Werk der deutschen dramatischen Dichtkunst.
10. Nov. Feier des 100jährigen Geburtstags Schiller's in ganz Deutschland und bei den Deutschen im Ausland.
— Das Rütli geht in den Besitz des schweizerischen Volks über, auf Veranstaltung der schweizerischen gemeinnützigen Gesellschaft.
13. Nov. Der Prinz von Carignan lehnt die ihm von den Nationalversammlungen von Parma, Modena, Toscana und Romagna angetragene Regentschaft ab und bezeichnet als Rrgenten den Comthur Buoncompagni.
23. Nov. K. österreichischer Amnestie-Erlafs.
5. Dec. Ernennung des Generallieut. v. Roon zum preufs. Kriegsminister.
6. Dec. Eröffnung der neuen Bürgerschaft in Hamburg.
9. Dec. K. preufs. Kabinetsordre, betreffend die Schleifung der Festungswerke von Jülich (s. 25. Sept. 1860).
11. Dec. Abgang der Expedition nach Japan (der Corvette Arcona) von Danzig. Vergl. 4. Sept. 1860.
17. Dec. Anträge der bei der würzburger Conferenz betheiligt gewesenen Staaten in der Sitzung des Bundestages.
20. Dec. Gewerbe-Ordnung für die österreichische Monarchie, welche vom 1. Mai 1860 an in Kraft treten soll.
23. Dec. K. österreichisches Patrnt, betreffend die Regelnng und Tilgung der Staatsschulden und die Einsetzung einer Staatsschulden-Commission.
25. Dec. Decret der toscanischen Regierung wegen Errichtung einer Hochschule zu Florenz.
27. Dec. K. österreichische Verordnung, betreffend die Formation der Armee (die statt 62 Linien-Infanterie-Regimenter zu je 4 Bataillonen auf 80 zu je 3 Bataillonen gebracht werden soll).
30. Dec. In Kopenhagen Entlassung des Kammerherrn Berling.
31. Dec. Brief des Kaisers Napoleon an den Papst mit dem Rath, auf die Romagna zu verzichten.

1860.

4. Jan. Allerh. Bescheid auf die von dem Prediger Dr. Jonas, Prediger Dr. Sydow u. A. unter dem 5. Mai v. J. eingereichte Immediat-Vorstellung wegen Zusammenberufung einer allgemeinen Synode zur Feststellung einer Verfassung für die evangelische Kirche in Preufsen (s. oben S. 125).
— Protocollarische Erklärung des preufsischen Bevollmächtigten in der deutschen Bundesversammlung über die leitenden Gesichtspunkte für die Revision der Kriegsverfassung des deutschen Bundes.
5. Jan. Uebereinkunft zwischen Preufsen und Spanien wegen Auslieferung flüchtiger Verbrecher.
— In Paris Entlassung des Grafen Walewski, an dessen Stelle Herr v. Thouvenel als Minister der auswärtigen Angelegenheiten tritt.

5. Jan. Brief des Kaisers Napoleon an den Staatsminister in Betreff des Freihandels.
9. Jan. Eröffnung der Conferenz der Küstenstaaten in Berlin.
12. Jan. Eröffnung der beiden Häuser des Landtags der Monarchie in Berlin durch den Prinz-Regenten.
— K. preufsische Circulardepesche an die deutschen Regierungen, betreffend die Nothwendigkeit der Abänderung mehrerer organischer Bestimmungen der Bundeskriegsverfassung.
14. Jan. Depesche der britischen Regierung an Lord Cowley mit Vorschlägen an Frankreich und Oesterreich zu einer endgültigen Lösung der italienischen Frage (s. Sitzung des Unterhauses vom 7. Febr.).
19. Jan. Encyclischer Brief des Papstes.
21. Jan. Eintritt des Ministeriums Cavour in Turin.
23. Jan. Handelsvertrag zwischen Frankreich und England (ratificirt 4. Febr., vorgelegt beiden Häusern des Parlaments am 10. Febr., publicirt im Moniteur vom 11. März). (Vergl. 16. Nov. 1860.)
25. Jan. Publication der sardinischen Verfassung in Toscana.
26. Jan. Beschlufs der deutschen Bundesversammlung, betreffend die Küstenbefestigung.
28. Jan. K. preufs. Cabinetsordre wegen Erweiterung des Stadtbezirks von Berlin vom 1. Jan. 1861 an.
30. Jan. K. französisches Decret wegen Unterdrückung des Univers, auf den Bericht des Ministers des Innern.
8. Febr. Staatsvertrag zwischen Preufsen und Nassau über die zwischen Cöln und Giefsen und zwischen Coblenz und Wetzlar zu erbauenden Eisenbahnen.
27. Febr. K. preufs. Erlafs, betreffend die Fortbildung der evangelischen Kirchen-Verfassung in den östlichen Provinzen der Monarchie.
5. März. K. österreichisches Patent wegen Berufung des verstärkten Reichsraths.
8. März. Beschlufs der deutschen Bundesversammlung wegen Veröffentlichung der Protocolle.
— Die deutsche Bundesversammlung nimmt die Ausschufsanträge in der holsteinischen Angelegenheit an.
14. März. Protest des schweizerischen Gesandten Tourte in Turin gegen jede Abstimmung oder einen andern Schritt, dessen Ergebnifs eine Veränderung des dermaligen Standes der Dinge in Savoyen sein könnte. (Vergl. 19. März.)
18. März. Der König von Sardinien erklärt den Anschlufs der Provinzen der Aemilia an den sardinischen Staat. (Vergl. 22. März.)
19. März. Protestnote der Schweiz an die Garanten der wiener Verträge betreffend Savoyen.
22. März. Anschlufs von Toscana an den sardinischen Staat.
24. März. K. preufs. Cabinetsordre, welche bestimmt, dafs ein Gebet für das gemeinsame deutsche Vaterland in das allgemeine Kirchengebet aufgenommen werde.

24. März. Beschlufs einer Mehrheit der deutschen Bundesversammlung über die Verfassungsangelegenheit des Kurfürstenthums Hessen; Verwahrung Preufsens gegen den Beschlufs.
— Vertrag zwischen Sardinien und Frankreich wegen Abtretung von Savoyen und Nizza (angenommen in der Deputirtenkammer zu Turin am 29. Mai).
— Protest des Grofsherzogs Ferdinand IV. von Toscana zu Dresden gegen die Einverleibung seines Landes in Sardinien.
25. März. Manifest des Königs Victor Emanuel an die Völker Mittel-Italiens.
— Protest des Kaisers von Oesterreich gegen die Annexion der mittelitalienischen Staaten an Sardinien.
26. März. Lord J. Russell's Erklärung im Unterhause, betreffend die K. französische Politik (den Anschlufs an Savoyen und Nizza).
— Päpstliches Breve (publicirt zu Rom den 29. März), welches den grofsen Kirchenbann verhängt gegen die Ausüber, Beförderer, Mithelfer, Rathgeber und Anhänger der Rebellion, Usurpation und Invasion in den Kirchenstaat.
30. März. Die zweite badische Kammer bittet den Grofsherzog, das Concordat aufser Wirksamkeit zu setzen (s. 2. April).
2. April. Ministerwechsel in Baden: Stabel und Lamey treten in's Ministerium.
— Eröffnung des Parlaments in Turin.
— General Ortega landet in San Carlos de la Rapita unweit Tortosa im Ebro-Delta (vergl. 6. April).
4. April. Anfang der sicilischen Insurrection zu Palermo (s. oben S. 147).
— Der König von Schweden verweigert dem Storthingsbeschlusse auf Abschaffung des norwegischen Statthalterpostens seine Sanction.
6. April. Zu Calenda in Spanien Verhaftung Ortega's, Eliot's und anderer Karlistenführer.
7. April. Ernennung des Gen. Lamoricière zum Chef der päpstlichen Truppen.
19. April. K. österreichischer Erlafs wegen Vereinigung der Statthalterei-Abtheilungen von Ungarn in Eine Statthalterei mit dem Sitz in Ofen.
21. April. Besetzung der Insel Chusan durch Engländer und Franzosen.
23. April. Im Gefängnifs zu Tortosa Verzichtleistung des Grafen Montemolin auf die Rechte auf die spanische Thronfolge (vergl. 15. Juni).
25. April. Friede zu Tetuan zwischen Spanien und Marocco.
4. Mai. Conferenz der Gesandten hei dem russischen Minister der auswärtigen Angelegenheiten, Fürsten Gortschakoff, betreffend den Zustand der Christen in der Türkei.
5. Mai (23. April a. St.). Depesche des Fürsten Gortschakoff in Betreff des Zustandes der Christen in der Türkei.
6. Mai Nachts. Abfahrt Garibaldi's mit seinen Freiwilligen von der Küste von Genua.
11. Mai. Garibaldi mit seinen Freiwilligen landet in Marsala.
12. Mai. Preuß. Gesetz, betreffend die Declaration des §. 54 des Gesetzes über die Presse vom 12. Mai 1851.

15. Mai. Treffen bei Calatafimi.
16. Mai. Grundsteinlegung zur neuen Börse in Berlin in Gegenwart des Prinz-Regenten.
17. Mai. Grundsteinlegung zur deutschen evangelischen Kirche im Haag.
23. Mai. Schlufs des preufs. Landtags durch den Prinz-Regenten.
27. Mai. Aufstand in Palermo und Bombardement der Stadt: Garibaldi dringt an der Spitze der Alpenjäger in dieselbe ein.
28. Mai und folg. Tage. Blutige Fehde zwischen Maroniten und Drusen: Beit-Miry bei Beyrut von den Drusen in Brand gesteckt.
30. Mai. Erlafs einer Verfassungsurkunde für das Kurfürstenthum Hessen.
— Waffenstillstand zu Palermo zwischen Gen. Garibaldi und Gen. Letizia.
— K. französische Depesche, welche die Frage anregt, Spanien als Grofsmacht anzuerkennen.
31. Mai. K. österreichische Verordnung, durch welche der lombardo-venetianischen Central-Congregation in allen Angelegenheiten der öffentlichen Verwaltung, auf welche sie bisher blofs berathenden Einflufs hatte, das Entscheidungsrecht eingeräumt wird.
1. Juni. Eröffnung des Reichsraths in Wien durch den Kaiser.
2. Juni. Note der englischen Regierung an die hannoversche mit Vorschlägen über die Ablösung des Stader Zolles. Der jährliche Durchschnittsertrag des Zolls wird zu 200,000 Thlr. berechnet, was mit 15½ kapitalisirt, eine Ablösungssumme von 3,100,000 Thlr. ergiebt, wovon auf England ½, auf Hamburg ⅓ und das letzte Drittheil auf die übrigen, beim Elbverkehr betheiligten Länder fällt.
6. Juni. K. preufsische Circulardepesche an die preufsischen Gesandten und Geschäftsträger bei den deutschen Höfen, betreffend die deutsche Politik Preufsens.
— Capitulation zu Palermo zwischen General Letizia und General Garibaldi: Die K. Truppen verlassen Palermo.
15. Juni. Der Graf Montemolin widerruft zu Köln seine im Gefängnifs abgegebene Verzichtleistung auf den spanischen Thron (s. 23. April).
15. Juni und folg. Tage. Zusammenkunft in Baden-Baden zwischen dem Prinz-Regenten und mehreren deutschen Fürsten.
17. und 18. Juni. Zusammenkunft in Baden-Baden zwischen dem Prinz-Regenten nebst mehreren deutschen Fürsten und dem Kaiser der Franzosen.
17. Juni. In Coburg ein Turntag von fünfzig Turnvereinen gehalten.
23. Juni. Grofse Revue der englischen Freiwilligen-Corps vor der Königin im Hyde-Park.
25. Juni. Der König beider Sicilien führt durch souverainen Akt eine Verfassung ein.
26. Juni. Jubelfeier des 500jährigen Bestehens der deutschen Gemeinde zu Rixdorf bei Berlin (s. Berliner Voss. Zeit. vom 21. Juni 1. Beilage S. 6.).
27. Juni. Gesetz, die Wahlbezirke für das preufs. Haus der Abgeordneten betreffend.

27. Juni. Preufs. Gesetz, betr. die Verwendung des Restbestandes von den durch das Gesetz vom 21. Mai 1859 zu den aufseroedentlichen Ausgaben der Militair- und der Marineverwaltung bewilligten Geldmitteln: der Finanz-Minister wird ermächtigt, dem Kriegsminister die zur Deckung der aufseroedentlichen Bedürfnisse der Militairverwaltung in der Zeit vom 1. Januar bis 1. Mai d. J. erforderliche Summe bis zum Betrage von 1½ Millionen Thalern zu überweisen.
— Preufs. Gesetz, betr. den aufseroedentlichen Geldbedarf der Militairverwaltung für die Zeit vom 1. Mai 1860 bis zum 30. Juni 1861: der Kriegsminister wird ermächtigt, zur einstweiligen Aufrechterhaltung und Vervollständigung derjenigen Mafsnahmen, welche für die ferner Kriegsbereitschaft und erhöhte Streitbarkeit des Heeres erforderlich und auf den bisherigen gesetzlichen Grundlagen thunlich sind, aufser den im gewöhnlichen Budget bewilligten Mitteln vom 1. Mai d. J. bis zum 30. Juni 1861 9 Millionen Thaler zu verwenden.
28. Juni. K. preufs. Cabinetsoedre, betreffend den Bau von 2 Schrauben-Corvetten.
— Die deutsche Bundesversammlung beschliefst die Abordnung einer technischen Commission nach Frankfurt zum Zwerk der Berathung wegen Einführung gleichen Mafses und Gewichts in allen Bundesstaaten.
— In Neapel Bildung eines neuen Ministeriums unter dem Präsidium Spinelli's.
4. Juli. Vollendung der Reorganisation der preufsischen Armee: Königl. Verleihung der Benennungen für die Truppentheile aller Waffen.
7. Juli. Staatsvertrag zwischen Preufsen und dem Grofsherzogthum Hessen über die zwischen Cöln und Giefsen zu erbauende Eisenbahn.
9. Juli. Blutbad unter den Christen in Damaskus durch die Drusen.
17. Juli. K. östereeichisches Handschreiben wegen Erweiterung der Befugnisse des Reichsraths.
18. Juli. Totale Sonnenfinsternifs in Spanien beobachtet.
20. Juli. Treffen bei Milazzo.
25. Juli. Brief des Kaisers der Franzosen aus St. Cloud an seinen Gesandten in London, Grafen Persigny, über seine Friedenspolitik.
26. Juli Zusammenkunft zwischen dem Prinzen von Preufsen und dem Kaiser von Oestereeich in Teplitz.
— Antrag Oldenburgs in der d. Bundesversammlung, dafs in Erwägung genommen werde, ob nunmehr nicht ein Vorgehen nach Maafsgabe der Bundesbeschlüsse vom 11. Febr. und 12. Aug. 1858 geboten sei.
28. Juli. Militair-Convention zwischen dem garibaldischen General Medici und dem Grafen Clary in Messina.
1. Aug. Freundschafts-, Handels- und Schiffahrtsvertrag zwischen Preufsen und den übrigen Zollvereinsstaaten einerseits und dem südamerikanischen Freistaat Paraguay andererseits.
2. Aug. Im britischen Unterhause werden die Anträge der Regierung bezüglich auf die Landesbefestigung angenommen.
3. Aug. Pariser Protocoll, betreffend die europäische Intervention in Syrien.

4.—6. Aug. Schweizerisches Officierfest zu Genf.
5. und 6. Aug. Turnfest zu Offenbach.
8. Aug. In Marienburg Gedächtnifsfeier des 400jährigen Todestags des Bürgermeisters Barthol. Blume, der sein treues Kämpfen für die deutsche Ordensherrschaft und die deutsche Sache in Preufsen am 8. Aug. 1460 mit dem Tode durch Henkershand büfsen mufste.
— Erste Landung garibaldischer Freiwilligen unter Major Missori an der Küste von Calabrien zwischen den Forts Scylla und del Cavallo.
10. Aug. Zusammenkunft des Königs der Niederlande und des Königs der Belgier in Wiesbaden.
12. Aug. Fürst Daniel von Montenegro zu Cattaro tödtlich verwundet († am folgenden Tage).
14. Aug. Erstürmung des verschanzten Lagers von Tang-Ilo durch die Engländer und Franzosen. (Vergl. 21. Aug.)
14.—17. Aug. 300jährige Jubelfeier der Reformation in Schottland.
18. Aug. Postvereinsvertrag, abgeschlossen auf der 4. deutschen Post-Conferenz zu Frankfurt a. M.
19. Aug. Garibaldi landet auf dem Festlande von Calabrien, in Mileto.
20. Aug. In Damaskus wird eine grofse Zahl der Schuldigen (s. 9. Juli) gehängt oder erschossen.
21. Aug. Capitulation des Forts von Reggio an Garibaldi.
— Eroberung der Takuforts am linken Ufer des Peiho durch die Engländer und Franzosen, demzufolge das ganze Land bis Tientsin in ihre Gewalt geräth. (Vergl. 13. Oct.)
22. Aug. Ankunft des preufsischen Dampf Aviso's Loreley zu Neapel.
23. Aug. Gefecht der Garibaldianer bei Piale.
24. Aug. Gefecht bei Scylla: de Flotte †.
— Lord Palmerston's Erklärung im Unterhause gegen die Abtretung von Savoyen und Nizza an Frankreich.
27. Aug. Grofser Hagelschlag in Leipzig.
— Grofser Brand in Smyrna, in welchem über 2000 Häuser verzehrt sind.
27.—30. Aug. Deutscher Juristentag in Berlin.
31. Aug. Depesche Lord John Russell's an den britischen Gesandten in Turin, welche die sardinische Regierung von einem Angriff auf Venetien abmahnt (vergl. 27. Oct.).
1. Sept. K. preufs. Erlafs wegen der Vorschriften für die Berg-Akademie in Berlin.
2. Sept. Turnfest in Berlin.
3.—5. Sept. Erste Generalversammlung der Mitglieder des deutschen National-Vereins in Coburg.
4. Sept. Ankunft der preufsischen Dampfcorvette Arcona in Yeddo-Bay.
5. Sept. Vertrag zu Paris zwischen den Grofsmächten und der Türkei, betreffend die europäische Intervention in Syrien (vergl. 3. Aug.).
6. Sept. König Franz II. schifft sich zu Neapel nach Gaeta ein.
7. Sept. Einzug Garibaldi's in Neapel: Einsetzung eines neuen Minist. das.

7. Sept. Note der K. sardinischen Regierung an die päpstliche wegen Entlassung der fremden Söldlinge.
8. Sept. Insurrection in Umbrien (Orvieto) und den Marken.
10. Sept. Graf Della Minerva, Ueberbringer der Note der sardinischen Regierung an die päpstliche vom 7. Sept., in Civitavecchia zurückgehalten, übermittelt sie dem französischen Consulat.
10. Sept. Einmarsch der sardinischen Truppen in die Marken.
11. Sept. Abschlägige Antwort des Cardinals Antonelli auf die von der sardinischen Regierung gestellte Forderung.
12. Sept. K. sardinisches Memorandum an die Vertreter Sardiniens bei den verschiedenen Mächten Europa's, welches den Einmarsch sardinischer Truppen in den Kirchenstaat rechtfertigt.
13. Sept. Der preußische Dampf-Aviso Loreley kommt nach Messina (vergl. 22. Aug.).
14. Sept. Abberufung des französischen Gesandten von Turin.
17. Sept. Der Senat von Hamburg erklärt sich einverstanden mit dem Beschluß der Bürgerschaft hinsichtlich des Competenzconflicts. Ende des hamburger Verfassungsstreits.
18. Sept. Treffen bei Castel Fidardo.
25. Sept. Demolirung der Festung Jülich und Belagerungsübung in Gegenwart des Prinz-Regenten (vergl. 9. Dec. 1859).
27. Sept. Schluß der Sitzungen des Reichsraths in Wien.
20. Sept. Neue Berufung von Mitgliedern des Herrenhauses auf Lebenszeit.
— Capitulation von Ancona.
1. Oct. Die neue Organisation des K. Gewerbe-Instituts in Berlin tritt in Kraft.
— Treffen am Volturno.
2. Oct. Eröffnung der Kammern zu Turin: Gesetzvorlage wegen Annexion der mittleren und südlichen Provinzen Italiens an den Staat.
9. Oct. Proclamation des Königs von Sardinien aus Ancona an die Völker Süd-Italiens beim Einmarsch seiner Truppen in das Königreich beider Sicilien.
10. Oct. Depesche des Fürsten Gortschakoff an den russischen Gesandten in Turin, Fürsten Gagarin, wodurch die K. russische Gesandtschaft abberufen wird (s. 20. Oct.).
13. Oct. Depesche des Ministers der auswärtigen Angelegenheiten aus Coblenz an den K. Gesandten in Turin, welche die sardinische Politik mißbilligt, doch ohne die diplomatischen Beziehungen abzubrechen.
— Peking wird von den Engländern und Franzosen besetzt.
13. Oct. Zu Cöln Errichtung des goldenen Sternes auf dem im Eisenbau vollendeten Mittelthurm des Doms, in Gegenwart der Prinzessin von Preußen.
15. — 17. Oct. 50jähriges Jubileum der Universität zu Berlin.
16. Oct. In Carlsruhe Publication der kirchlichen Gesetze; Aufhebung des Concordats.
17. Oct. Treffen bei Isernia.
20. Oct. K. österreichisches Diplom zur Regelung der inneren staatsrechtlichen Verhältnisse der Monarchie.

20. Oct. Der russische Geschäftsträger in Turin übergiebt die Note seiner Regierung vom 10. Oct., welche die Abberufung der Gesandtschaft erklärt.
— Gefecht bei Macerone.
21.—26. Oct. Zusammenkunft des Prinz-Regenten, des Kaisers von Rufsland und des Kaisers von Oesterreich in Warschau.
21. Oct. Abstimmung im Königreich beider Sicilien über die Frage der Annexion.
24. 25. Oct. Friede zu Peking zwischen China und den europäischen Westmächten.
25. Oct. Conferenz in Warschau zwischen dem Prinz-Regenten und den beiden Kaisern unter Zuziehung des Fürsten zu Hohenzollern und der Minister Fürst Gortschakoff und Graf Rechberg.
— Depesche des französischen Gesandten Herzogs von Grammont an den Cardinal Antonelli, welche reclamirt gegen die Aneignung einer französischen Depesche von Seiten der päpstlichen Regierung aus dem päpstlichen Telegraphen-Bureau und deren Veröffentlichung im Giornale di Roma vom 24. Oct. mit einem gefälschten Text (durch den Zusatz colla forza). (Darauf Erklärung des Giornale di Roma vom 31. Oct.)
26. Oct. Gefecht bei Teano.
27. Oct. In der Sitzung des Bundestags kommt die Blokade Ancona's nachträglich zur Anzeige; einige Bundestagsgesandte erklären sich gegen die von Sardinien in Italien befolgte Politik. In derselben Sitzung beschliefst die Bundesversammlung die Einführung gezogener Batteriegeschütze nach preufsischem Kaliber in den sämmtlichen Bundesfestungen.
— Depesche Lord John Russell's an den britischen Gesandten in Turin, welche erklärt: England könne nicht sagen, dafs die Italiener nicht gute Gründe gehabt, ihren Regierungen Widerstand zu leisten; England könne auch den König Victor Emanuel nicht tadeln, dafs er denselben beigestanden habe.
2. Nov. Capitulation von Capua.
3. Nov. Schlacht am Garigliano: Sieg der sardinischen Truppen unter König Victor Emanuel über die K. neapolitanischen Truppen.
4. und 5. Nov. Volksabstimmung in Umbrien und den Marken über die Einverleibung in das italienische Königreich.
7. Nov. Einzug des Königs von Sardinien in Neapel: derselbe übernimmt die Souverainität über beide Sicilien.
9. Nov. Garibaldi verabschiedet sich zu Neapel vom Könige und reiset nach der Insel Caprera ab.
— Depesche des Grafen Cavour an den sardinischen Gesandten in Berlin zur Antwort auf die preufsische Depesche vom 13. Oct.
12. Nov. Gefecht bei Gaeta.
16. Nov. Vertrag zwischen Frankreich und England zur Ausführung des Handelsvertrags vom 23. Januar.
19. Nov. Wiedereröffnung der Sitzungen der Conferenz für die allgemeine deutsche Handelsgesetzgebung in Nürnberg.

20. Nov. Freisprechendes Urtheil des Kammergerichts zu Berlin in der Untersuchungssache wider den Polizeidirector Stieber.
22. Nov. Der König von Sardinien in Neapel nimmt Umbrien und die Marken auf Grund der Abstimmung vom 4. u. 5. Nov. in das italienische Königreich auf.
24. Nov. K. französ. Decret wegen Erweiterung der Befugnisse der grofsen Staatskörper und Umbildung des Ministeriums.
29. Nov. Eröffnung der Ständeversammlung in Kassel.
8. Dec. Die zweite Kammer in Kassel erklärt ihre Incompetenz und die Rechtsgültigkeit der Verfassung von 1831; worauf sie aufgelöst wird.
10. Dec. K. französisches Decret, welches die den periodischen Blättern ertheilten Verwarnungen aufhebt.
12. Dec. Vereinbarung der Rheinuferstaaten zu Karlsruhe, durch welche die Rheinzölle bedeutend ermäfsigt werden.
13. Dec. Ministerwechsel in Wien: Rücktritt des Grafen Goluchowsky; v. Schmerling zum Staatsminister ernannt.
— Zu Wien Urtheilsspruch in der Untersuchungssache wider Richter und Genossen: Richter wird des Verbrechens der Verleitung zum Mifsbrauch der Amtsgewalt durch Bestechung des Gen. Eynatten schuldig erkannt, im Uebrigen freigesprochen.
14. Dec. Der Vice-Admiral Schröder, Chef der preufs. Marineverwaltung, erhält den nachgesuchten Abschied.
14. und 17. Dec. Der preufs. Justizminister Dr. Simons erhält die nachgesuchte Entlassung; Präsident v. Bernuth wird zum Justizminister ernannt.

2. Preufsische Gesetzgebung.

1859.
21. Mai. Gesetz, die Erhebung eines Zuschlags zur klassificirten Einkommensteuer, zur Klassensteuer und zur Mahl- und Schlachtsteuer betreffend.
— Gesetz wegen Abänderung des Gesetzes vom 30. Mai 1853, betreffend die von den Eisenbahnen zu entrichtende Abgabe und wegen Verwendung der Zinsen von den Amts- und Zeitungs-Kautionscapitalien.
23. Mai. Gesetz, betr. die Feststellung des Staatshaushalts-Etats für 1859.
30. Mai. Gesetz, betreffend die Abänderung einiger Bestimmungen des Strafgesetzbuchs.
2. Juli. Gesetz, betreffend den Bau einer Eisenbahn von Bromberg über Thorn zur Landesgrenze in der Richtung auf Lowicz, so wie die Beschaffung der Geldmittel zur vollständigen Ausrüstung der niederschlesischmärkischen Eisenbahn mit einem Doppelgeleise, imgleichen der Deckung des Mehrbedarfs für den Bau der Creuz-Cüstrin-Frankfurter und der Saarbrücken-Trier-Luxemburger Eisenbahn.
— Allerh. Erlafs, die Auflösung der Central-Commission für die Angelegenheiten der Rentenbanken betreffend.
21. Aug. Allerh. Erlafs, betreffend die in Gemäfsheit der Gesetze vom 10. Mai 1858 und 2. Juni 1859 zu Eisenbahnbauten aufzunehmende Staatsanleihe von zusammen 18,400,000 Thalern.

1860.
19. März. Gesetz wegen Abänderung der §§. 68 und 60 und Ergänzung des §. 72 des Gesetzes vom 2. März 1850, betreffend die Ablösung der Reallasten und die Regulirung der gutsherrlichen und bäuerlichen Verhältnisse.
16. April. Gesetz, betreffend die Gewährung der Zinsgarantie des Staats für eine Prioritätsanleihe der Rhein-Nahe-Eisenbahngesellschaft zum Betrage von 6 Millionen Thalern.
24. April. Gesetz, betreffend die Verbindlichkeit zur Anwendung gestempelter Alkoholometer.
12. Mai. Gesetz, betreffend die Deklaration des §. 54 des Gesetzes über die Presse vom 12. Mai 1851.
14. Mai. Gesetz, betreffend das städtische Einzugs-, Bürgerrechts- und Einkaufsgeld.
21. Mai. Gesetz wegen anderweitiger Einrichtung des Amts- und Zeitungs-Kautionswesens.
— Gesetz, betreffend die Abänderung mehrerer auf das Postwesen sich beziehenden Vorschriften: Aufhebung des Postzwanges für Packete bis zu 20 Pfund.
21. Mai. Gesetz, die Aufsicht der Bergbehörden über den Bergbau und das Verhältnifs der Berg- und Hüttenarbeiter betreffend.
1. Juni. Gesetz, betreffend die Aufhebung verschiedener Bestimmungen über den Verkehr mit Staats- und anderen Papieren, so wie über die Eröffnung von Aktienzeichnungen für Eisenbahn-Unternehmungen.
2. Juni. Gesetz, betreffend die Uebernahme einer Zinsgarantie für das Anlagekapital einer Eisenbahn von Ehrenbreitenstein bis zur Landesgrenze bei Horchheim und einer festen Rheinbrücke zwischen Coblenz und Ehrenbreitenstein.
8. Juni. Gesetz, betreffend die Befugnifs der Auditeure zur Aufnahme von Akten der freiwilligen Gerichtsbarkeit, die Förmlichkeiten der militairischen Testamente und die bürgerliche Gerichtsbarkeit über preufsische Garnisonen im Auslande.
27. Juni. Gesetz, betreffend die Feststellung des Staatshaushaltungs-Etats für 1860.
— Gesetz, betreffend die Forterhebung eines Zuschlags, zur klassificirten Einkommen-, zur Klassensteuer und zur Mahl- und Schlachtsteuer (bis zum 30. Juni 1861).
— Gesetz, betreffend die Abänderung eines Gesetzes vom 13. April 1841 über den erleichterten Austausch einzelner Parzellen an Grundstücken.
— Gesetz, betreffend den Erlafs eines vollständigen Zolltarifs.

Gesetze für einzelne Provinzen.
Pommern.
2. Juli 1859. Fischerei-Ordnung für die in der Provinz Pommern belegenen Theile der Oder, das Haff und dessen Ausflüsse.

Rheinprovinz.
0. Mai 1859. Gesetz wegen Abänderung einiger Bestimmungen des Rheinischen Handelsgesetzbuchs.
14. Juni 1859. Verordnung über die Einrichtung und Verwaltung des Landarmenwesens in der Rheinprovinz.
Westphalen.
10. April 1860. Gesetz, betreffend das eheliche Güterrecht in der Provinz Westphalen und den Kreisen Rees, Essen und Duisburg.
Hohenzollernsche Lande.
11. April 1859. Gesetz, betreffend die Ausführung der Landesvermessung in dem Fürstenthum Hohenzollern-Hechingen.
12. März 1860. Gesetz, betreffend die Einführung kürzerer Verjährungsfristen für die Hohenzollernschen Lande.
20. März 1860. Gesetz, betreffend die Einführung des allgemeinen Landesgewichts in den Hohenzollernschen Landen.
28. Mai 1860. Gesetz, betreffend die Ablösung der Reallasten in den Hohenzollernschen Landen.
31. Mai 1860. Gesetz, betreffend die Einführung der Konkursordnung vom 8. Mai 1855 u. s. w. in den Hohenzollernschen Landen.

3. Todesfälle.

1858.
10. Juni. Robert Brown in London †.
8. Dec. Samuel Stefanowicz, armen. Erzbischof von Lemberg, † 107 Jahr alt.
1859.
8. Jan. v. Luck, General der Infanterie und Generaladjutant, † im 84. Jahre.
19. Jan. Graf v. Hatzfeldt, K. preufs. Gesandter in Paris, † in Berlin.
21. Jan. Bettina v. Arnim, geb. Brentano, in Berlin †.
22. Jan. Henry Hallam †.
26. Jan. Joh. Ferd. Aug. Schröner, Geh. Oberregierungsrath im Handels-Ministerium in Berlin, †.
5. Febr. Ernst Aug. Graf v. Beust auf Panzel bei Nimptsch, Wirkl. Geb. Rath und Oberbergbauptmann a. D., †.
21. Febr. Graf Dohna, Oberstkämmerer und Generalfeldmarschall in Berlin, †.
27. Febr. Friedr. Bleek, Consistorialrath und Professor in Bonn, †.
28. Febr. Manuel John Johnson, Direct. der Radcliffe Sternwarte in Oxford, †.
6. März. Fr. Wilh. v. Brünneck, General der Infanterie a. D., †.
2. April. Fr. Alb. Imman. Mellin, Generalbaudirector in Berlin, †.
— Kurd Wolfgang v. Schöning, Generalmajor a. D. und Historiograph der Armee in Potsdam, †.
28. April. Imm. Friedr. Sander, Superintendent und zweiter Director des Prediger-Seminars in Wittenberg, †.
(Necrolog im Theolog. Literat. Blatt 1859. No. 41. Denkschrift von Dr. Fr. W. Krummacher, Imm. Fr. Sander, eine Prophetengestalt aus der Gegenwart. Elberf. 1860.)

5. Mai. Lejeune Dirichlet, Professor der Mathematik in Göttingen, †.
6. Mai. Alexander v. Humboldt †.
11. Mai. Johann, Erzherzog von Oesterreich, †.
22. Mai. Ferdinand, König von Neapel, †.
29. Mai. Dr. C. F. A. Steinkopf, Prediger an der deutschen Savoykirche in London, Mitbegründer und vieljähriger Secretair der britischen und ausländischen Bibelgesellschaft, † 86 Jahre alt.
11. Juni. Fürst Metternich †.
13. Juni. Dr. Sartorius, Generalsuperintendent in Königsberg, †.
19. Juni. J. G. v. Quandt, Mitglied des akademischen Raths und der Galerie-Commission in Dresden, †.
20. Juni. Dr. Carl Kortüm, Wirkl. Geh. Oberregierungsrath in Berlin, †.
29. Juni. Ludw. Wichmann, Prof. u. Mitgl. des Senats der Akademie d. Künste, †.
8. Juli. Oscar, König von Schweden, †.
10. Juli. Stephanie, Königin von Portugal, †.
22. Juli. de Potter, Haupt der belgischen Revolution von 1830, † in Brügge.
30. Juli. Dr. C. Fr. Wilh. Dieterici, Wirkl. Geh. Oberregierungsrath, Director des statistischen Büreau's und Professor in Berlin, †.
6. Aug. Carl Otto v. Raumer, Staatsminister a. D. in Berlin, †.
— Dr. Ludwig Rofs, Professor in Halle, †.
  (Necrolog in den Neuen Jahrb. für Philol. Bd. 82. 1860. S. 27—40.)
29. Aug. Hans Caspar Escher, Schöpfer und Haupt der Firma Escher, Wyst et Co., † auf seinem Landgut Schipf bei Herrnberg am Züricher See.
1. Sept. Thadd. Bulgárin, † zu Karlowa bei Dorpat.
2. Sept. Ludw. Joach. Val. v. Mannow, K. preufs. Minister des K. Hauses, †.
— Dr. C. J. Ph. Spitta, Superintendent in Burgdorf, †.
  (Sein Lebensbild von Münkel. Leipzig 1861.)
3. Sept. v. Abel, K. bayerischer Minister a. D., †.
4. Sept. A. Wilh. Pfeil, Director der höhern Forst-Lehranstalt zu Neustadt-Eberswalde, † in Warmbrunn.
16. Sept. Brunel, Ingenieur in London, †.
19. Sept. Dr. Ludw. Jonas, Pred. in Berlin, †.
22. Sept. Der Bey von Tunis †.
28. Sept. Carl Ritter, Professor in Berlin, †.
8. Oct. v. Hirschfeld, Gen. der Cav., kommand. Gen. des 8. Armeecorps, †.
12. Oct. Robert Stephenson, Ingenieur in London, †.
22. Oct. Ludw. Spohr, General-Musikdirector in Kassel, †.
26. Oct. Friedr. Bülau, Professor in Leipzig, †.
27. Oct. Dr. Ernst Friedr. Apelt, Professor der Philosophie in Jena, †.
  (Necrolog in der Augsb. Allgem. Zeit. Beil. 31. Jan. und 1. Febr. 1860.)
— Ida Pfeiffer, geb. Reyer, † in Wien.
1. Nov. Gerold Meyer v. Knonau, Staatsarchivar in Zürich, †.
7. Nov. C. G. Reissiger, Hofkapellmeister in Dresden, †.
24. Nov. Charles Lenormant, Conservator des Antikenkabinets in Paris, † in Athen.

28. Nov. Washington Irving, † zu Irvington in New-York.
7. Dec. Freih. v. Werther, K. preufs. Obermarschall und Staatsmin. a. D., †.
16. Dec. Wilhelm Grimm, Mitglied der Akademie der Wissenschaften in Berlin, †.
17. Dec. v. Hedemann, preufs. General a. D., †.
20. Dec. Franz Egon Graf von Fürstenberg-Stammheim †.
26. Dec. Joh. Friedr. Ludw. Hausmann, Prof. der Mineralogie in Göttingen, †.
28. Dec. Thomas Babington Lord Macaulay, † in Kensington.

1860.
6. Jan. W. M. Leake, Oberstlieutenant, † in Brighton.
9. Jan. Brommy, Contreadmiral, weiland Oberbefehlshaber der deutschen Flotte, † zu St. Magnus bei Lesum im 56. Jahre.
12. Jan. Joh. B. Skrynecki, General, † in Krakau 74 Jahr alt.
18. Jan. Amalia Jung, Vorsteherin des Fräulein-Instituts in Mannheim, †.
    (Necrolog in der Augsb. Allg. Zeit. vom 11. Febr., aufserord. Beil.)
20. Jan. Wilhelmine Schröder-Devrient in Coburg †.
29. Jan. Ernst Moriz Arndt in Bonn, † im 91. Jahre.
— Stephanie, verwittwete Grofsherzogin von Baden, † in Nizza.
    (Necrolog in der Augsb. Allg. Zeit. vom 4. Febr.)
9. Febr. Dr. G. A. L. Schmidtborn, Generalsuperintendent in Coblenz, †.
10. Febr. P. Joseph Marchi in Rom †.
25. Febr. Friedr. Thiersch in München, † im 76. Jahre.
29. Febr. Bernh. Eberhard, kurhessischer Staatsrath a. D., † in Hanau.
8. März. Aug. Freih. v. Eynatten, K. österreichischer Feldmarschall-Lieutenant und Geheimer Rath, Generaldirector der ökonomischen Angelegenheiten des Armee-Obercommando's, †.
12. März. Herm. O. L. C. Graf von d. Schulenburg, Generallieut. a. D. in Potsdam, †.
    (Necrolog in der Neuen Preufs. Zeit. vom 15. Aug.)
17. März. Mrs. Anna Jameson, geb. Murphy, † in London.
16. April. Bartolommeo Borghesi in San Marino †.
    (Necrolog von Henzen in der Augsb. Allgem. Zeit. Beil. 15. und 16. Mai 1860; und mit Zusätzen in den neuen Jahrb. für Philol. Bd. 81. 1860. S. 569 — 575.)
20. April. de Brouckère, Bürgermeister von Brüssel, †.
23. April. Carl Friedr. Frh. v. Bruck, K. österreichischer Finanzminister †.
— Fürst Constantin Czartoryski (Bruder des Fürsten Adam Czartoryski), † in Wien.
26. April. v. Selasinsky, General der Infanterie a. D. in Berlin, †.
— C. Fr. Wilh. Umbreit, Professor in Heidelberg, †.
30. April. Franz Naunyn, Bürgermeister in Berlin, †.
1. Mai. A. S. Oersted, Staatsminister a. D. in Kopenhagen, †.
4. Mai. Gust. Friedr. Wiggers, Consistorialrath und Professor in Rostock, †.
11. Mai. Dr. Aug. Wentzel, Appellationsgerichts-Präsident in Ratibor, † in Berlin.

12. Mai. Sir Charles Barry, Baumeister des Parlamentsgebäudes in London, †.
15. Mai. Ludw. Berhstein in Meiningen †.
16. Mai. Dr. Georg Krabinger, Bibliothekar a. D. in München, †.
— Viale Prelà, Cardinal-Erzbisrhof von Bologna, †.
21. Mai. Rosolino Pilo †, feierliche Beisetzung seiner Leiche in San Domenico zu Palermo am 23. August.
6. Juni. Ernst Friedr. Gabr. Ribberk, wirkl. Obereonsistorialrath in Berlin, zuvor Generalsuperintendent von Srhlesien, †.
 (Neerolog in der Berlin. Vossisrhen Zeitung vom 11. und 12. Juli.)
24. Juni. Jerome Bonaparte, ehem. König von Westphalen, †.
25. Juni. Ludw. v. Meyerinek, Ober-Srhlofshauptmann und Wirkl. Geheimer Rath, † auf Sanssouri.
26. Juni. A. Eneke, Generallieutenant und Inspertor der zweiten Artillerie-Inspertion in Berlin, †.
1. Juli. Gotthilf Heinrich v. Sehubert, Geheimer Rath und Professor in München, †.
17. Juli. Andreas Mustoxidis in Corfu †.
 (Neerolog im Magazin für die Literat. des Auslandes 1860. No. 44. S. 526.)
1. Aug. Mareus v. Niebuhr, K. preufs. Kabinetsrath, † zu Oberweiler.
 (Nerrolog in der Neuen Preufs. Zeit. vom 14. Ort. und Nachträglirhes in ders. vom 19. Ort.)
8. Aug. Ignaz Heinr. Carl Freih. v. Wessenberg in Constanz, † im 86. Jahre.
13. Aug. Danilo, Fürst von Montenegro, † in Cattaro (Tags zuvor tödtlich verwundet).
16. Aug. Dr. Heinrich Simon aus Breslau, † im Wallensee.
18. Aug. Dr. Kosegarten, Professor in Greifswald, †.
22. Aug. Giuseppe dr Fabris, Generaldirertor der päpstlirhen Museen und Galerirea in Rom, †.
25. Aug. Christ. Aug. Loberk, Professor in Königsberg, † im 80. Jahre.
6. Sept. Georg, Grofsherzog von Merklenburg-Strelitz, †.
11. Sept. Dr. F. L. v. Keller, Geheimer Justizrath und Professor in Berlin, †.
— Dr. Siegfr. Hirsrh, Professor in Berlin, † in Paris.
18. Sept. General Pimodan †, in der Srhlarht bei Castel Fidardo tödtlich verwundet.
21. Sept. Arthur Srhopenhauer in Frankfurt a. M. †.
22. Sept. Hermann Stilke, Historienmaler und Professor in Berlin, †.
26. Sept. Fürst Milosch von Serbien †.
28. Sept. Dr. Grävell, K. preufsisrher Geheimer Justizrath, Reirhsminister im Jahre 1849, † in Dresden.
1. Oct. Franz Fritze, K. preufsisrber Geheimer Regierungsrath und Büreau-Dirertor des Herrenhauses, †.
19. Ort. Heinrich Hoffmann, gen. Herzog von Dodendorf, Schill'scher Husar in Dessau †.
 (Nerrolog in der Neuen Preufs. Zeit. vom 28. Ort.)

25. Oct. Elie Duc de Cazes in Paris †.
31. Oct. Lord Cochrane, Earl Dundonald, Admiral, †.
1. Nov. Alexandra Feodorowna, Kaiserin von Rufsland, †.
6. Nov. v. Möllendorff, K. preufs. General der Infanterie, †.
— Sir Charles Napier, Viceadmiral der rothen Flagge in London, †.
21. Nov. Georg Wilhelm, Fürst zu Schaumburg-Lippe, †.
25. Nov. Paul Wilhelm, Herzog von Württemberg, †.
28. Nov. Christ. Karl Josias Freih. v. Bunsen in Bonn †.
— Ludwig Rellstab in Berlin †.
2. Dec. Dr. Ferd. Christ. v. Baur, Professor der Theologie in Tübingen, †. (Necrolog in der Neuen evang. Kirchen-Zeitung. 1861. No. 4.)
5. Dec. F. C. Dahlmann, Professor in Bonn, †.
14. Dec. George Hamilton Gordon, Earl of Aberdeen, † im 77. Jahre.

Verbesserungen.

S. 5 Z. 1 u. 21 zu „der Kalender des Aelsinus vom Jahre 978" ist hinzuzufügen: „doch s. über seine Zeit S. 67 f. No. 5."
— Z. 25 statt „in einem Kalender vermuthlich desselben Jahrhunderts aus Exeter" l. „in einem Kalender aus Durham nicht vor dem 14. Jahrhundert (woraus Hampson diese Stelle in den Abdruck des Kalenders aus Exeter aufgenommen hat)."
S. 41 Z. 25 zu „734" ist hinzuzufügen: „oder vielmehr 732."
S. 86 Z. 24 statt „Martyrologium" l. „Menologium."

Register der Namen und Sachen.[1]

Adam: Datum seiner Erschaffung 5—7. 87. Stunde derselben 7. 8. Tag und Stunde des Sündenfalls und der Vertreibung aus dem Paradiese 8—10.
Adamsbuch, äthiopisch 8. griech. 9.
Aediltbryde, Königin 101. 102. 104 f. 111 f. 113. 115.
Aelfred, König 97. S. Todestag 48. 70.
Aelfrik, Abt: über den ersten Tag d. Welt 87. Seine Homilien 60—62. Die Fest-Ordnung nach s. katholischen Homilien 71—73; erläutert 93. 94. 95. 96—98. Die Fest-Ordnung nach s. Homilien über die Heiligen 74—82; erläutert 98—99. 100—102.
Aelphegus, Erzbischof und Märt. 52. 68. 106. 110. 113.
Agnes, Märt. 27.
Albanus, Protomartyr in Brit. 44—46. 101. 103. 113. 116.
Albans Abtei 45 f.
Aldhelmus, Bischof 106.
Aller Heiligen, Fest 27. 28. 50. 96.
Angelsachsen: die Kalendarien und die Fest-Ordnung derselben 40—116; die Feiertage ihrer Könige und Königlicher Frauen 104 f. Angelsächsische Heiligentage in der nachf. normannischen Zeit 108—112; in d. reformirten Kirche Englands 112—114; in den deutschen Kalendern 114—116.
Anselmus, Abt 53.
Aposteltage 27. 50. 51. 95. 99.
Assumtio 96.
Augustinus, Erzbisch. v. Cant. 41. Sein Feiertag 43. 56. 98. 105. 111. 113. 114.

Baronius, berichtigt 114.
Beck, berichtigt 19.
Beda's Feiertag 107. 113. 115. Comment. in Genes. 9. 15. De temp. rat. 3. 33. 83. 84. 86. 89. De sex aetat. seculi 6. 19. Hist. eccles. 44. 46. 47. 48. 96. 101—103. 106. Vita abbat. Wiremouth. 96. Martyrologium 43. 97. 98. 101 f. 108. Homiliae 57—60; die Fest-Ordnung nach denselben 71—73; erläutert 90. 91. 93. 95. Martyrolog. poeticum 63; die Fest-Ordnung nach demselben 74—82; erläutert 83. 90. 99. 102—103.
Benedictus, Abt 96. 98.
Benedictus, Abt v. Weremouth 58. 95 f.
Birinus, Bischof 105.
Bonifacius, Erzbischof 49.
Bosa, Bischof 103.
Bouterwek in Elberfeld 41. 55 f. 90.
Ceadda, Bischof 106. 111 f. 113.
Ceolfrid 87.
Christi Rückkehr aus Aegypten am 7. oder 11. Jan. 14. 87 f.; Ende der Versuchung am 15. Febr. 15. 50 f. 88; Wunder zu Cana am 17. Febr. 15; erste Predigt am 1. Mai oder 1. Sept. 16; Verklärung am 6. Aug. oder 27. Juli 16.
— Kreuzigung am 23. März 18; am 25. März 7. 17; demnach Auferstehung am 27. März 88. 89. Parallele der Kreuzigung mit der Erschaffung Adam's im Wochentage 6; in der Stunde 8. 9. 10.
— Feste bei den Angelsachsen 91. 99; insbesondere das Fest seiner Verkündigung 91; seinerTaufe

---

[1] Dasselbe umfafst die beiden ersten Theile, nicht aber die Annalen, für welche das Inhaltsverzeichnifs ausreichen wird.

Register der Namen und Sachen.

92. Die Feste Christi im Martyrologium der Herrad 26.
Clemens von Rom, angebl. Märt. 96.
Common-Prayer-Book und s. angelsäch. Heiligentage 112—114.
Computus der Herrad von Landsperg, s. Oster-Rechnung.
Cooper 70.
Cuthbert, Bischof von Lindisf. 98. 103. 106.
Cuthbert, Erzbisch. v. Cant. 49.
David, Bisch. v. Menevia 111. 113.
Depositio 11.
Dies natalicius 11. 91.
Dies primus seculi 3. 5.
Dietrich in Marburg 60. 61. 87. 89. 94. 98.
Dozio in Mailand 5.
Dunstan, Erzbischof 50. 106. 113.
Durham Ritual 62.
Ealhswithe, Königin 48.
Ediltrud, s. Aedilthryde.
Edmund, König und Märt. 101. 102. 104. 113. 115.
Edward, der Märt. 49. 104. 114. 115.
Edward, d. Bekenner 51 f. 114. 116.
Egbert, Bisch. 64; s. Dialogus 41.
Egbert, Priester 103.
Ely, Kloster: dessen Gründung nnd erste Aebtissinnen 104.
Engelhardt 1. 3. 35.
Ephraem der Syrer 8.
Ewalde, die beiden 103. 114.
Feste, s. unter Christus, Maria, Johannes d. T., Apostel, Heilige.
Fest-Ordnung, römische, bei den Angelsachsen eingeführt 41. Einheimische Entwickelung 42 ff.; durch die Synodal- und Königliche Gesetzgebung 43. 49—52; in den Homilien Beda's 58—60, Aelfrik's 60—62. Darstellung des angelsächsischen Fest-Kalenders 70—82. Verordnung v. Lanfranc 54. 109—110.
Frideswida 111 f.
Frühlingsnachtgleiche am 21. März 1. 5, s. auch Jahrpunkte.

Germanus, Bischof 44.
Gesetze über die Festfeier von K. Aelfred 50; Aethelred 49; Cnut 50. 51; Edward dem Bekenner 51. Giles 58. 59; berichtigt 60. 91.
Gregor's des Grofsen Anweisung an Augustinus 41. 43; s. Feiertag bei den Angelsachsen 43. 50. 96 f.
Handschriften: falsche Zeitbestimmung derselben aus einem vermeintlichen Osterdatum 19 f.
Heiligentage bei den Angelsachsen, im öffentlichen Gottesdienst 95—98; in den Klöstern 100—107; in der reformirten Kirche Englands 112—114.
Herrad von Landsperg IV. 1. Ihr Hortus deliciarum: neuere Verhandlungen darüber IV. f. Zeitbestimmung 2. 37. Mittheilungen aus der Handschrift 13. 14. 28—31.
Jahr: sein Anfang bei den Angelsachsen 89. 92.
Jahrpunkte und Jahreszeiten: ihr Eintritt nach Beda und den angelsächs. Kalend. 83—86.
Johannes des T. Feiertage bei den Angelsachsen 94. 99; im Martyrologium der Herrad 27.
*Isidorus von Sevilla, de natura rerum 84 f. 86.
Kalendarium des Polemius Silvius (v. J. 448) 17. Die Kalender der Angelsachsen 40 ff.; insbesondere das poetische Menologium in angels. Sprache 55—57. 71—73. 82 f. 86. 90. 91. 95. 97; das poetische lat. Kal. in dreifacher Rec. 47. 65—67. 85. 86. 88. 89. berichtigt 86; das Kal. des Aelsinus 4. 67 f. 74—82. 83. 85. 87. 88. 99. 103— 107. 108, berichtigt 88; das Kal. anglo-saxonicum von Cooper 48. 70. Das Kal. des Common-Prayer-Book 112—114. Deutsche Kalender mit angels. Namen 114—116.
Kenelm 104.
Kirchweih von S. Maria ad martyr. 28; Michaelis 96. 108; in Beda's poet. Martyrolog. 61; in seinen Homilien 107; in Aelfrik's Homilien 107.

Lamberti Floridus VI. 6. 11. 13.
Lanfranc, Erzbischof 52—54.
Lappenberg in Hamburg 48. 70. 102. 115.
Laurentius, Märt.: s. Feier bei den Angels. 97; nach Lanfranc 110; im Martyrol. der Herrad 27.
Liagard 62. 63. 67.
Litania major und minor 42 f. 90.
Luther über d. Tag des Sündenf. 10.
Maccabäer: ihr Feiertag 99.
Marientage bei den Angels. 50. 51. 94. 99; im Martyr. d. Herrad 26.
Maria aegyptiaca 14.
Martinus, Bisch.: s. Feiertag bei d. Angels. 97. 100; bei Lanfranc 110.
Martyrologium poeticum Beda's s. unter Beda S. 179 in angelsächs. Sprache 62; Germanicum (aus Strafsburg) ed. Beck 4. 27 f.; der Herrad von Landsperg in Zeichen geschrieben 21—23, erläutert 24—28; Romanum von Baronius 112. 114.
Michaelis Kirchweih 96. 108.
Moses: sein Todestag 12.
Octaven im Martyrol. der Herrad 26. 27.
Offa, König 45.
Origenes 7.
Osterrechnung: Regeln und Tafeln aus dem Hortus deliciarum der Herrad 2. 28—31. 34. 35; erklärt 32—33. 35—38.
Oswald, König und Märt.: sein Feiertag 46 f. 101. 104. 115.
Pauli in Rostock 48.
Petri Kettenfest 45. 49. 100.
Petrus Comestor 12.
Plejaden: ihr Frühuntergang 86.
Satan: wann er den Adam verführt hat 15; wann er von der Versuchung Chr. abgelassen 15. 50 f. 88.

Schoell in London 45.
Sieben Schläfer 98. 100.
Stephanus, der erste Märt.: sein Feiertag 27. 94. 109; Feier seiner Erfindung 100.
Stephens 112 f.
Sündenfall, Tag und Stunde desselben, s. Adam.
Sündfluth, Anfang und Ende 10—12. 87.
Swithun, Bisch.: sein Feiertag 101. 102. 106. 113.
Synode zu Cloveshove (747) 42. 43; Enham (um 1010) 51; Exeter (1287) 109. 111; London (1398) 111; ebendas. (1480) 111.
Theodorus von Mopsuestia 8.
Thietmar's Chronik 53.
Thomas in München 21.
Thorpe in London 55. 62.
Tostatus, Erzbischof 12. 18.
Translatio der Heiligen, gefeiert bei den Angelsachsen 97. 105. 106; nach Lanfranc 109; nach der Convocation zu London (1480) 112; im Kalender des Common-Prayer-Book 114.
Turre, Laurentius a 20.
Unsch. Kinder; ihr Feiertag 94. 27.
Vigilien bei Beda 90; im Martyrol. der Herrad 26. 27.
Vincentius von Beauvais 7. 10.
Welt: ihre Erschaffung am 18. März 3—7. 86 f.; am 21. März 5; am 24. März 9.
Wenefrida 111 f.
Westwood in London 65. 68. 110.
Wilfrid, der ältere, Bisch. 48; sein Todestag 103. 106. 114.
Wilfrid, der jüng., Bisch. 63 f. 103.
Winburn, Kloster: dessen Gründung 105.
Winchester: angels. Bisch. das. 106.

Verzeichniss der benutzten Handschriften.

Amiens, Stadt-Bibliothek.
Cod. 19. Psalter. cum Kalendar. 18.
Cod. 121. Psalter. cum Kalendar. 5. 18.

Einsiedeln, Kloster-Bibliothek.
Cod. 356. Kalendarium, Annales etc. 4. 10. 15. 18.

Heidelberg, Universitäts-Bibliothek.
Schrank 9. No. b. Kalendarium 4. 17.

London, britisches Museum.
Cotton. Julius A. VI. Hymni cum Kalendar. et computo 66.
Cotton. Tiber. B. V. Misc. hist. et astr. cum Kalendar. et computo 66.
Cotton. Galba A. XVIII. Psalter. cum Kalendar. 65. 66 f.
Cotton. Titus D. XXVII. Kalend. et comput. 67 f. s. auch S. 181 unt. Kal.
Arundel. 155. Psalter. cum Kalendar. 68 f. 87. 88.

Mailand, Ambrosianische Bibliothek.
Kalendarium Sitonianum 5. 6.

München, Hof- und Staats-Bibliothek.
Cim. 60. Missale cum Kalendar. 18.

Oxford, Bodlejanische Bibliothek.
Bodl. 579. Sacramentar. cum Kalendar. et computo 68. 87. 86.
Douce 296. Psalter. cum Kalendar. 69. 87.

Rom, Vaticanische Bibliothek.
Regin. 12. Psalter. cum Kalendar. 18.

Strafsburg, Stadt-Bibliothek.
Hortus deliciarum Herradis a Landsperg 1. 13. 14. 24—31.

Wolfenbüttel, Herzogl. Bibliothek.
1. Gud. Lamberti Liber floridus 6. 11. 13.
64. Aug. fol. Psalter. cum Kalendar. 24.
515. Helmst. fol. Psalter. cum Kalendar. 18.

www.ingramcontent.com/pod-product-compliance
Lightning Source LLC
Chambersburg PA
CBHW020238170426

43202CB00008B/124